高等院校"十二五"旅游管理类课程系列规划教材

餐饮服务心理学

Catering service psychology

主　编　汪艳丽　孙惠君

副主编　王国防　秦二娟　张　珂　张丽娟

经济管理出版社

ECONOMY & MANAGEMENT PUBLISHING HOUSE

图书在版编目（CIP）数据

餐饮服务心理学/汪艳丽，孙惠君主编. —北京：经济管理出版社，2015.7（2022.1重印）
ISBN 978-7-5096-3260-4

Ⅰ.①餐… Ⅱ.①汪… ②孙… Ⅲ.①饭店—商业心理学—教材 Ⅳ.①F719.2

中国版本图书馆 CIP 数据核字（2014）第 171488 号

组稿编辑：王光艳
责任编辑：许 兵 张 荣
责任印制：黄章平
责任校对：雨 千

出版发行：经济管理出版社
　　　　　（北京市海淀区北蜂窝 8 号中雅大厦 A 座 11 层　100038）
网　　址：www. E-mp. com. cn
电　　话：(010) 51915602
印　　刷：唐山昊达印刷有限公司
经　　销：新华书店
开　　本：720mm×1000mm/16
印　　张：14.25
字　　数：350 千字
版　　次：2015 年 10 月第 1 版　2022 年 1 月第 4 次印刷
书　　号：ISBN 978-7-5096-3260-4
定　　价：38.00 元

前　言

2014~2018年，中国餐饮业投资分析及前景预测报告指出：餐饮业作为我国第三产业中的一个传统服务性行业，始终保持着旺盛的增长势头，取得了突飞猛进的发展，展现出繁荣兴旺的新局面。与此同时，我国餐饮业发展的质量和内涵也发生了重大变化。商务部发布的"十二五"期间促进餐饮业科学发展的指导意见中提出，力争在"十二五"期间，餐饮业保持年均16%的增长速度，到2015年零售额突破3.7万亿元，并培育出一批特色突出、营业额10亿元以上的品牌餐饮企业集团。伴随着政府拉动消费的政策影响、城乡居民收入较快增长和消费观念更新等因素，未来餐饮业依然是引人注目的消费热点，中国餐饮消费水平将继续保持高速增长。

高速发展的餐饮业对餐饮相关研究和餐饮教育均提出了较高的要求。为了适应餐饮业要求不断提升服务质量的现状，近些年来国内的餐饮研究发生了重心偏移，由倚重经济学、管理学的学科基础的宏观研究，渐渐转向依靠心理学、社会学等学科对餐饮业影响的微观研究，这种转变正在与国际接轨。餐饮服务心理学作为专门研究餐饮活动过程中个体以及群体心理变换规律的学科，在消费心理学学科体系中的位置十分重要。

本书将其研究具体界定为以下十二个方面：餐饮服务心理学概述；餐饮消费者感知；餐饮消费者的需要；餐饮消费者的态度；餐饮消费者的情绪；餐饮消费者的个性；餐饮消费群体心理；餐饮文化心理；餐饮营销心理；餐饮从业人员职业倦怠；消费者激励和员工的激励；餐饮管理者心理。

汪艳丽、孙惠君承担了本书的总体设计及编纂定稿。秦二娟、张柯、张丽娟参与了本书的体例设计，并负责统稿和编辑工作，牡丹园总经理王国防提供了案例的资料。各章的作者依次为：前言、第一章，汪艳丽；第二章，李斌、张柯；第三章，秦二娟；第四章，张柯；第五章，张德兰；第六章，孙惠君；第七章，刘学惠、秦二娟；第八章，晏宁、林敏；第九章，王昕、张丽娟；第十章，张小菊；第十一章，李凤英；第十二章，黄大庆。

编写过程参考了大量国内外有关消费心理学、饭店服务心理学等书籍与网站，并引用了其中的资料，在此对文献作者表达诚挚谢意。

目　录

第一章　餐饮服务中的心理学
——走进餐饮服务心理的殿堂

民族是人们在历史上形成的一个有共同语言、共同地域、共同经济生活以及表现在共同文化上的共同心理素质的稳定的共同体。

——斯大林

海底捞餐饮有限责任公司董事长张勇先生坦率地说："海底捞的许多服务，我没有刻意为之，现在才发现原来这就是创新。"

 学习与行为目标

1. 了解餐饮服务心理学的产生背景
2. 明确餐饮服务心理学的研究对象与任务
3. 掌握餐饮服务心理学的研究方法

第一节　从心理学到餐饮服务心理学

"南风效应"也称"温暖效应"，源于法国作家拉封丹（Jean de la Fontaine）写过的一则寓言：北风和南风相约比试，看谁能把行人身上的大衣脱掉。北风首先来一个冷风凛凛、寒冷刺骨的猛刮，结果行人为了抵御北风的侵袭，便把大衣裹得紧紧的。南风则徐徐吹动，顿时风和日丽，行人因之觉得春暖上身，始而解开纽扣，继而脱掉大衣，南风获得了胜利。这则寓言故事形象地说明一个道理：温暖胜于严寒。同理，企业管理者也要善于运用"南风效应"，尊重和关心下属，多点"人情味"，尽力解决下属日常生活中的实际困难，使下属真正感受到领导给予的温暖，从而激发工作的积极性。企业从业者如果也能视顾客为上帝，充分了解顾客的心理需求，就能为顾客提供满意的服务，进而提高企业的效益。

一、什么是心理学

什么是人的心理？人的心理的实质是什么？这个问题是心理学研究中的基本理论问题，也是研究一切心理现象之所以产生、发展与变化的根本理论问题。心理是脑对客观世界的积极反映，以及在此基础上对行为进行的自我调节。心理现象最初出现时是简单的感觉，在外界环境的影响下，随着动物神经系统的发展，感觉逐渐分化和复杂化，并由此出现了知觉、记忆、思维的萌芽状态等。人的心理现象是心理发展的最高阶段，它是人类社会实践的产物，与动物心理有着质的区别。人的心理具有自觉能动性，并受社会历史规律的制约。感觉、知觉、记忆、思维、情绪、动机、需要、态度、个性等都是人的心理的不同表现形式。

心理学（Psychology）是一门研究人类及动物的心理现象、精神功能和行为的科学，它既是一门理论学科，也是一门应用学科。包括基础心理学与应用心理学两大领域。基础心理学即普通心理学，是研究心理学基本原理和心理现象的一般规律的科学，是所有心理学分支的最基础和一般的学科，也是心理学专业学生入门的第一门专业课程。

在普通心理学基础上，属于横断面的心理学分支主要有：变态心理学和缺陷心理学（可细分为落后儿童心理学、聋哑人心理学、盲人心理学等）；属于发生、发展的心理学分支有：比较心理学（含动物心理学）、年龄及发展心理学（包括婴儿心理学、儿童心理学、青年心理学、成年心理学、老年心理学等）；属于研究方法和不同方向的心理学分支有：实验心理学、心理统计、心理测量、心理学史、生理心理学和神经心理学等。

应用心理学是心理学中迅速发展的一个重要学科分支。它是由人们在工作及生活方面的需要，并对多种主题的相关领域研究所形成的心理学学科。应用心理学研究心理学基本原理在各种实际领域中的应用。属于应用心理学分支的有：教育心理学（学习心理、教学心理、学科心理和德育心理及教师心理等）、工业心理学（工程心理学、劳动心理学、企业管理心理学、人事心理学和消费心理学等）、医学心理学（病理心理学、临床心理学、心理治疗、心理治疗与心理卫生等）、司法心理学（诉讼心理学、刑事犯罪心理学、惩治或劳动教养心理学等），此外还有文艺心理学、商业心理学、民族心理学、社会心理学、军事心理学和运动心理学，等等。

二、什么是餐饮服务心理学

1. 餐饮服务心理学属于应用心理学的分支

餐饮服务心理的核心是服务。服务化经济和服务化社会是人类社会发展的必然走向。服务是什么？学术界充满争议。目前关于服务的一个比较有代表性的描述性定义是这样解释的：服务是一种用以解决（减轻）个人或企业苦难的行为；是援助某人或某事的行为；它可以用来达到进一步的目的和成果。服务的形式是多样的，一般而言，服务包括两个侧面：一是其"功能性"，二是其"心理性"。这两个方面在某一项服务中所占比例的不同，就构成了功能性服务与心理性服务。餐饮服务心理中研究的服务更多的应该是心理性的服务。了解到这一点，我们就可以将餐饮服务心理的研究概述为：它是心理学应用于餐饮业的理论与实践的研究。进一步分析发现，餐饮业是一个企业，那么企业管理心理学的研究成果具有适用性。但是餐饮业相对于其他企业而言最突出的特征之一是"高接触"的服务行业。换句话说，无论你是普通的侍应、领班主管、餐厅的行政管理人员，还是总经理，都要频繁地接触消费者，通过人与人打交道来完成其生产过程，因此社会心理学、消费心理学的研究成果也是适用的。综上所述，餐饮服务心理的研究应隶属于管理心理学、社会心理学、消费心理学等多个应用心理学分支的交叉范畴。餐饮服务心理学就是应用心理学多个分支研究在餐饮业组织管理中的具体化，它是一门旨在研究人的饮食消费需求、动机、行为与食物关系为目的，以指导人们进行科学饮食为目标，具体探讨餐饮消费心理发展变化规律的一门新兴的应用科学。

2. 餐饮服务心理学的研究任务

餐饮服务心理学的研究任务：旨在研究和掌握现代餐饮企业组织中个体、群体、组织的心理活动规律后，如何预测和控制消费者心理发展的倾向和行为，制定出有效的管理个体、群体和组织行为的原则和方法。本书将其研究具体界定为以下几方面：

（1）餐饮消费者感知对其行为的影响以及从业者如何做好相应的服务。包括视觉、感觉、听觉、味觉及其触觉对消费者行为方式的影响以及提升服务的对策。

（2）餐饮消费者的需求与动机对其行为方式的影响及从业者如何做好相应的服务。包括生理需求、心理需求的影响分析；外部因素、内部因素的影响分析；从业者通过实现快餐化、生态化等的服务对策。

（3）餐饮消费者的情绪对消费者行为方式的影响及从业者如何做好相应的服务。包括不同情绪对就餐的影响和就餐过程中的情绪表现的研究，从业者通过氛围营造、调整情绪的举措的研究等。

（4）餐饮消费者的态度对消费者行为方式的影响及从业者如何做好相应的服务。包括不同态度对就餐的选择和就餐偏好表现的研究，对从业者通过氛围营造、引导负面态度转变的举措研究等。

（5）餐饮消费者的个性对其消费方式的影响以及从业者如何做好相应的服务。包括对消费者个性特征、就餐价值观、气质、能力、性格等对消费行为的影响的研究，从业者通过提供个性化服务、克服偏见，掌握人的心理效应的技巧、微表情，关注个人的个性特点等的研究。

（6）餐饮消费群体心理对消费者行为方式的影响以及从业者如何做好相应的服务。包括研究旅游群体、会议群体、婚餐、生日餐、状元餐、年餐、节假日等消费者的从众特点和提供相应的服务。

（7）餐饮文化对消费者行为方式的影响以及从业人员如何了解区域文化、民族文化、国家文化、宗教文化、不同年龄层次的文化，不同性别文化，不同层次的文化背景下餐饮消费方式的表现，从业者熟悉文化差异、尊重文化习俗、避免禁忌等的研究。

（8）餐饮营销对消费者行为方式的影响以及从业人员在售前、售中、售后的经营理念和服务方式的研究。

（9）主要研究餐饮从业人员由于工作的重复性、单调性、缺乏成就感等产生的情感、身心、态度和行为的倦怠状态及其调整对策。

（10）研究消费者激励和员工激励两个方面。主要研究如何激励消费动机、重复消费等；研究餐饮管理者如何传递正能量，激励厨师做出创新菜，服务员做好服务等。

（11）研究餐饮管理者应具备的能力、作风、素养以及对自身压力的管理；研究管理者对被管理者心理活动的掌握；重点研究餐饮业中管理者的危机公关与管理，包括：媒体危机、突如其来的事件、政治事件、用工危机、产品危机、安全危机等的应对管理等。

3. 餐饮服务心理学的研究方法

（1）观察法。有计划、有目的地用感官来考察现象的方法。餐饮服务心理使用观察法是指在餐饮企业经营活动过程中，服务人员在客人进店、点餐、用餐等过程中观察消费者的语言、行为、表情等，分析其内在的心理，进而发现消费者心理现象的一种分析方法。观察法是最一般、最方便使用的一种分析方法。通常可以在客人进店、点餐过程中服务人员可以对其进行分析，通过餐饮消费者的年龄、言行举止及表情等去了解其心理活动的方法。这种方法的优点是比较直观，观察所得到的东西比较真实。这是由于消费者是在没有被施加任何影响，没有被干扰的情况下观察的，是一种心理的自然流露。

（2）实验法。实验法是指有目的地借助严格控制或创造一定条件来引起某种心理现象而进行研究的方法。这里所指的"实验"，是先进行一项推销方法的小规模实验，然后再用市场调查法来分析这种实验性的推销方法是否值得大规模推行。这种实验被称为"销售实验"。实验法又可分为室内实验法和自然实验法两种形式。室内实验法是指在特定的实验室条件下进行的实验。其特点是对所研究的情境给予较高程度的控制，最大限度地突出重要因素，防止无关因素干扰进行研究的方法；自然实验法是指在餐饮营销过程中，有目的地创造某些条件或变更某些条件，给消费者的心理活动施加一定的刺激或诱导，从中了解消费者心理活动的方法。

（3）心理测量。①问卷法：问卷法是以请客人书面回答问题的方式进行的调查，也可以变通为根据预先编制的调查表请客人口头回答的一种分析方式。适用于客人用餐完毕后进行。②访谈法：访谈法是服务人员通过与客人的交谈，以口头信息传递和沟通的方式来了解客人的动机、态度、个性等内容的一种分析方法。是一种非常重要的分析方法，适用于客人整体用餐过程。

（4）案例分析法。案例分析法（Case Analysis Method）由哈佛大学于1880年开发完成，后被哈佛商学院用于培养高级经理和管理精英的教育实践，逐渐发展为今天的"案例分析法"。案例分析法是指把实际工作中出现的问题作为案例，交给受训学员研究分析，培养学员们的分析能力、判断能力、解决问题及执行业务能力的培训方法。餐饮服务心理研究运用案例分析法就是通过选定顾客消费行为或服务过程中出现问题的典型代表，建立起比较稳定的关系，进行长期系统的跟踪调查，来研究其心理变化的一种方法。

第二节　餐饮服务心理特征分析

客人心理、服务过程心理和餐饮从业人员心理三个方面内容构成了餐饮服务心理学的研究主体。因此，在本书的开章之篇很有必要对这三个方面的特征进行分析。

一、客人消费心理特征分析

心理学认为，人的行为是指人们一切有目的的活动，它是由一系列简单动作构成的。换句话说，行为就是人类在日常生活中所表现出来的一切动作的总称。

影响人类行为的因素多种多样，主要分为外在因素和内在因素。外在因素主要指客观存在的社会环境和自然环境，内在因素主要指人的各种生理和心理因素。以消费者想去一家餐馆为例，他会选择进哪家餐馆呢？希望有什么样的消费和服务呢？这涉及外部因素，包括餐馆的地理位置、餐厅环境、菜系、人均消费定位、餐馆点击率及消费者自身文化、社会经济条件、消费水平和结构、家庭、教育、地位及餐饮流行时尚的影响，更有消费者当时的生理因素（饥饿状态）和对上述外部因素形成主观反映的心理因素。如果商家能准确分析出消费者的心理动向或特征，并针对不同的消费需求，提供满意的服务，无疑这家餐厅就等于拿到了成功之门的钥匙。餐饮消费者在选择饭店时常见的心理特征表现为：

1. 求安全、卫生心理

客人来到餐厅，都希望自己的财产、健康和精神不受到伤害。注重食品卫生是否安全、财物是否会失窃、地面是否容易使人滑倒受伤、餐具是否会使人割伤等问题。保持餐厅清洁是对顾客的尊重和自身经营的需要。清洁的餐厅可以唤起顾客的食欲和心情，进餐时，赏心悦目的菜肴会使人的味觉感受增强，因此，消费者往往将是否清洁卫生作为选择走进餐厅的第一标准。

2. 求特色心理

偏好新颖、有特色是指就餐时人们对某种食物的特殊爱好和兴趣的一种心理反应。这种心理主要是由于地域的差异、生活习惯、特殊嗜好而形成的。像中国的八大菜系正是由于不同地区的人有不同的饮食口味所形成的特色。他们主要集中在有一定消费能力的客人群体，他们追求服务的菜品新颖、环境别致、服务周到，而不过分计较价格的高低。如餐厅创新菜的推销、美食活动的展示、特色菜的推广等，都不同程度地吸引着这类客人，迎合他们的享受心理。

3. 求实惠心理

这是大多数客人普遍存在的心理动机。这种心理的客人到餐厅用餐时，首先不仅要求菜品味美，更重要的是要求物美价廉，花不多的钱就能够品尝到丰富而实惠的菜肴。家宴、朋友聚会、旅游者就餐，大多都属于此类消费心理的客人。

4. 求便利心理

有一类消费者，较注重服务场所和服务方式的迅速、快捷，并要求质量。他们大都时间观念强，具有时间紧迫感，最怕的就是上菜速度慢、等候时间长。求便利心理还表现在一些人总愿意到自己熟悉的饭店就餐，当然距离是一个重要的影响因素。距离近对于个体而言可能意味着更多的熟悉和便利，而对于请客的消费者可能考虑的还有性价比问题，但是，被请的客人就餐距离近，可以给对方一种主人很细心、不求最贵但求最合适的心理感受。

5. 求新颖心理

求新颖心理是指餐饮消费者注重食物和服务的新鲜美观、新颖时尚的心理反应。视觉审美疲劳，应该对每件事物都是一样的，因为人虽然对旧的事物有怀旧情结，对新的事物更会有好奇心。如果一家餐饮店几年下来，一点都没有改变，一定会让人没有了新鲜感。如餐饮界热捧的"快时尚"品牌"外婆家"的餐饮模式就很能说明问题。从 2010 年开始，"外婆家"一直在急速扩张，仅 2012 年就开了十几家分店。研究发现，"外婆家"吸引食客的招数不仅是高性价比，同时，别致的就餐环境、品种丰富的菜肴、良好的服务再加上相对低廉的价格，让消费者觉得物有所值，更有新颖、舒服的感觉。"外婆家"的"传奇"告诉我们：突破和创新，能让服务业获得无穷的增长空间。

6. 求名利心理

求名利是一种以显示自己的地位和威望为主要目的的消费心理。他们讲究就餐的环境，利用餐厅的品牌效应，以炫耀自己的地位和身份，因此对于服务质量也有较高的要求。具体表现在他们一般会选择就餐场所比较优雅、安静的环境，不愿在嘈杂、拥挤、脏乱差的饭店吃饭或宴请。

客人的消费行为是在其消费心理支配下发生的，因此了解客人消费心理的发生、发展的变化规律是非常有必要的。随着时代的发展，餐饮业面对的顾客呈现出几个方面的变化：一是顾客构成越来越普及化，进饭店成了寻常人家的行为方式。二是顾客的观念越来越成熟化。他们懂得饭店的等级以及相应的服务标准，也懂得释放自己的个性，他们不仅有物质追求，而且心理需求也突出地表现出来，这些需求往往会更明显地主宰顾客的消费行为，也会直接影响到服务过程中服务人员与顾客之间的交往，表现出很强的个性化特殊需要。三是顾客消费动机越来越多元化。就餐已从早年解决温饱型动机转向以餐会友的便捷型、鉴赏地方小吃的品尝型、追求星级餐饮服务的享乐型等多元化动机并存的活动。因此，准确掌握顾客心理并非一件易事。

二、服务过程心理特征分析

从心理学角度可以把餐饮产品解释为：客人花费一定的时间、金钱和精力所获得的个人经历。从这个角度看餐饮服务，那么餐饮服务实质上是餐饮从业人员通过与客人打交道，以帮助客人构成其美好经历的过程。影响客人的因素太多了，包括食物、餐厅客房的设施、服务内容、价格制定、店名命名（楼名、厅名）与就餐者的心理关系，等等。

1. 食物对就餐者心理的影响

我国自古以来就对饮食感受不断提出新的要求，使其逐渐形成为一种文化。

饮食从最初的单一果腹功能发展到满足口舌感官享受，并成为社会活动需要等多种功能并存的活动。讲究饮食过程和饮食之后产生愉快的心理体验这便是美食心理。美食实际上是随着人类进化发展而来的同时又促进了人类的文化产生。原始人应用火的历史就是从熟食开始的，人类从生食到熟食使人类在进化史上出现了质的飞跃。我国的美食文化源远流长，在当今号称第一美食王国，从最初的五味调和到现在的色、香、味、形、质、养、器等追求，标志着我国烹饪技术日臻成熟。完美饮食不仅要求吃饱而且需要讲究口味、营养，使人获得一种感官与养生有机结合的美食享受。烹饪菜肴行业"十美风格"的形成是中华民族饮食文化和历史文化不断进步、中国古代饮食审美思想逐渐趋向丰富、深化和系统完善的标志。它包括以下内容：质，原料和成品品质与营养的严格要求，是美食的前提、基础和目的；香，鼓诱情绪、刺激食欲的气味；色，悦目爽神的色泽；形，体现美食效果，服务于食用目的的富于艺术性和美感的膳品形态；器，精美适宜的炊饮器具；味，饱口福、振食欲的滋味；适，适口者珍，有舒适的口感；序，一台席面或整个筵宴看馔在原料、温度、色泽、味型、浓淡等方面的合理搭配，宴饮设计和饮食过程的和谐与节奏化程序等；境，优雅和谐又陶情怡性的宴饮环境；趣，愉快的情趣和高雅的格调。

2. 就餐环境与就餐者心理

进餐的快乐始于端出的菜肴，延于美丽的华盖、圆柱和灯光效果，它们就像是烹调艺术的延伸。装饰风格和所使用的装饰品，以及环境中的背景音乐都将在决定就餐地点时起重要作用。环境、气氛甚至能够决定餐饭吃得是否满意，并能决定下次是否继续光临此处，而会忽略在这里吃到了何种菜肴。这种观念使得顾客和餐饮经营者们感觉纳闷：到餐馆就是为了"吃饭时欣赏油画，还是接受某个有名望的设计师关于最新的椅子款式的观点？"这可能显得有点夸张，但环境的确和菜肴本身一样会使顾客先入为主。餐馆的室内设计是当人们热心于对菜肴进行艺术加工的同时也让许多人关注的内容。把餐馆变成人们认为值得花时间吃饭的地方。在那里，关照是为了使人愉悦，注重细节，是为了使用餐的人心境得到改善。这样，人们就如同在一种剧场的气氛中用餐，坐在餐馆的桌旁，犹如置身于舞台之中。而舞台是特别为这些有相同品位的人准备的。如果餐馆的设计准确传达了这种独创性，来客将舒适地坐享美味。

3. 服务营销策略与就餐者心理

营销策略乃是企业经营策略之核心，尤其是在消费者起主导作用的今天，它对企业经营的成败更是具有关键性的影响。餐饮业本质上是一种服务业，除菜品等实物产品的营销外，服务营销在提升餐饮企业竞争力、增加附加值、增强消费者满意度和忠诚度方面也有着重要的意义。因此，无论是世界快餐品牌的麦当劳、肯德基，还是国内的全聚德、东来顺等百年餐饮老店和海底捞等餐饮知名品牌企业除了美味的食物，无不靠的是独特的服务营销策略。海底捞的等位服务就是一绝。如果店内客人已满，再有新的客人进店，沙发或者凳子自然少不了，服务员还会递上瓜子、饮料或者点心。另外，还配有棋牌等休闲物品，两个人去，可以下象棋、下跳棋；三个人去，可以斗地主。这样，客人在等位的时候就不会着急了。除此之外，海底捞还免费为女士提供美甲、护手服务，为男士提供擦皮鞋服务。为要"收菜"的客人提供上网服务……如果等位时间很长，服务员还会给客人按摩、捶背，边捶背边寒暄。等排到位子了，服务员就会提醒客人轮到他用餐了。

三、从业者心理特征分析

现代餐饮业的快速发展对餐饮从业人员的知识和职业素养提出越来越高的要求，然而由于传统观念桎梏、薪酬水平相对偏低、用工荒、流失率偏高等现实问题，餐饮服务人员紧缺已经成为众多餐饮业的现实，餐饮业招聘的门槛不得不降低。因此，餐饮业中的管理人员和服务人员亟待需要掌握心理学的基础知识和方法，并能在经营管理以及日常的各种服务工作中运用。

餐饮业的经营较之其他行业更加依赖从业者，如烹调、招呼客人、调酒、洗盘子、迎送客人、清扫房间等基本上需要一线员工的劳动，员工们既能制作精美的菜品，为顾客提供满意的服务，也能把顾客赶走。当然，员工烹调的菜品、调酒及提供服务质量的好坏主要取决于管理者。如果管理不善，整个单位就会出现问题。因此，餐饮业经营成功的关键取决于员工和管理者。作为直接面向顾客的服务员，应该舍得下功夫，认真地、深入地研究分析顾客消费心理，把握好接待消费者心理需要的尺度，努力使自己成为一名能满足顾客心理需求的"行家"。作为一位管理者或经营者，不仅要处理好自己所遇到的各种顾客消费心理需要问题，而且还要了解本单位员工的心理需求。要成为一位"能够培养出行家的行家"。

1. 职业的认同感

职业认同感（Professional self-identity）是一个心理学概念，是指个体对于所从事职业的目标、社会价值及其他因素的看法，与社会对该职业的评价及期望的一致性，即个人对他人或群体的有关职业方面的看法、认识完全赞同或认可。由于人们对职业发展研究的不断深入，职业认同感的概念不再仅仅局限于心理角度，越来越朝着社会化、多元化、人性化的角度发展。

职业认同感会影响员工的忠诚度、向上力、成就感和事业心。饭店业是为消费者提供安全、舒适空间和提高人民生活福利的高尚行业。然而，传统误区将餐饮业看成是伺候人的行业，有部分家庭不愿意、不舍得让孩子去"伺候"别人，从根本上不愿意让自己的孩子从事酒店工作。可以说，受到这种错误观念和信息的引导，使得本专业的学生毕业后就有选择逃离专业就业的想法和行为。即使能在餐饮业工作一段时间，也会选择跳槽。这就是员工对饭店的职业认同感和价值归属感趋于弱化的现象。其实我们社会当中，哪一个人的工作不是为他人服务呢？所以，我们要改变观念，树立良好的职业认同感。同时，管理者也要特别注重对优秀管理人员的培训。如希尔顿饭店公司就积极选拔人到密西根州立大学和康奈尔大学饭店管理学院进修和进行在职培训。希尔顿饭店的管理人员都由本系统内部的员工晋升上来，大部分饭店的经理都在本系统工作 12 年以上。每当开发一家新的饭店，公司就派出一支有多年经验的管理小分队去主持工作，而这支小分队的领导一般是该公司的地区副总经理。

美国希尔顿饭店创立于 1919 年，在不到 90 年的时间里，从一家饭店扩展到 100 多家，遍布世界五大洲的各大城市，成为全球最大规模的饭店之一。80多年来，希尔顿饭店生意如此之好，财富增长如此之快，其成功的秘诀是牢牢确立自己的企业理念并把这个理念贯彻到每一个员工的思想和行为之中，饭店创造"宾至如归"的文化氛围，注重企业员工礼仪的培养，并通过服务人员的"微笑服务"体现出来。

2. 职业的幸福感

所谓职业幸福感，是指主体在从事某一职业时基于需要得到满足、潜能得到发挥、力量得以增长所获得的持续快乐体验。企业如何使员工获得职业幸福感是检验企业管理成效的重要标尺；对于企业职工来说，是否拥有职业幸福感，既是对企业的满意程度、忠诚度的体现，又是个人生活质量的一个衡量标准，用当前比较时髦的话讲，幸福指数较高，是自身价值实现的一种表现。物质给职工带来的幸福感只是暂时的，而企业文化、自我成就的实现给职工所带来的幸福感持续的时间会更长。将职工个人的发展与企业未来的发展统一起来，使职工在企业的发展中得到个人的进步，获得个人奋斗的动力与团结合作的快乐，会极大调动职工的积极性和创造性。一个和谐的企业文化能让职工在幸福中工作。如海底捞真正把员工当作家里人。这不是海底捞墙上的标语和口号，而是渗透到了管理者的血液里，形成了企业的 DNA。他们是这样做的：海底捞的员工住的是城市小区，而不是地下室；员工宿舍有着"星级"酒店的服务；员工培训内容包括教会员工融入城市生活；每月给员工父母寄发补助；店长级以上员工跳槽给"嫁妆"等。

孟子说：君之视臣如手足，则臣视君如腹心；君之视臣如犬马，则臣视君如国人；君之视臣如土芥，则臣视君如寇仇。海底捞视员工如姐妹手足，员工自然将海底捞当做心肝来呵护。海底捞不仅关爱员工，更懂得尊重员工。"养而不爱，是养猪；爱而不敬，是养狗。"人呢？人不仅需要吃和爱，还需要尊敬。什么是对人的尊敬？对人的尊敬就是信任。而信任不是说出来的是做出来的。信任的唯一标志就是授权。同样，海底捞也对员工进行了授权，授权就等于人人都成了管理者。所以海底捞才创新了很多以客户为中心的"贴心"服务。海底捞服务员的微笑比五星级酒店服务员的要真诚，因为这种微笑不是通过培训露几颗牙而习得的，而是通过信任让员工发自内心的微笑。真笑来自内心，人不幸福不可能真笑。在海底捞，张勇的两句语录众所周知，一句是"客人是一桌一桌抓的"。员工幸福了，才能抓来一桌桌的客人；另一句是"员工是一个一个吸引的"。人与组织的关系，其实就是人与人的关系。人离开一个组织是因为要离开某些人，人加入一个组织也是因为某些人。让服务员感到幸福，不仅是吃饱住好，还要公平。公平不仅是分蛋糕，还涉及人的希望和尊严。因此，海底捞评价员工只有一个标准——能不能干？不按资历和学历，只按能力的晋升制度是海底捞服务差异化战略的核心。

3. 职业的成就感

一个企业的成功，最重要的是员工能够分享成就。无独有偶，相关调查也显示，工资水平并非决定工作幸福指数的主要指标，也非决定工作幸福感的主要因素。员工选择一个公司，薪资因素是排在第七位的，排第一的是这个公司能不能给我带来自豪感；第二是老板是谁，我跟谁干，且越是高层次人才越是重视工作的愉悦和自我价值的实现。酒店对员工好，员工也就会对客人好。这是万豪酒店的经营理念。每年万豪酒店都有一个 AOS 员工意见调查。每个员工收到意见问卷后，可以就主管、待遇等方面提出自己的意见。这份问卷采用不记名的方式，并且直接投寄给美国的第三方独立机构。然后，由这家机构将问卷情况反馈给万豪集团。通过调查问卷，万豪高层管理者能够真正看到员工的心声，以便于调整人力资源发展战略。同时，这份调查问卷的结果也反映了各家酒店员工的满意度水平。这也是考核万豪各家酒店经理的指标之一。通过调查问卷，能够了解员工的发展前景，从而使万豪能够帮助员工实现这个目标。

第三节　餐饮服务心理学发展概况与未来趋势

在工业企业管理理论的发展中，最早把心理学的研究应用到企业领域可溯源至 19 世纪末美国工程师泰罗（F.W.Tay Lor）的有关工作效率与管理问题的研究。心理学知识应用研究于企业的最早事例，公认的应为 1901 年 12 月 20 日美国心理学家斯科特（W.D.Scott）向芝加哥的一些企业家讲述心理学在广告方面的应用，其潜力受到了人们的重视。然而真正使企业心理学得以发展却是到了第一次世界大战期间，美国用心理学测验军工人员，按成绩分配适当岗位，从而提高了训练效果。

我国心理学家周尔庚、陈立等在1949年前对一些机械工业和纺织工业也进行了一些关于改善工作环境及工人提出合理化建议的研究。例如，1935年，我国工业心理学的奠基人陈立教授所写的《工业心理学概观》成为我国最早的工业心理学专著。1959年，美国心理学家海尔（M.Haire）提出把工业心理学衍分为人事心理学、工程心理学、管理心理学的意见受到学术界的普遍承认和关注。以后从人们对管理心理学研究的范围和领域来看，实际上工业心理学就是对企业中人—人关系进行系统研究的具体和深化。正是从这个意义上说，我们编写这本书的目的也是力求在管理心理学研究基础上，使其研究的范围更加精确和具体，以提高心理科学理论研究的针对性和应用性。所以，餐饮服务心理学就是管理心理学研究在餐饮业组织管理中的具体化。

随着世界经济全球化，中国餐饮业将呈现四大新的发展趋势。

一是餐饮消费的方式将越来越呈现多元化和现代化的趋势。根据中国品牌网公布的数据显示，连锁快餐十大品牌是：肯德基、麦当劳、真功夫、德克士（Dico's）、必胜客、丽华、味千拉面、永和大王、马兰拉面、吉野家。快餐是在社会经济发展、人们生活节奏加快、时间价值越来越重视的背景下出现的、为满足人们的快速需求而诞生的一种简约的供餐方式，其显著的特点就体现在"快"字上。它制作时间短、口味稳定，服务交易方便、就餐快捷。快餐能够走进千家万户，是社会发展的必然需要。

在中央"八项"规定及"厉行勤俭节约、反对铺张浪费"的大背景下，餐饮业面临经营业绩严重下滑，行业重新洗牌的严峻形势。特别是高端餐饮，在新的形势下要继续生存与发展，转型升级、改变经营策略，适应"居家消费"模式，做"亲民餐饮"，已经势在必行。2012年跻身美国富豪200强的熊猫餐厅已经开出了2000多家店，"大众餐桌"是他们成功的实践。这个经验值得高端餐饮企业借鉴，这其中既要有对消费层次结构的调整，比如降低餐饮"门槛"，放下身价，调整高、中、低档菜品的比例，以吸纳普通大众消费群体；更可对产品的结构进行调整，比如设置小份菜、半份菜，酒类的大瓶装也可以调成七两或半斤装之类。聚会喝酒少点，既减少消费，也避免浪费。

二是餐饮经营的取向将越来越集团化和品牌化。房租提高、人力成本及原材料上升、水电费和刷卡费提高、投诉风险提高、利润降低致使中小餐饮企业难以为继，规模化、标准化成为餐饮业的发展方向和控制成本的不二法宝。从国际市场来看，美国前50名餐饮企业营业额占美全行业比重高达20%以上，这是集团化和品牌化的结果。未来一个时期，中国餐饮业集中度还将有进一步的提升空间。

三是餐饮服务的内涵将越来越人性化和生态化，"绿色餐饮"的理念越来越深入人心。随着消费者日趋重视生活质量和品位，餐饮业更多地将自身发展与环境保护、资源节约、健康生活等密切结合起来。餐饮业已从价格的比拼进入到环境氛围的比拼，消费者们已从注重食物的味道转向更加注重进食时的环境与氛围。要求进食的环境"场景化"、"情绪化"，从而能更好地满足他们的感性需求。因此，相当多的餐馆，在布置环境，营造氛围上下功夫，营造特色与情调。它们或新奇别致，或温馨浪漫，或清静高雅，或热闹刺激，或富丽堂皇，或小巧玲珑；有的展现都市风物，有的炫示乡村风情；有中土风格的，也有西式风情的，更有中西合璧的。从美食环境到极富浪漫色彩的店名、菜名，使你能在大快朵颐之际，烘托起千古风流的雅兴和一派温馨的人和之情。

四是餐饮文化的传播将越来越国际化和市场化。由中央电视台纪录频道摄制的七集纪录片《舌尖上的中国》，开播以来的平均收视 0.481，平均收视份额 3.861，日最高收视率达 0.75，首重播最高收视份额达 5.77，超过原时段播出的电视剧栏目 30%。在法国戛纳电视节中，该片受到世界各国媒体和购片商的高频率点击与关注，中东的 EME、AR 公司、法国的 M6 家庭频道、Arte、英国的 Log Media、香港的 TVB、香港有线、韩国 KBS 等 20 余家电视机构均向中国国际电视总公司表达了购买兴趣。这充分说明了餐饮文化的无国界。

美国《时代》杂志称，2015 年前后发达国家将进入休闲娱乐时代，在众多的休闲娱乐方式中，美食旅游扮演着重要角色。我国也意识到了地方旅游餐饮的潮流，广州争创"全国最佳餐饮旅游城市"，成都打造"成功之都、多彩之都、美食之都"的旅游品牌。中国幅员辽阔、物产丰富，自然、社会经济和生活习俗差异很大，使我国地方美食餐饮丰富多彩。旅游餐饮是一种享受型的餐饮，是一种对地方美食安全、质量、营养、特色、文化、环境要求极高的餐饮活动。旅游餐饮拥有广阔的市场开发空间，这种开发并不是简单意义上，浅层次的满足"吃"、"喝"的需求，而是基于现实的市场需求。对当地饮食文化的尝试发掘、通过一定的内容和形式来凸显、展示十大精深的餐饮文化，使旅游者感受美味、体验文化，实现地方美食向旅游餐饮的转化。

【复习思考题】

一、简述餐饮服务心理学的意义？

二、举例分析客人的消费心理？

三、说明从业者为什么要学习餐饮服务心理学？

【拓展训练】

案例分析：绿茶餐厅

短短几年间，从杭州起家的绿茶餐厅在全国已经有了 20 间店，占据一线城市北京、上海、深圳，年营业额有几个亿，从来不乏情愿排队三个小时的拥趸。快速扩张、特色装修、末位菜品淘汰、低价、火爆的排队现场、漂亮的老板娘、一人股东制，都已经成为绿茶餐厅的标签。

请学生课下分析绿茶是怎么做到的？

【推荐阅读】

一、阅读《心理学的故事》［美］莫顿-亨特（Morton Hunter）。

莫顿-亨特是著名心理学家，屡获大奖的科普作家，一直为《纽约客》、《纽约时报杂志》和哈珀公司的许多出版物撰稿。著有《爱的自然史》、《内心的宇宙：探索人类心理的新科学》等作品，其中《心理学的故事》最为著名。

本书追溯了心理学自 18 世纪从哲学中分离而成为一门独立的学科直到现代的历程，讲述了在 2500 年漫长的岁月中，伟大的思想家和科学家对人类思维和行为奥秘的探索。在这个心理学日益被广泛关注的年代，《心理学的故事》作为一部重要的心理学史著作，它涵盖了 2500 年来心理学发展的广阔范畴，全面详实，具有独立性和权威性，是一本集大成的心理学史佳作。本书讲述了一个个引人入胜的故事。故事的主人公都是人类思想领域中的探索者——苏格拉底、柏拉图、亚里士多德、笛卡尔、斯宾诺莎、梅斯梅尔、威廉·詹姆斯、弗洛伊德、巴普洛夫、斯金纳、皮亚杰等。这些故事不是注重人物的个人经历，而是通过描述使读者能迅速理解心理研究的手法和正确的理论以及作为心理学主要构成部分的心理治疗的方法和功效。本书对旧版进行了修订并增加了近 6 万字内容，融入了近 15 年来心理学最引人注目的发展成果，使之成为一部伟大的探究人类心灵的编年史。

二、阅读《世界上最经典的心理学故事大全集（超值白金版）》（路西编写）。

本书汇集了最经典、最发人深思、最耐人寻味的心理学故事，剥去了心理学复杂的外衣，形象而生动地剖析了心理学的原理、规律和方法，揭示了心理学的奥秘。即使不懂心理学的人，也可以通过一个个经典的故事汲取心理学的智慧，破译内心的记忆密码，解读神秘的心理效应，全力塑造阳光心态，成功地打造完美个性。

第二章 餐饮感知心理

譬如耳、目、鼻、口，皆有所用，不能相通。犹百家众技也，皆有所长，时有所用。

——《庄子·天下》

餐饮服务要从感知开始，餐饮服务是可见、可闻、可听、可摸、可触的。人有五种感官，即皮肤、舌头、鼻子、耳朵和眼睛。相对应的是五种感觉功能：触觉、味觉、嗅觉、听觉和视觉。我们就是依赖这五种感觉器官和五种感觉功能来感知世界的。本章将重点探讨餐饮服务心理学中的感知因素，分析感知心理对消费者行为的影响，把握心理规律，提升餐饮服务质量。

 学习与行为目标

1. 了解色彩感知在餐饮服务中的应用
2. 了解空间感知在餐饮服务中的应用
3. 了解音乐感知在餐饮服务中的应用

第一节 色彩感知与餐饮服务

20世纪50年代，贝克斯顿（Bexton）、赫伦（Heron）、斯科特（Scott）于1954年在加拿大的一所大学的实验室进行过一个著名的实验，参加实验的人躺在隔音房间的小床上，蒙上眼睛，堵上耳朵，戴上手套；从而剥夺了受试者的视觉、听觉和部分触觉。第一天这些被实验者还能够在睡眠中度过，后来就开始烦躁不安，不能进行连续清晰的思考，接着注意力开始不集中，并产生幻觉和恐惧感。多数人只能坚持2~3天，没有一个人能够忍受一个星期。

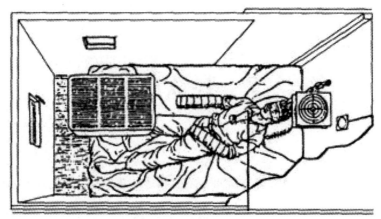

图 2-1　感觉剥夺试验

资料来源：http://www.wangxiao.cn/jsz/xinli/8612354402.html.

一、色彩感知及其心理意义

1. 色彩感知

感觉（Sensation）是人脑对直接作用于感觉器官所产生的对客观事物的个别属性的反映。首先，感觉是对客观现实（客观事物）的反映。如果没有作用于感觉器官的客观事物，便不会产生任何感觉。没有光波的作用，人就不能分辨各种颜色和明暗；没有物体的振动，就不能听到各种声音。其次，感觉是对当前事物的反映。即现在看到的、听到的、闻到的、摸到的事物的反映，而不是对过去事物的反映，对过去事物的反映不属于感觉，而是记忆，如昨天教过的生字今天能认识。感觉是对事物的直接反映。即对亲眼看到的、亲耳听到的、亲手摸到的事物的反映，而不是对事物间接的反映。对事物进行间接反映的不是感觉而是思维，如看见珠峰上有海洋化石，于是推知，这里曾经是海洋。最后，感觉是对事物个别属性的反映，而不是对事物整体的反映，对事物整体反映是知觉。任何事物都有很多属性，如一个桃子，有颜色（红色），有形状（圆的），有气味（香的），有味道（甜的）。如果我们只反映味道——甜的，或只反映气味——香的，都属于感觉，前者是味觉，后面是嗅觉。如果是对桃子整体的反映，便是知觉。

现实生活中，单纯的感觉是很少的，它常常和知觉同时出现。我们常常不仅仅只看到红色，而且还知道是某种物体的红颜色；我们不仅仅只听到声音，而且还知道，它是由某种物体发出的声音，这时的心理活动便是知觉。所以我们常常把感觉和知觉合起来称作"感知"。

那么，感觉是主观的还是客观的呢？感觉既是客观的，又是主观的。从感觉的来源和内容来看，它是客观的，它是对客观事物的反映；从感觉的形成和表现来看，它又是主观的，它是在一定的主体身上形成、表现和存在着的。感觉是一切比较高级的、复杂的心理现象的基础，没有感觉就不可能产生知觉、记忆、想象、思维等一系列复杂的心理现象，也不可能形成个性。"感觉剥夺"实验告诉我们，对一个正常人来说，没有感觉的生活是不可忍受的。

知觉（Perception）是人脑对直接作用于感觉器官的客观事物的整体反映。如苹果有很多属性，有颜色（红）、气味（甜）、味道（香）。如果我们只反映其中一种属性，如只反映颜色或只反映味道，便是感觉，如果是对苹果整体的反映，便是知觉。日常生活中，单纯的感觉是很少的，一部分是以知觉的形式出现，知觉不是感觉的简单相加。知觉中除了包含感觉之外，还包含记忆、思维和言语活动等。知觉除了以各种感觉为基础外，还要借助于人的知识和经验。所以知觉并不是感觉的简单相加，我们在知觉时要借助于过去的知识和经验。

心理学研究表明，人是具有色彩的动物。色彩感知是指人对颜色的感知。这是因为人对外界的反应有一半以上来自于眼睛，而眼睛首先看到的就是色彩，且人对色彩的和谐有着一种本能的需求。和谐的色彩使人积极、明朗、轻松、愉快；而不和谐的色彩却使人感到消极、压抑、沉重、疲劳。中国菜肴素以"色、香、味、形、器"俱佳而闻名于世，其中"色"占首位。可见，人们从长期的生活经验中总结出来菜肴是先见其色的，是符合心理学原理的。因此，一道菜肴，一桌筵席的成功与否，与色彩的运用有着密切的联系。在饮食业中，合理地布置餐厅，巧妙地搭配菜肴的色泽，不仅可以给人带来视觉上美的享受，而且还可以增进食欲，无形中提高了整个饮食的档次。

2. 色彩的心理意义

不同的色彩，具有不同的心理意义，甚至可以标示不同的性格。

红色是热烈奔放的色彩，可以使血液加速循环。在生活中一般广泛的应用红色，因为红色容易引起注意，具有很好的视觉效果。红色还具有温暖、热情、积极、活力的涵义，也常用来警告和禁止危险的发生，起到防火等警示作用。当人们看到红色标志时，不用仔细看内容，就可以及时了解危险的警告。大红色一般用来起到醒目的作用，如红旗等；浅红色比较温柔，可以用来布置新房，设计儿童的服饰等；深红色一般用作衬托，有热烈深沉的感觉。红色和浅黄色很匹配，大红色与蓝色、橙色、绿色相斥，与灰色、奶黄色是中性搭配。

橙色是活泼欢快的色彩，是暖色系中最温暖的颜色，它一般使人想到金色的秋天，丰收的果实，是幸福快乐的颜色。橙色中加入黑色，会变成含蓄、稳重的暖色；加入白色，会有甜腻的感觉。橙色明视度很高，在工业安全用色中，橙色也是警告颜色，如救生衣、登山服装的颜色。橙色还可以作为喜庆的颜色，同时也是富贵色，如皇宫里的一些装饰。橙色可以作为餐厅的布置色，可以增加食欲。橙色与浅蓝色、浅绿色相配,是最欢乐、响亮的色彩。橙色一般不能与深蓝色、紫色相配,会有不干净、晦涩的感觉。橙色很明亮,会有些刺眼,在一些场合会让人有负面的意象,尤其在服装的运用上,在使用橙色时,一定要注意选择搭配的色彩和方式,这样才能把橙色活泼欢快的特性发挥出来。

黄色有金色的光芒,有着太阳般辉煌灿烂的光辉,是照亮黑暗之光。黄色是骄傲的色彩,象征着财富和权力。在工业用色上,黄色也常用来提醒注意和警示危险,如交通标志上的黄灯、大型机器等。黄色和蓝色搭配,非常清新美丽;黄色和绿色搭配,很有朝气活力;深黄色和淡黄色相配显得极为高雅。淡黄色可以和任一颜色搭配,但是如果需要达到警示的目的,不能和浅色搭配,尤其是白色。深黄色一般不能与深紫色、深红色搭配,也不适合和黑色搭配,会有晦涩和垃圾箱的感觉。

绿色有着希望、理想的意象,常用在服务业、卫生保健业等行业,在许多工厂中也常使用绿色,医疗机构也常使用绿色标示医疗用品。鲜艳的绿色是一种非常优雅、美丽的颜色,象征着生命,生机勃勃。绿色几乎能搭配所有的颜色,用途极为广泛,无论童年、青年、中年、老年,都可以使用绿色。在各种装饰、绘画、休闲中,常使用绿色。绿色中掺入黄色则为黄绿色,显得单纯年轻;掺入蓝色则为蓝绿色,显得豁达清秀;掺入灰色,显得宁静平和,像晨雾中的田野或暮色中的森林。浅绿色和深绿色搭配给人安宁、和谐的感觉;绿色和白色搭配,显得很年轻;浅绿色与黑色搭配,显得美丽大方;绿色与浅红色搭配,象征着春天。深绿色一般不和深红色和紫红色搭配,有杂乱不清洁的感觉。

蓝色是永恒的象征,大海、天空等辽阔的景色呈现蔚蓝色。纯净的蓝色显得安详理智、美丽洁净。蓝色比较沉稳,具有理智准确的意象,在一些商业设计中,为了强调企业形象和商品,多选用蓝色,如电脑、摄影器材等。受西方文化的影响,蓝色又代表着忧郁,常运用在文学作品中。蓝色用途非常广泛,因为蓝色可以安定情绪,天蓝色常用在医院或卫生设备的装饰或夏日的服装设计中。不同的蓝色和白色搭配,显得清爽洁净;蓝色与黄色搭配,因为对比度较大,显得非常明快;深蓝色一般不和黑色、深红色、紫红色、深棕色搭配,会给人一种脏兮兮、乱糟糟的感觉。

紫色象征着虔诚,美丽又神秘,既有鼓舞性,又有威胁性,所以紫色一般也受到相当的限制,除了和女性有关的商品,其他的涉及一般不采用紫色为主色。紫色处于冷暖之间的状态,它是波长最短的可见光波,具有低明度的性质,在心理上有一定的消极感。紫色不能和许多色彩搭配,却可以容纳许多淡化的层析,纯紫色里如果加入少量的白色,会成为非常柔和优美的色彩,不断加入白色,可以产生许多层次的淡紫色,显得非常动人、柔美。

灰色属于中间性格，男女都可以使用，具有高雅柔和的意象，是一种永远流行的主要颜色。在和金属材料有关的高科技产品上，几乎都使用灰色传达高级、科技的意象。使用灰色时，要利用不同层次的变化组合，或者和其他色彩搭配，这样才不会显得沉闷呆板。

白色通常要和其他色彩搭配，纯白色有严峻、寒冷的感觉，所以在白色的使用上，一般要掺入其他色彩，如苹果白、米白等。在生活用品、服装用色上，白色是流行的主打色，可以和任何颜色搭配，具有高级、科技的意象。

黑色也是一种流行的主要颜色，适合和许多色彩搭配。生活用品和服装设计，常利用黑色代表高贵。许多科技产品，大多采用黑色，黑色具有庄严、稳重、科技的意象，如电视、音响等色彩。因为黑色庄严的意象，也常用在一些特殊场合的空间设计上。

黑色和白色代表着色彩世界里的阴极和阳极，是对色彩最后的抽象。例如太极的图案就是用黑色、白色表现宇宙永恒的运动。黑色就像太阳的毁灭，永恒的沉默，给人失去希望的感觉，白色的沉默则有无穷的可能。黑白两种颜色是极端对立的色彩，它们总是以对方的存在反衬自己的力量，是整个色彩世界的主宰。

二、餐饮服务中色彩的运用

1. 餐厅中色彩的运用

餐厅是供人们就餐的场所。曾有一家合资酒店做过这样的实验：把一间员工培训室布置成一个模拟餐厅，墙壁上涂上不同的颜色请顾客光临。第一天的餐厅是黑色的，几乎没人来；第二天是红色的，顾客寥寥无几，即使有人来，没坐几分钟，也就走了；第三天是淡绿色，结果高朋满座不算，顾客用餐后还闲坐长聊，久久不肯离去。这个实验说明，餐厅的颜色能使就餐者心理产生某种奇特的感觉，而这种感觉是通过视觉作用产生的。因此，餐厅的颜色与人的情绪、食欲等都存在着一定的内在联系。

现在随着人们物质、文化生活水平的不断提高，对饮食环境的要求也逐渐提高。而人们对饮食环境的最根本的要求是舒适，因为舒适的环境，能让就餐者得到身心的放松，解除工作的疲劳，使心理恢复到轻松愉快的状态。因此，餐厅的环境应努力创造优美、典雅、整齐舒适的艺术效果，以便给人留下一个良好的印象，增加餐厅的形象吸引力，达到既增加食欲又满足精神需要的目的。而利用色彩来美化餐厅就越来越为人们所重视，因为，色彩有很强的味道表现力。那么选用什么样的颜色既能美化餐厅，又能引起人们的食欲呢？实验证明，合理搭配餐厅内一切物品的色彩比单色彩更具魅力。大红大粉过于张扬，若和安静的冷色搭配，能够显出年轻和活泼；本白土黄过分素净，若和快乐的暖色牵手，就易显露出自己的典雅;淡紫配天蓝给人恬静的感觉;洋红配宝蓝让人觉得明快;酱紫配月白则显得高雅;墨绿配土黄最为自然;主要蓝配浅蓝则令人感觉踏实。黄色或橙色不仅能使人的心跳趋于正常状态,而且能刺激胃口,我们常见到一些餐厅的墙壁或餐椅、台布选用黄色或橙色,使人们能够悠然自得的在里面进餐。

餐厅中灯光的色彩,对就餐者的情感、情绪的影响也是极大的,在现代生活中,灯具不仅用来照明,而且应该具有装饰和美化环境的效果。餐厅中灯具的照明和装饰应该温暖、热烈,产生宾至如归的亲切感。不同主题的宴会,应利用不同的灯光。如果要烘托出宴会喜庆、热烈的气氛,就应该以暖色调为主,暖色可以给人以温暖、前进、兴奋、扩散、大胆的感觉;如果需要的是宁静、优雅的效果,则应以冷色调为主,使就餐环境的色彩显得单纯而平静,给人的感觉是收敛、寡言、内向、严峻、凉爽。但冷色的灯光照射在菜肴表面时,会使菜肴显得灰暗、苍白,甚至能使一些肉类菜肴显得有些腐烂、变质。因此,大众化的餐厅往往不适合用冷色调的灯光。

2. 菜肴的色彩运用

"色"是菜肴质量评定的指标之一,是菜肴的脸面,也是人们食用前对菜肴的第一印象。如果一道菜的色泽不理想,即使有较好的口味,也难以引起人们的食欲;反之,菜肴的色泽搭配合理美观,人们就会难挡诱惑,很想品尝品尝味道。在一次午餐会上,心理学家做了一个有趣的实验:他们把牛排制成白色的色拉,把咖啡泡成土黄色、芹菜染成不高雅的淡红色,牛奶弄成血红,当满怀喜悦前来就餐的客人见到这个场面时,不仅情绪一落千丈,而且目瞪口呆,有的迟疑不前,有的勉强吃了几口,也恶心得要呕吐,这种反常的食物使大多数人倒了胃口。然而,同样的一桌午餐则被那些蒙着眼睛的客人吃得精光,且赞不绝口。这一实验说明,由菜肴的色彩而产生的联想具有很强的心理作用,影响人们进餐的情绪。如红色使人喜悦、热情,具有象征爱情、活力、积极向上的作用;黄色使人感到愉快、活泼;橙色则显得温暖、温馨;绿色有着淡雅平和的感觉;黄绿色容易使人联想到晚秋凋零的枯叶,产生惆怅和伤感;黑色则显得高贵,庄重和严肃;白色传述着圣洁等。同时色彩对味觉也有影响,如黄色的菜肴看上去偏酸,红色偏甜,黑色偏咸。感觉也是如此,白色菜肴则感觉软滑、清淡、鲜嫩,绿色的感觉新鲜、清爽。在菜肴的制作过程中,合理搭配色彩,能对菜肴的艺术造型起到事半功倍的作用。

菜肴的色泽往往是由原料本身的色泽在加热后的变化和菜肴制作中所加入的有色调料来决定的。在配色时,应遵循一定的美学原则,讲究色彩的对比与调和,对比与调和是矛盾的两种状态,调和是求同,对比是存异,调和容易产生认同感、层次感。调和的色彩比较雅致,但过度调和会显得呆板,造成视觉上的模糊感,这就需要适当的对比,对比的颜色让人感到醒目、活跃。在菜肴中使用对比色,容易形成愉快、热烈的气氛,但处理不好时,会形成杂乱、炫目的后果。因此,必须掌握烹饪美学的基本知识。

根据美学的基本原则,把菜肴的配色方法分为顺色配和异色配两种。顺色配就是所有配料的色彩与主料的色彩相同或相近,给人和谐、统一的感觉,如"银芽鸡丝"、"糟熘三白"等;异色配,又称花色配,即配料与主料的色彩相差较大,呈现一种对比,使菜的色彩相差较大,呈现一种对比,使菜肴色彩缤纷、鲜艳夺目,让人望而起兴。异色配在实践中特别常用,如"三色鱼丸"、"锦绣鱼丝"等,特别是"锦绣鱼丝",洁白的鱼丝配以褐色的香菇丝、碧绿的青椒丝、黄色的蛋糕丝以及深红的火腿丝,给人既华丽又高雅的感觉。

决定菜肴色泽的不仅取决于主、辅料的颜色,而且与调料的颜色直接有关。一些本身色泽鲜艳的原料,在烹调中往往不需要再加有色调料,如西红柿、白兰花、鸡蛋,等等,应突出原料的本色。在菜肴制作过程中,各种调料的色彩搭配应合理、协调,如制作茄汁类的菜肴,再用其他有色调料的话,就会对茄汁的色泽造成污染,从而影响菜肴的质量。

在菜肴的配色过程中,还应考虑季节的因素,不同的季节,人们对色彩的要求也不相同。在寒冷的冬天,暖色调能给人带来温暖之感;而在夏、秋季因阳光强烈,气温较高,自然界的色彩对比较强烈,在饮食上就会喜爱色彩素淡、口味清爽的菜肴。此外,还要根据宴会的主题内容、食客的民族习俗以及个人喜好等,进行合理、灵活地配色。

总之,饮食中色彩的搭配应强调整体的效果,作为一次完美的饮食过程,应当具有整体性,自始至终都要给人留下完整的、全面的美。一只菜肴是一个整体,一桌宴席更是一个整体,菜肴与相关的桌面摆设,环境布置的组合又是一种意义上的整体。缺少了其中的任何一个要素,都会影响就餐者的情感、情绪、食欲。

第二节　空间感知与餐饮服务

一、空间感知及其心理意义

1. 空间感知

空间感知是反映物体空间特性的知觉,包括形状知觉、大小知觉、距离知觉和方位知觉。形状知觉是人脑对于二维空间物体平面特征的反映；大小知觉是物体的大小特征在人脑中的反映；方位知觉是对物体所处的方向位置的知觉，如上下、左右、前后等；距离知觉是物体离我们远近的知觉。根据知觉是否与客观事物相符合分为正确的知觉和错误的知觉。凡是与客观事物相符合的知觉称为正确的知觉，凡是与客观事物不相符合的知觉称为错觉。

专栏 2-1

错 觉

（1）图形错觉。

（2）大小错觉：除图形外，现实中的物体，也能在一定条件下产生大小错觉，如初升或将要落山的太阳，看起来好像比中午头顶上的太阳要大一些。站在码头上看远洋轮，因为它同码头上的物体相比，就觉得它是个庞然大物，如果乘上它航行在辽阔的大海上，就会觉得它并不像以前所感觉的那样大了。

（3）形重错觉：一斤铁同一斤棉花的物理重量是相同的，但是人们用手加以比较（不用仪器），会觉得一斤铁比一斤棉花重得多，这是以视觉之"形"而影响肌肉感觉之"重"的错觉。

（4）方位错觉：如果你照着镜子，看准头上的某一根头发，试着用手去抓住它，往往抓不住，因为照着镜子，人很容易发生方位错觉，就很难抓准某一根头发的。在海上飞行时，海天一色，找不到地标，海上飞行经验不够的飞行员有时分不清上下方位，以为大海是蓝天，蓝天是大海，往往发生"倒飞错觉"。而造成飞入海中的事故。

（5）运动错觉：站在某个地方自己转动几圈，停下来后会觉得周围的一切都在转动。再如，站在桥上俯视桥下流水，久而久之，就仿佛觉得身体和桥一起摇动。

（6）错觉在生活中的运用：在商品包装上，两个容量相同的饮料包装，扁形的看起来就比圆形的大些、多些；笨重物体采用浅淡的颜色，会使人感到轻巧；如果你的房间狭小，可在墙上安一面镜子，镜子可以反映出全屋的景象，似乎有一种房屋扩大了的感觉。

---

2. 空间感知的心理意义

空间感知具有一定的心理规律性。主要有以下几个方面：

（1）空间感知具有选择性。我们在知觉事物时，不可能同时对各种事物都进行反映，总是优先地选择出有限的事物作为知觉的对象，从而获得清晰的映像，其余事物则作为知觉的背景，只能模糊地觉察到，知觉的这种特征叫知觉的选择性。简单地说就是把知觉对象优先地从背景中区分出来的特性。我们把被选择的刺激物称为知觉对象，而其他刺激物称为背景。如上课时教师叫学生看黑板，黑板上的字为对象，而其他，如黑板上方的横幅、周围的奖状、张贴图以及挂图等则成为背景，在知觉过程中，对象与背景不是固定不变的，而是可以相互转化的，如心理双关图。

（2）空间感知具有整体性。任何事物都是由多种属性或由很多部分所组成，但它作用于我们的感官时，可能只是它的某种属性或某一部分，但我们不会把它感知为个别孤立的属性或部分，而总是把它作为一个统一的整体，知觉的这种特性叫知觉整体性。简单地说，知觉的整体性就是当客观事物的个别属性作用于人体感官时，人能根据知识、经验把它知觉为一个整体的特性。如"中国北京"只显现上半部时，我们仍然能认出这几个字。一个小朋友站在一个桌子下面，只露出一只手，我们不能说"这里只有一只手"，而是说"这里有一个人"。

（3）空间感知具有理解性。人在知觉事物的时候，总是根据自己已有的知识、经验来理解它，赋予它一定的意义，并且用词把它标志出来，知觉的这种特征叫知觉的理解性。空间设计中的经验效应是指个体凭借以往的经验进行认识、判断、决策、行动的心理活动方式。一般来说，经验越丰富，认识越深刻。但经验又有局限性的一面，不考虑时间、地点照搬套用，往往会在知觉事物时发生偏差。对于消费者而言，每一次购买、食用，对食物和服务做出的评价和总结的经验教训，都是下一次消费行为的主要依据，以往的就餐经验直接影响他们对于饭店的再度选择，同时，也会影响到客人对饭店的期望值，即所谓的饮食消费后效心理。有些饭店，每年都要进行一次停业修缮，精明的管理者往往在修缮前两三周，供应的饭菜分量特别足，味道特别好，给客人留下愉快而美好的印象。停业时，这些老主顾到别的饭店吃饭，不自觉地会与原来的老饭店作比较，由此更加深了对老饭店的怀念。这就是利用消费者经验效应的经营之道。

（4）空间感知具有恒常性。在知觉条件发生变化时，被感知的对象仍然能够保持相对不变，知觉的这种特征叫知觉的恒常性。包括大小恒常性，形状恒常性，明度恒常性，颜色恒常性。

二、餐饮服务中空间的运用

1.利用空间感知规律，打造餐饮服务视觉亮点

（1）餐饮服务要有吸引人的宣传。餐厅的宣传往往是其吸引客流的利器，特价菜、特色菜、招牌菜等海报已经司空见惯的被放在饭店门口最显眼位置，也同

时会展现在菜单的最大版面、最显眼的位置上；业内常有"500米远景宣传、100米中景宣传、50米近景宣传"之说。优秀餐厅多在500米外就展开宣传攻势，以指示牌、大型店牌等提升餐厅的"外现式推广"；而在100米时就注重门店品牌展示，以招牌展示、品牌展示、明星菜品等"品牌式推广"为主；在50米时更侧重招牌菜展示、明星菜品展现、产品组合展示等。这些引人入胜的宣传会大大增加品牌的曝光度，提升品牌的知名度，提高品牌的优秀形象，更会极大提升特色菜、招牌菜等的知名度。

（2）餐饮服务要有喜人的店招。"餐厅店招"是企业主题特色展现的重要手段，店招与企业文化、餐饮特色、主打菜系等密切相关，其须充分表达品牌内涵，传递企业的"特色价值"，字体、颜色、设计等有机组合，"一种招牌"就是一种文化，优秀的餐厅总会有其优秀的品牌文化，有其优秀的"店招"。

典型案例： 知名餐饮企业"全聚德"其名字颇有渊源，招牌古色古香，极好地传达了深厚传统文化的内涵。正如周恩来总理所言，"全而无缺，聚而不散，仁德至上"是其典型品牌精神的精辟诠释，店招也是其品牌精神的重要诠释。

（3）巧妙的主题式大堂设计。"主题式餐厅"是未来餐饮企业发展的一大趋势，优秀餐厅总会有其主题风格设计。大堂是消费者就餐的主要场所，其空间划分、装修风格、设施布局等须符合目标消费者定位，满足其消费者就餐的品位需求，这是消费者"视觉营销"的重要部分，也是决定餐厅档次、消费者定位展示的主体部分，对餐厅生意额提升极为重要。主题式大堂设计就是要展现餐厅品牌内涵，传递目标消费者品位，表达就餐者品质需求的。

典型案例： 湘菜馆"湖南元素"的大量展示，东北菜馆"碎花布"等东北地域元素的展现，这些都是餐厅经营的主题设计展现，餐厅因"主题设计"而美，更因"大堂设计"而火。

（4）美观之产品是餐饮服务的点睛之笔。菜品之美包含"色、香、味、形、器"等多种，优秀的产品总会囊括其多种元素，并突出自有特色，菜品之美在于"曼妙之形"，展示出色的形状，或以雕工，或以手法，或以小菜品陪衬等来塑造；菜品之美在于"香味之浓、色彩之美"，四溢的香味、曼妙的外形总会带来销量的增长和翻台率的增加。

2. 利用空间感知心理效应，设计餐饮服务空间

（1）空间要满足交往性的心理。餐饮空间以与全体餐饮顾客的交往为目的，空间的设计要有利于顾客的交往和沟通，不需要私密性，不需要用边界区分个人空间的领域，一般餐桌都是四周临空，布置的比较均匀，方便顾客的应酬。

（2）空间感知要能满足顾客的观望性心理。一些顾客有很强的观望性心理，要求坐在有利的位置，希望能更全面方便地观看四周的景色。这种餐饮空间要求

有很强的敞开性，一般位于空间的中心区域，在空间设计上，一般要使用抬高地面的方法。例如一家酒店的餐厅，在空间的中间部位设计了一个地势较高的凉亭，凉亭四角有柱子，柱子之间是廊椅，凉亭的中间有一个精致漂亮的水池，水池里的水可以从亭子顶部滴落，凉亭里放置四张餐桌，凉亭周围有雅间和散座，顾客在凉亭的餐桌就餐，可以方便地观察四周的景色，满足了顾客的心理需求。

（3）空间需要满足顾客的私密性心理。一些顾客就餐时有很强的私密性心理，喜欢安静，不希望被别人打扰。这样的空间设计可以利用屏风、镂空的隔断、较高的绿化植物等进行空间分隔，分隔出大大小小的不同空间，达到较好的满足顾客私密性心理的效果。

（4）空间设计使用边界效应。边界效应理论是由心理学家德克·德·琼治（Dcrk de Jonge）提出，德克·德·琼治对餐厅的座位选择进行了一些专题研究，发现有靠墙或能纵观全局的座位比较受顾客欢迎，许多顾客都表示喜欢靠墙或靠窗的座位，靠窗的座位尤其受顾客欢迎，这样可以把餐厅室内外空间尽收眼底。由此可见，在餐饮空间设计划分时，应该用垂直的实体（如墙、窗户、隔断、绿植、灯柱等）分隔出有边界的餐饮空间，让每个餐桌至少有一侧可以依靠某个垂直的实体，尽量减少布置四面都空的餐桌，这是高质量的餐饮空间设计共有的特征。

第三节　音乐感知与餐饮服务

一、音乐感知及其心理意义

1. 音乐感知

音乐感知力包含音乐感觉和音乐知觉。音乐感觉是指借助听觉器官具体辨别音高、音强、音长、音色等细微差别的能力。音乐知觉是指人们对音乐的复杂形势与结构（节奏、旋律、和声、织体、力度、速度、调性调式等）的细微变化的辨别能力。

2. 音乐的心理意义

对于不同的感觉，存在着相互的作用。感觉适应是指由于同一刺激对感受器的持续作用，从而使感受性发生变化的现象。感觉适应可以引起感受性提高，也可以引起感受性降低。如"入芝兰之室，久而不闻其香，入鲍鱼之市，久而不闻其臭"。感觉对比是指同一感受器接受不同刺激而使感受性发生变化的现象。如在吃过甜点心之后再吃苹果，你会觉得苹果有点酸。不同感觉的相互作用包括相互影响、相互补偿和联觉。不同感觉如视觉、听觉、味觉、痛觉等在一定条件下，都可能发生相互影响。其一般规律是，微弱刺激的作用，能提高另一种感觉的感受性；而强刺激的作用，则降低另一种感觉的感受性。听觉在微光（如绿光）的刺激下，感受性提高，而在强光（红光）的刺激下，感受性降低；视觉在噪音的影响下，对颜色的感受性降低，而在微弱的乐音影响下，对颜色的感受性提高。视觉在清香的气味影响下，感受性提高，而在浓烈的气味影响下，感受性降低。感觉的补偿是指某种感觉系统的机能丧失后而由其他感觉系统的机能来弥补。我们都知道，盲人虽然看不到，视觉机能丧失了，但听觉特别发达，他们能凭树叶碰击发出的声音来辨别树的种类，能凭脚步声的回音判断障碍物的距离。联觉是指一种感觉引起另一种感觉的心理现象（或一种感觉兼有另一种感觉的心理现象）如"甜蜜的歌声"、"沉重的乐曲"。

音乐能够表达不同的心理意义。伤感、想念、寂寞、安静、甜蜜、励志、怀念、浪漫、喜悦、深情、美好、怀旧、激情等情绪都可以通过音乐来表达，因此可以配合餐饮服务的主题，达到提升服务水平的目的。

平静、舒缓的音乐。如西城男孩儿的《天使》，舒曼的《童年情景（梦幻曲）》，班得瑞的《童年》，班得瑞的《我为你唱的歌》，许美静的《城里的月光》。

祥和、悠扬的音乐。音乐有情感色彩的变化，易于产生联想。如李斯特的《叹息》，巴赫的《哥德堡变奏曲》，乔治的《弗里德里希》，贝多芬的《第二浪漫曲》和《悲伤圆舞曲》。

愉悦、幸福的音乐。如柴可夫斯基的《庄严序曲》，贝多芬的《月光奏鸣曲》，约翰斯特劳斯的《维也纳森林的故事》和《蓝色多瑙河》，维瓦尔第的《四季·春》、《最后的华尔兹》等。

二、餐饮服务中音乐的运用

1. 通过音乐设计，促进餐饮服务

首先，餐饮服务中的加工之声。顾客在就餐时喜欢看到热闹有序的菜品制作场面，既可以了解菜品的加工过程，又可以了解菜品的原生态食材。优秀的餐厅会考虑到顾客的需求，利用可视化厨房呈现给顾客具有特色的餐饮服务，让热闹加工的菜品制作过程发出悦耳的声音，让顾客有如家的亲切感，拉近餐厅与顾客的心理距离，也可以展现菜品的加工制作过程。

其次，彰显餐厅特色的报菜之音。一些餐厅提供的服务环节中，会包含具有文化底蕴的"报菜名"服务，配以高昂、激扬或顿挫的声调，不仅可以营造良好的服务氛围，更加可以凸显出菜品的卖点，传递菜品特色，这是餐饮企业提高营

业率的一个重要环节。

最后，提升品位的愉悦之乐。很多高端的餐饮企业会提供"伴餐音乐"，餐饮企业利用音乐让顾客心情愉悦，在愉悦的氛围中就餐，提升特色菜品的点餐率，以扩大菜品销售。如果店内音乐能和就餐主题、菜品主题更好的结合，更可以有效地提高餐厅经济效益。例如，某个设计很有个性的餐厅，主营泰国和韩国风味菜，专门设计了一个阳光玻璃房，配以非常好的音响设计，顾客可以带着音乐设备来营造个性化的就餐专属空间，在满足愉悦就餐需要的同时，以个性化的音乐表达自己的情感和心情。

2. 根据餐饮空间不同选择合适的音乐

餐饮空间有很多类型，包括酒店、餐馆、咖啡店、饮料店、茶馆等营业型的商业空间。餐饮空间的特有之处，在于它满足人的多种感官的综合感受，其中的听觉感受主要来自于餐饮空间的背景音乐。这些背景音乐虽然看似简单，但是面对不同的餐饮空间和不同的顾客，人们的感情体验和音响感知是不同的。

酒店大堂是整个酒店的门面，反映出整个酒店的等级。人们对酒店大堂背景音乐的感知则是在进入酒店的那一刻，酒店大堂多选择愉悦轻柔的背景音乐，给顾客带来高雅宁静的感知，当顾客在大堂漫步的时候，一般不会仔细聆听此刻播放的是什么背景音乐，而是体验这样的音乐氛围和酒店环境。所以，酒店大堂内的音乐音量要设置适中，营造温馨的酒店氛围。

餐厅的背景音乐也需要精心选择，选择与餐厅主题、菜品特色相搭配的音乐，音乐的音量也需适中。顾客在用餐时一般不会过多地关注播放的什么音乐，但是不同的音乐，会潜移默化地影响顾客的就餐心情。欢快的音乐会增加顾客的食欲，活跃餐厅气氛；平稳的音乐可以舒缓顾客的心情，让顾客在就餐的同时，产生悠然自得的情绪。餐厅过道的背景音乐与酒店大堂相似，用来渲染餐厅内部的整体氛围，一般多播放欢快的音乐，营造餐厅欢快的气氛。

咖啡店与酒店、餐厅不同，它是人们商务交流、休闲的场所。一般咖啡店背景音乐的选择不同于酒店和餐厅，咖啡店里的气氛比较温馨，要营造轻松柔美的氛围，背景音乐应该选择舒缓的类型。顾客会根据音乐营造的气氛，与眼前所见联系而产生遐想，体验到音乐带来的情感。同时，背景音乐还要具有影响顾客心情的效果，和顾客建立更好、更密切的音乐感知和感情体验的桥梁，更加强烈地感染顾客的情绪。所以，咖啡店背景音乐的选择对盈利有着很重要的影响，必须根据咖啡店的特色和顾客心理选择适当的背景音乐播放。

【复习思考题】

一、如何根据色彩感知的特点，提升餐饮服务水平？

二、如何根据空间感知的特点，提升餐饮服务水平？

三、如何根据音乐感知的特点，提升餐饮服务水平？

【拓展训练】

案例：自助餐航母——金钱豹餐厅

金钱豹餐厅不仅给顾客提供视频服务，也提供优雅的环境。每家店面都经过专业的国际级时尚设计，餐厅极具特色环境，如开放的就餐环境会让顾客视野开阔，心情舒畅。且每一家金钱豹餐厅环境设计都风格迥异，即使同一家餐厅内部的不同区域也各有不同。餐厅格局设计灵活，不仅有宽敞的公共就餐区，还有私密的小包房和大型商务包房，无论顾客有什么需求，都可以在这里找到合适的用餐位置，例如公司聚会、朋友小聚等。每天还有现场乐队或伴唱表演会，优美的音乐加上典雅别致的就餐环境，让每位顾客都心情愉悦。

请查阅相关资料，根据本章的感知原理分析金钱豹环境设计中，促进消费者行为的主要因素。

【推荐阅读】

观看纪录片：《舌尖上的中国》。

该片是中国第一次使用高清设备拍摄的、在中国中央电视台播出的大型美食类纪录片，主要内容为中国各地美食生态。该片通过欣赏中华美食的多个侧面，理解食物给我们的生活带来的仪式、伦理等方面的文化；见识中国特色食材以及与食物相关、构成中国美食特有气质的一系列元素；了解中华饮食文化的精致和源远流长。纪录片用轻松有趣的叙述节奏和精巧细腻的画面，向观众展示了中国人千差万别的饮食习惯及在饮食中积累的丰富经验和独特的味觉审美，并上升到生存智慧层面的东方生活价值观。

第三章　餐饮服务中的需求心理

动机是行为的原形，行为又是动机的外显表现。

——社会心理学

备受关注的"安心油条"于 2008 年 1 月 21 日出现在售卖早餐的全国各大肯德基餐厅中。这就是中国肯德基为照顾国内消费者的需求，陆续推出具有中国特色的本土化产品之一。对餐饮服务来说，满足餐饮消费者的心理需求，也是现代餐饮服务活动的主要内容。

 学习与行为目标

1. 了解并会运用餐饮消费需要的层次性
2. 从不同需要和动机识别餐饮消费者的各种类型
3. 准确判断餐饮消费者的需求，分析并提升从业人员的服务效能

第一节　餐饮消费心理需要

需要（Need）是有机体内部的一种不平衡状态，它表现在有机体对内部环境或外部生活条件的一种稳定的要求，并成为有机体活动的源泉。如血液中水分的缺乏，会产生喝水的需要；血糖成分下降，会产生饥饿求食的需要；失去亲人，会产生爱的需要；社会秩序不好，会产生安全的需要。

一、餐饮消费心理需要概述

著名的心理学家马斯洛（Abraham H Maslow）指出，人类的需求动机有着不同的层次，最基本的是生理需求。只有当人们的生理需求得到满足或部分满足之

后，才会产生更高层次的需求，它包括社会交际、自尊及自我实现等，而且需求的层次越高，表现在心理需求方面的成分也越多。

1. 餐饮消费需要分类

消费者的餐饮消费需要有多种分类方法，最基本的方法是分为两类，即生理需要和心理需要。

（1）生理需要。是指消费者为了保证其身体健康、精力充沛、维持生命的延续，以便能从事正常的社会活动，而本能地产生温饱住行等的需求。餐饮消费者的生理需要包括以下几个方面：

1）营养健康需求。"民以食为天"，人们的生活离不开对饮食的需求，饮食是维持人们生存的物质基础。在物资短缺的经济时期，生产力低下，绝大多数人都感到"囊中羞涩"，客人外出就餐最看重的是菜肴的分量、价格。而现代人不仅要求吃饱，更关心如何通过饮食达到健康身体、延年益寿、减少疾病等保健目的。一些"三低、两高、多素"（即低脂肪、低盐、低热量、无胆固醇，高蛋白、高纤维，多种维生素、微量元素、矿物质）的食品及天然野生菌类的绿色食品成为人们饮食的首要选择。

2）品尝需求。"食以味为先"，人们对食物的选择和接受，核心是对"味"的选择。客人对风味的期望和要求各不相同，有的喜爱清淡爽口，有的中意色浓味香，有的则倾向于返璞归真的原汁原味。一般来说，国际游客的消费层次高，对食物选择极具眼力，对烹调的质量和技艺也极为敏感、挑剔。餐厅应尽量针对他们的不同需求，提供各种风味极佳的高档菜肴，亦可以专门经营一些特别风味的食品，如法国蜗牛、日本生鱼片、美国牛排、中国北京烤鸭等。

3）卫生需求。卫生是餐饮消费者的基本生理需求。客人一旦发现餐厅存在不清洁的地方或污染的环境，即便是不太注目的地方，亦会反感。如发生食物中毒，更是会给客人带来极大的伤害和痛苦，也会严重影响餐厅声誉。所以，餐厅要重视卫生，确保顾客不受到病害的威胁和感染。

4）安全需求。安全问题不可忽视。一般来说，客人在安全方面对餐厅是信任的，认为发生事故的可能性极小。餐饮经营者应尽量预防和避免服务员把汤汁洒滴在客人的衣物上、破损的餐具划伤客人的手或口、客人在餐厅摔跤、用餐时吊灯脱落击伤客人等各种安全事故的发生。

（2）心理需要。是指客人在就餐过程中的各种精神方面的需求。客人的精神享受欲望越高，他们对于餐厅的环境、气氛及服务的要求也越严，或者说，他们的心理需求更为复杂和苛刻。餐饮消费者的心理需要主要包括以下几个方面：

1）受欢迎的需求。受欢迎的需求主要包括三个方面的内容：一是受到礼遇，即在服务过程中能得到服务员礼貌的招呼和接待；二是得到一视同仁的接待，服务人员永远不能让客人感到你不喜欢他（们），不能为了优先照顾熟人、关系户、亲朋好友，而冷漠、怠慢了别的客人。餐厅服务中，无特殊原因一般应遵循"排队原则"，即"先来先服务，后来后服务"；三是表现在客人愿意被认识、被了解，当客人听到服务员称呼他的姓名时，他会很高兴，特别是发现服务员还记住了他所喜爱的菜肴、习惯的座位，甚至生日等，客人会更加感到自己受到了重视和无微不至的关怀。

2）受尊重的需求。外出就餐的客人普遍要求受到尊重。在服务中，客人追求的主要是对个人人格、风俗习惯和宗教信仰的尊重，以获得心理和精神上的满足。"顾客至上"的精神就是体现在将客人放在最受尊敬的位置上。这就要求餐饮企业的服务人员处处礼貌待人。

3）"物有所值"的需求。客人进入餐厅，期望餐厅提供的一切服务与其期望相称。他们不怕价格昂贵，只要"物有所值"即可。"高价优质"是高消费层次的需求。例如，豪华或高级餐厅中，总要设置食品陈列柜或陈列桌，放上大龙虾、牛肉、水果、蔬菜等正宗新鲜的食物和各种高级饮料，以显示其优良品质，使客人相信其购买的是货真价实的食品，相信用这些原料烹制的菜肴一定是上乘可靠的。

4）方便快捷的需求。外出就餐的客人难免有诸多的不便，因此，他们希望餐饮企业能提供种种方便。因此，餐厅服务一方面要尽量简化工作程序，减少工作环节，为客人提供高效率的用餐服务；另一方面要充分利用科技手段，提高工作效率，确保为客人提供高效快捷的服务。

5）满足舒适需求。每位顾客在用餐时都希望餐厅提供的服务设施、服务项目等能给身心带来满足和享受。餐厅的装饰布置、烹调艺术应当从现代消费者的审美要求、思想观念和文化需求出发，以人为本，运用现代环境和造型艺术概念，渲染一种意境，一种氛围，一种文化，由此陶冶人们的情操，激发人们的美感。消费者的这些心理需求不仅复杂多样，而且也不是一成不变的，它们常常相互交叉，更替出现，还有可能出现更多的需求，比如追求品牌的需求、追求多体验的需求等。这无形中给服务和经营工作增加了难度。因此，在餐饮经营管理工作中，必须以提高服务质量为核心，以满足顾客需求为出发点，满足人们饮食消费过程中的心理和生理的双重需求。

6）求实惠需求。求实惠需求普遍存在于宾客当中，当餐厅奉送一道水果时，当餐厅主动给予折扣时，宾客会感觉获得实惠，不虚此行。

7）求知求新需求。宾客在餐厅用餐也是了解和体验饮食文化的过程。宾客在品尝菜肴时还想了解菜名的寓意、来历、典故和营养价值等。

2. 影响餐饮消费者需要的因素

餐饮消费者的消费行为是个人内在因素和外部环境（个人需要、动机及诱因）交互作用的结果，其行为方式、指向和强度主要受消费者个人内在因素和外部环境因素的影响。

（1）影响餐饮消费者需要的个人内在因素。个人因素指的是消费者自身的一些因素。包括几个方面：

1）期望值标准。第一，期望值高低决定就餐场所的选择。每个人在外出就餐的过程当中，都会对所选择的就餐场所有一个期望值。到不同的就餐场所就餐的期望值是不一样的。例如去五星级饭店，顾客的期望值就很高。他知道这是一个很豪华的酒店，无论是设备、设施，还是服务、环境，都应该是一流的。反过来，我们到一个街边小店或一些面条馄饨店吃饭，为的是填饱肚子，这个时候，我们对就餐环境期望值就比较低。因此，期望值标准的高低，是选择就餐场所的标准之一。

第二，期望值标准与现实差距比较。不同的期望值，顾客和他所购买的产品进行比较的结果就不一样，比如去街边小店吃饭，如果能够得到服务人员热情礼貌的接待，顾客会很惊讶，会很高兴，这一顿饭吃得非常愉快；反过来，他到一个豪华的餐厅吃饭，服务员冷冰冰，有一句没一句，又不讲礼貌，这个时候，顾客就会大失所望。这就是期望值标准。顾客会拿这种期望值标准和现实当中所碰到的情况进行比较，而这种比较之间会产生一定的差距。要么高于期望值，要么低于期望值，或者和他的期望值差不多。期望值和他差不多，他觉得正好；如果高出了他的期望值，他就非常满意。如果产品和服务低于他的期望值，他就说这个酒店很差。

第三，就餐目的。另外，还有的顾客到外面就餐，目的是图个方便，不想回家做饭。这个时候，他考虑的重点是方便、快捷、物美价廉；反过来，他要请一个重要的客人吃饭，考虑的是面子问题。这个时候，他对服务的要求、对产品的要求就不一样，他不会考虑价格，更注重考虑面子和身份。

2）熟悉程度。熟悉程度是指客人对餐厅的熟悉程度、对产品的熟悉程度、对服务的熟悉程度。顾客越熟悉，他在就餐过程当中，对餐厅的要求就越不那么挑剔；反过来，如果客人对产品、对餐厅不熟悉，他是第一次来消费，总会有一种紧张的心态。这都是我们要去考虑和研究的。

第一，他人影响。也就是受到来自其他人的影响，例如顾客是经朋友介绍才来到餐厅吃饭的，他之前没有来过，不知道餐厅的一切情况。这个时候，他所产生的期望值标准，都是在朋友介绍的前提下得出来的。

第二，食欲和心情。这也是影响客人对产品选择的因素之一。客人食欲好，可能会吃很多；食欲不好，他选择菜肴的时候就会很少。另外，心情也很重要。心情愉快的时候，客人在评价产品和服务的时候，总是站在快乐的角度去看，他会忽略那些做得不到位、不足的地方；心情不好的时候则相反。所以，这也是我们为什么要去关注客人情绪的一个主要的原因。客人心情的好坏决定了我们服务的方式也应该是不一样的。

3）其他。另外，还有其他因素，比如家庭结构、文化水平等也影响到顾客的就餐。所以，客人喜欢什么产品，不喜欢什么产品，跟他自身的因素也有很大的关系。

（2）影响餐饮消费者需求的外部环境因素。外部环境因素主要是指除消费者自身以外的一些因素，它包括以下几个方面：

1）政治环境因素。第一，政治制度。它是一个国家或地区所奉行的社会政治制度，它对消费者的消费内容、消费方式、消费习惯、消费心理和消费行为等具有很大的影响。

第二，国家政策。货币政策、财政政策、产业政策、消费政策等经济政策对消费者行为的影响最直接、最深刻。如2008年6月1日，我国禁止免费提供塑料购物袋，伊朗禁止销售可口可乐等政策都会影响消费行为。

2）经济环境因素。经济环境因素包括宏观经济和微观经济环境。宏观经济环境因素主要包括生产力发展水平、国民经济状况、市场供求关系等；微观经济环境因素主要包括消费者经济状况、商品价格、商品质量、商品品牌、消费者的心理钱包等因素。所谓消费者的心理钱包因素，指的是消费者在购买行为发生时对钱包的重视程度，即是否舍得花钱购买产品。钱包在消费者心目中所占的比例越大，其相对于该消费者的重要性也就越高。

3）自然环境因素。自然环境包括地理区域、气候条件、资源状况和理化环境等因素。

4）全球环境因素。如美国金融危机，经济全球化使得全球各地的年轻人呈现出高度的一致消费：穿着Levi's牛仔服、喝着可口可乐、叼着万宝路烟卷、看着好莱坞电影、听着Ipod。

二、顾客对餐饮消费的动机

专栏 3-1

什么决定着肥胖者的饥饿感：胃还是思维？

沙赫特（Stanley Schachter）和他的同事格罗斯（Gross）招募了一批志愿者，有些是胖子，有些是正常身材的人，让他们参加宣称是对肉体反应与心理学特征之间的关系的研究。实验者哄骗志愿者把手表交出来，因为要在手腕上绑电极。其实，绑在他们手腕上的电极只是个幌子，为的是诱使他们脱下手表。研究者们还在房间里留下一些饼干，并告诉志愿者——他在试验期间是一个人待着一随便用。房间里面有一座经过修改的钟，要么是半速走，要么是快一倍。这样就会有志愿者认为到了午餐时间。不过，这时候尚不到吃饭的时间；其他一些人则认为还没有到午餐时间，而实际上午餐时间早过了。认为已经过了正常午餐时间的肥胖者，比认为还没有到正常午餐的肥胖者吃的饼干多一些。正常的志愿者吃的饼干则一样多，不管他们认为到了什么时间。结论是：不是胃，而是思维决定着这些肥胖者饥饿的感觉。

资料来源：亨特：《心理学的故事》，海南出版社，1999年版，第648~649页。

动机（Motive）是由目标或对象引导、激发和维持个体活动的一种内在心理过程或内部动力。动机是一种内部心理过程，我们不能进行直接的观察，可以通过任务选择、努力程度、对活动的坚持性和言语表达等外部行为间接的推断出来。当餐饮消费者的某种需要被主体意识到后，就会转化为明确的消费动机，促使其采取具体的行动，寻找有效的途径去满足消费需要。

1. 消费动机与消费需要、消费目标

需要、动机、目标三个词在日常语言中往往混用，但在心理学上则给予不同的解释，以利于对人的心理活动的分析。

（1）消费动机与消费需要。消费需要与消费动机紧密联系。人的绝大部分动机，都是需要的具体表现。但是需要和动机也有细微的差别，表现在：

1）消费动机是消费需要的动态表现，消费需要处于静态时则不成为消费动机。或许可以这样理解：当需要未转化为动机之前，人不可能有所活动；只有当需要转化为动机之后，人才能开始活动。例如饿了需要找食物，但通过什么样的活动去找食物，就要由环境条件和本人条件来决定：是去食堂买，还是自己做，或者上饭馆吃。如果食堂已过开饭时间，自己做又没有炉火，就只好决定上饭馆去。如果还没有根据条件来决定究竟选择上述三种活动中的哪一种时，这只是有了吃饭的需要，还没有形成动机。如果已经根据条件决定选择上饭馆的活动时，才真正产生了上饭馆吃饭的动机，或者说吃东西的需要已经转换成了上饭馆吃饭的动机。

2) 行为并非全部由需要引起，一些并非属于需要的心理因素（如偶尔产生的某个念头、一时的情绪冲动等）也有可能成为行为的动因。

（2）消费动机与消费目标。消费动机与消费目标（Goal）既有区别又有联系。动机是驱使人们去活动的内部原因，而目标则是人们通过活动所要达到的结果。如前例所述，产生了上饭馆吃饭的动机之后，还要进一步决定到什么样的饭馆，吃什么样的东西，才能使活动得以具体进行。因为街上的饭馆很多，食品的种类和价格差异也很人。此时吃东西的需要就进一步由去饭馆吃饭的动机，转换成到什么饭馆吃什么东西的目标。消费动机与消费目标的关系表现为如下几方面：

1) 消费动机和消费目标可能是完全一致的。

2) 消费动机和消费目标是可以相互转换的（因此目标也常常具有动机的功能）。

3) 有时目标相同，动机不同；也有时动机相同，目标不同。比如，同样以选择某一运动专项为目标，有的人是因为这一运动专项人才缺乏，有的人是因为这一专项适合自己的兴趣，还有的人是因为这一运动专项有一个知名的教练。动机的不同与个人的经验相关。一个小孩子看到　位美女通常留意的是她的衣服与首饰，但一个成年人见到美女首先关注的是她的外貌。

2. **餐饮消费者的购买动机分类**

（1）追求便利型消费者。大多时间观念较强，工作效率高，性情较为急躁，缺乏耐心，怕麻烦，就餐时希望方便、快捷，省时省事，上菜快、结账快，以尽量少的时间完成餐饮购买和消费过程的人选择这种消费形式。对于这类顾客，餐厅在经营中要处处以方便顾客为宗旨，在网点建设、服务方式上遵循方便顾客的原则，提供便利、快捷、高效、质量上乘的服务。

（2）经济节俭型消费者。一般来说崇尚节俭，生活朴实，经济收入较低，因而购买能力有限。这类消费者善于精打细算，希望以最少的支出换来最大限度的满足，就餐时对价格特别敏感，强调价廉实惠，对就餐环境、菜肴、服务的质量不做过分要求。这就要求餐饮企业在菜品及服务上分开档次，以中、低档的服务项目去满足节俭型顾客的需求。

（3）追求品牌型消费者。注重环境、服务的档次，要求环境高雅、设施齐备、菜肴精美，有名饮名品，服务周到，追求奢华和排场，对价格不关心的人会选择此种消费形式。为满足这种追求品牌型顾客的需求，餐饮企业不仅要提供高水平的设备和高质量的菜肴，还要提供全面、优质、个性化的服务。

（4）标新立异型消费者。一般观念新潮、思想活跃、性格开放，对新奇事物、时尚风潮感兴趣，乐于品尝各种新式菜肴，享受新的服务项目，在尝新中获得刺激，得到满足，对饭店的地理位置、交通状况、价格等不太讲究的人会选择此种消费形式。为了满足这类顾客的需要，餐饮企业应在菜品上追求创新，或在服务方式上力求与众不同。

（5）体验型消费者。一般情感体验深刻、审美感觉敏锐的人，就餐时会选择典雅古朴、温馨浪漫或恬静悠闲的环境，讲究菜肴的名称动听、造型优美，饮料的色彩清新，服务人员善解人意等。整个消费过程或是情感的体验，或是心路历程的回顾，或是某种意境的追寻。对这类顾客，餐饮企业可通过设置情侣包厢、推出各种庆典活动来满足其情感体验的需要。

（6）社交型消费者。一般性格外向，为人坦诚豪爽，热衷于社交活动，交际广，朋友多的人。就餐时注重喜庆热闹和聊天逗乐的氛围，要求服务周到热情，菜品可口，有好酒好菜助兴，不太计较价格，视就餐为沟通、消遣、娱乐和休闲。

（7）注重健康型消费者。一般这类消费者会注重食物的营养保健作用，希望通过食物的营养食疗达到营养保健的目的，对于菜品的口味及服务不太在意。回归自然、追求健康和无污染的绿色食品是这类消费者的主流。餐饮企业应在菜肴的营养保健上下工夫，一方面推出营养保健的菜品，另一方面在服务上注重保健知识的普及，以此来满足这类消费者的需求。

第二节 餐饮消费需要服务策略

一、消费者需要与经营策略

随着社会经济文化和科学技术的不断发展，餐饮消费者的需要也将不断被激发、被推进，呈现出五彩缤纷的态势。餐饮消费者这些丰富多彩的需要，具有如下的特点：

1. 餐饮消费需要的无限性

在餐饮消费活动中，消费者的需要是不会因暂时的满足而停滞或消失的。当旧的需要得到了满足时，新的需要就会随之产生，如此周而复始，延续不断。因为人类新陈代谢的需要，餐饮消费者对食物的需求会一直持续到生命的终结。由于社会的进步，消费者审美观念的改变，人们就会对过去的消费环境和服务方式提出新的要求。餐饮消费者这种不断发展变化的心理要求，是追求美好生活的原动力。它促使餐饮经营者在菜肴质量和服务方式上不断创新开拓，从而推动餐饮业不断向前发展。

为了满足餐饮消费者不断发展变化的消费需求，创建于1926年的上海新雅粤菜馆，早期根据南京路上消费群体华、洋杂处的口味特点，在传统广帮菜基础上兼收并蓄，博采众长，并借鉴西餐的烹饪特点，开创了别具一格的新派粤菜。半个多世纪以来"沙律烟鲳鱼"，成为新雅粤菜馆的"招牌菜"之一。20世纪90年代后，又创制出一批中西结合的创新菜肴，如"泰式鲈鱼球"、"洋式烙膏蟹"、"吉利明虾"等。这些欧亚菜肴经改良创新后更适合上海人的饮食口味。同时新雅厨师对内地其他帮别的菜肴如"南乳糟香扎肉"加以创新，把粤菜的烹饪手法和调味揉入其中，使其成为粤菜新肴；并将"南乳"调料与京菜"糟溜鱼片"相结合，创制出"南乳糟香鱼片"这一兼容南北饮食口味特色的创新菜肴。进入21世纪，新雅粤菜馆为迎合消费者口味众多的需求，又通过创新、移植新制了一批菜肴，如"比萨银鳕鱼"、"鲜奶南瓜盅"、"竹香八宝饭"、"凤梨金元鲍"等二十余款菜肴，进一步丰富了新派粤菜的菜谱。由此满足了餐饮消费者不断求变、求发展的消费心理。

2. 餐饮消费需要的多层次性

由于餐饮消费者在民族习俗、收入水平、文化程度、审美情趣、宗教信仰、性别年龄、消费目的、性格气质、能力素质等方面存在着多层次性，就使餐饮需要呈现出多层次性和因人而异的现象，餐饮企业就应该在经营品种上齐全和服务项目方面富有特色，接待服务方法要区别对待，不可千篇一律。如江湾新城大酒店是一座集高级酒店、写字楼、公寓于一体的国际四星级豪华酒店。它位于风景如画的珠江边，以其独特的建筑风格、一流的设备吸引着本地及来自海内外的客人。酒店内配有高、中、低档餐厅，能适应多层次的消费需求。餐厅设有格调高雅、富于情调的映月轩西餐厅，分别有48元和98元两个档次的自助餐，适合情侣和白领阶层宾客自用，较为实在；有环境幽雅、服务周到的雅叙吧，消费对象一般是商务客人；有装修美观大方的艺苑中餐厅，适合大众消费和家庭消费；有别具一格、厅房雅致的荷花中餐厅，适合追求环境幽雅的文人雅士或消费白领；具有浓郁民族特色的味居餐厅，较适合求新、异、特的顾客消费；更有富丽堂皇、适合大型酒会的乐陶府多功能宴会厅，适合婚宴、酒会和大型商务宴客。

诚然，要满足不同层次顾客的不同需求。标准化服务是必不可少的，因为它能满足顾客的普遍需求。但是，顾客的需求千变万化，还必须通过个性化服务或超常规服务来留住"忠实的顾客"。

一位外国友人住进天津喜来登大酒店。晚餐时，服务员递上菜谱，然后用手指着菜谱上的几道菜说:"先生,这几道菜里有牛肉,这几道菜食用牛肉汁煨过的,请不要点。"这位外国朋友非常吃惊地问道:"这位小姐,你怎么知道我不吃牛肉的?"服务员回答:"两年前你住过我店,在这里吃过饭,我们有客人档案。"

这令外国友人非常感慨。两年前,他在这里只住了一夜,吃过一天饭,想不到在两年后的今天,饭店却还留下了如此详细的记载,怎不令人从内心感到温暖呢!这样的酒店形象,又怎会树立不起来呢!树立形象,也就是推销自己的酒店,从而赢得更多的回头客。天津喜来登大酒店富有灵活性和创造性的超常规服务,把宾客"培养"成了自己的"忠实顾客"。

本案例说明,通过超常规的服务才能满足人们多层次的消费心理需求。

3. 餐饮消费需要的主观性

由于人们的消费需求是多种多样的,因此,餐饮服务工作就很难有一个固定的、统一的标准。同时,人们都习惯于以自己的主观经验和期望去衡量、评价服务质量的优劣、高低,更注重个人的心理感受。由于餐饮消费需求带有这种浓厚的个体主观色彩,因此,餐饮服务工作就必须从顾客消费的主观需求出发,体察和了解每一位顾客的需求心理,使接待工作具有灵活性和针对性,让每一位顾客都能获得良好的心理感受。

某酒店服务员小张在一次为顾客服务时,看到另一桌服务员将一小碟冷盘递给两位南方客人时,其中一位主人模样的顾客皱了皱眉头,拿起筷子却没有吃,并不时望着旁边另一桌的一种有"美味贡菜"的冷盘。她马上问那位客人:"先生,你喜欢这个菜,还是那个菜?"边说边指着他身旁餐桌的冷盘。客人忙答:"那一个。"她一看,原来他想要的冷盘不是自己点的"糟香小黄鱼"的冷盘。但客人已点了菜,既不愿意吃前一种,又不好意思向服务员提出换后一种。小张看出了他的矛盾心理,觉得顾客的要求应尽量满足,况且自己在介绍菜肴时不够周详,也有责任。于是,她便主动为客人换了菜。当她给客人端上一盘有"美味贡菜"的冷盘时,客人立即站起来跷起大拇指说:"谢谢你,你的服务太出色了!"

小张这种善于察言观色、灵活敏捷的应变能力满足了顾客带有主观性的潜在需求。

4. 餐饮消费需要的可诱导性

餐饮消费需求的产生、发展和变化,同现实的生活环境和当前的消费环境有着密切的联系。消费观念的更新、社会时代的变化、社会交际的启迪、工作环境的改变、文化艺术的熏陶、广告推销的诱导、消费现场的刺激、服务态度的感召等,都会不同程度地使顾客的兴趣发生转移,并不断产生新的消费需求。潜在的需要会变成现实的行为,未来的消费会提前寻求现实的途径,微弱的愿望会转化为强烈的欲求。总之,餐饮消费需要是可以通过各种媒介物,运用各种方法加以启发和引导的。

市场调查发现，时下凡餐饮价格让消费者看得见、摸得着的饭店最红火。最早是港粤式海鲜大排档菜馆。各种菜肴点心放置在手推车内，明码标价，明炉炒作，一目了然。

由此，一些饭店老板也受到启发。他们将生猛海鲜、时令蔬菜、点心等放置在货架上，让顾客先点生料，当面过称，指定何种烹调方法再交厨师烹制，完全"透明交易"，生意就好起来了。如广州人喜欢吃海鲜，烹饪海鲜讲究原汁原味，要求入口鲜美。因此，许多海鲜酒家便应运而生，从70年代末开始，在珠江边便陆续出现了停泊河岸的大型海鲜船舫。而近年发展得更快，以经营多家连锁店称雄的有东江海鲜酒家、食为天海鲜酒家、明记海鲜城等。这些酒家均以大众消费为主流，门口摆设着广州海鲜大排档特有的海鲜大缸，有活蹦乱跳的，还有开了膛的，有在水池里养着的，也有在鱼缸里游着的，即点即秤送入厨房，上菜很快；而且对海鲜是否新鲜，是否足斤、大小标准都一清二楚。这些消费现象说明顾客的消费需求是可诱导的。

总之，了解和掌握餐饮消费者需要的种类和特点，有助于餐饮经营者和服务人员明确消费者的需求和行为之间的内在联系，从而提高餐饮服务的预见性、主动性和创造性，使餐饮经营有的放矢，以满足人们不断变化和发展了的消费需求。

二、餐饮消费动机诱导策略

1. 实行"以顾客为中心"的营销策略

20世纪末，市场学家劳特博恩（Robert Flauterborn）教授提出了营销因素组合的全新内容——4C分类法：消费者欲望与需求（Consumer）；满足消费者欲望与需求的成本（Cost）；方便购买（Convenience）；交流（Communication）。4C分类法更突出了市场营销学"以顾客为中心"的经营指导思想。现代市场营销将会更注重"以顾客满意为导向"的营销策略。在餐饮消费中虽然顾客的消费心理需求各异，但有一点是相同的，即任何顾客都希望所点菜肴适合口味。而口味是"因人而异"的，能让顾客获得最大限度的满足则是饭店追求的目标，这就要求为顾客提供的餐饮食品要"适口者珍"。

因此，餐饮业必须充分利用现代科技手段，为顾客提供既快捷又富有人情味的服务。如使用电脑储存顾客的个人档案，尤其是住店客人，记录他们的姓氏、生日、社会地位、饮食消费习惯偏好、禁忌、文化差异等，以便顾客光临时，能提供迅速而有针对性的个性化服务。

在郑州，人们提起餐饮服务水平必首推"越秀"。为什么？一次，服务员从几位顾客的言语中得知其中一位患了感冒，就主动给他送来了一碗姜汤，微笑着对他说："先生，这是我们酒店特意送给你的一份姜汤，希望能对治疗你的感冒有所帮助。"这位顾客当时感动得不知说什么好。由此可见越秀酒家服务的细致入微非同一般。由此带来的回头客和口碑效应自是非同小可。

事实上，个性化的营销理念在国外早已深入人心。如在著名的法国里兹大饭店，一天某客人突然提出要吃海胆，但这时不是吃海胆的季节。饭店接受挑战，马上觅寻海边渔夫出洋捕捉，然后空运到巴黎，饭店专车候在机场取货。客人在下午1点钟"突发奇想"要吃海胆，饭店在6点钟已把做好的美味海胆端到了客人面前。显然，对一般饭店来说，无论是服务条件，还是服务成本，都无法实现这种高难度的个性化服务。因此，五星级饭店收费昂贵，其中亦包括了饭店为满足一些客人独特的个性要求而不惜工本的巨额支出（尽管有时也由客人自己支付个性化服务的费用）。

因此，高档的星级饭店应侧重于强调个性化服务，努力做到优质、高效，提高饭店服务质量，从而增强产品的竞争力。中、低档的饭店注重规范服务，打好基础，然后在这个基础上进行个性化服务。主要通过超常的主动热情、亲切关怀、不厌其烦、不计报酬、全力以赴等沟通感情的形式，使客人感到满意。

2. 实行新、奇、特的促销策略

根据心理学原理，凡是有特色的事物，往往都能从众多的平凡普通的事物中显现出来，引起人们的注意，激发人们的好奇心，使人产生探求的动机。如广东人喜食鱼虾，其中以"白灼虾"为最，而近年又开始流行"火焰醉虾"，在广州、深圳等地，人们以菜单上列有"火焰醉虾"作为高档次宴席的标志。

其实，"火焰醉虾"原为广东一些地区的一道并不出名的冬令滋补菜肴。每到冬寒，人们使用鲜活河虾加上一些中药材，用米酒略醉后用火焰烧煮而成，其营养丰富，味道鲜美。

前几年广州各高级饭店酒家在经营"白灼基围虾"的同时，将"火焰醉虾"推上高级宴会的餐桌。它是把鲜活基围虾放入透明的玻璃锅内，加入米酒，待虾醉后上桌，当众点燃烧熟，由食者夹取蘸调料食用。虾肉质地结实而鲜嫩，因而深受中外顾客欢迎。

这种由"白灼虾"发展到"火焰醉虾"的目标市场，极大地刺激并满足了一些普通阶层消费者的需求。在当前国内餐饮市场潮起潮落的形势下，这种红红火火的发展态势实是难得。

无独有偶，广东南海九江镇的百花野味食街，也发明一款相当诱人的特色菜肴——铁盘炒蚬。因九江盛产黄沙大蚬，店家多以白灼、豉汁为主要做法。而百花野味食街却以苏、胡椒粉、油、盐、柱侯酱、姜丝等12种佐料制作出"铁盘炒蚬"，并使其很快成为食街的特色菜肴。该店在制作"铁盘炒蚬"前先将蚬放入清水里浸泡两三天，让其去除泥味，再用铁盘生盛上台，以 12 种酱料猛火炒，最后再放包尾油。一道色、香、味俱全的佳肴，便呈现在食客面前了。此菜最大的特色，是临场的感觉特别强，由于是在顾客面前烹饪，调动了顾客的味觉、听觉及视觉，有一种生龙活现的效果，真正迎合了消费者求新、求特的消费需要。

还有，在 19 世纪前创建的中国大酒店饮食街，也算是广州的第一条"高级食街"。它伴随着中国大酒店的开业而诞生，以经营全国各地不同的风味食品为主。它推出的饮食风味，不论是地地道道的广州人，还是远渡而来的外国人，都十分迷恋。

当时间进入 21 世纪的今天，中国大酒店又重金翻新了这条食街，以广州西关独特的建筑风格加以装饰：明代的酸枝桌椅、古朴的陶制茶具、典雅的浮雕屏风和各种特色摆设。浓厚的西关风情，让人仿佛身处昔日西关。在这里，人们还可以见识到东南亚各国的特色佳肴，如"越南菜蔗虾"、手撕猪、鸳鸯素千层、乳鸽焗党参等。新装修的中国大酒店食街，不但网罗了全国各地的风味小吃，还有东南亚、北美洲等美食。有荤也有素，不愧是"中国第一食街"。

以上案例说明，实行新、奇、特的促销策略，是诱导餐饮消费动机的有效策略。

3. 借助营销手段进行诱导

人们的行为动机与事物的认识程度总有一定的关联。一般来说，消费者对事物的认识越深刻，消费动机就越明显。我们可借助营销手段，将饭店的经营内容、经营特色、产品价格等信息传递给餐饮消费者，使他们了解、认识饭店，向他们输入新的信息，提供新的知识，这样就会将其注意力吸引过来。随着了解的深入，认识的加深，餐饮消费者的消费动机也就会从无到有，由强到弱。如广州远洋宾馆是一家中外合资经营的四星级豪华酒店。它以风帆式的独特建筑设计、浓郁的海洋韵彩、尽善尽美的服务吸引着世界各地的游客。近年，远洋宾馆面对不断变化的餐饮市场，认真进行"自我调整"，让星级宾馆面对大众，贴近社会。

现在，远洋宾馆的二楼成为极具岭南风情的美食街，荟萃了全国各地风味小吃 200 多种，并每月更新 20 款菜式。午、晚饭价格是 38 元任点任吃，早茶价格是 15 元任点任吃。

在远洋宾馆三楼的"食通天"，精美佳肴更脍炙人口。"食通天"主要经营正宗鱼翅、鲍鱼、燕窝套餐，还设有多间豪华卡拉 OK 贵宾房，格调高雅，可承办中西酒会、宴会、喜庆筵席等。消费者凡在"食通天"惠顾鱼翅、燕窝、鲍鱼套餐，还可享受二十多款小菜，任点任吃。经调整后的远洋宾馆餐厅，做到了高、中、低档皆宜，颇受消费者的青睐。

据调查，当前餐饮业已经形成了"星级饭店大众化和社会餐馆规范化"的互补格局和餐饮的多元化经营模式。这种双方互学、互融共求发展的竞争格局，充分适应了消费者共同的消费心理需求，即希望餐饮企业能提供价格合理、服务优质、环境优雅、有品位、有档次的餐饮产品。起到更有效地诱导消费者餐饮消费动机的作用。

4. 采用开放式的菜品展示和加工，刺激消费欲

精美的菜肴可诱导消费者的消费动机，使消费者产生强烈的食欲与消费欲。它不仅能满足餐饮消费者的生理需求，而且还能使消费者产生美感，达到精神上的享受。例如，有两种菜肴摆在人们面前，一盘是色彩、味道、造型等都一般的菜，而另一盘菜是色彩搭配协调、味道鲜美、造型精巧的名菜。即使两盘菜的原料是相同的，也会引起人们不同的感觉，并产生不同的心理效果。前者作为其中的一个刺激物远不如后者的刺激作用大。后者通过人的视觉、嗅觉、味觉引起了兴奋和注意，从而形成较前者更为强烈的兴奋中心，并引起强烈的反射活动——产生消费购买欲。

由于餐饮业生产、加工的食物是直接与人们见面的，没有流通环节，不同于通常意义上的商业和食品工业。所以，名档菜品和开放式的烹饪技术表演，不但刺激、诱导了餐饮消费者的购买动机，还使人们从精美的菜品展示和加工烹饪中，更加深刻地确信菜品的质量，并使烹饪的厨师增加了责任感。

目前，在广州、上海、北京、深圳、南京等大城市，"透明橱窗"或"透明餐厅"已悄然兴起，刺激了消费者的视觉、嗅觉、味觉等感官。如深圳的一家酒楼有12间餐厅，每间餐厅配一个厨房，厨房与餐厅仅用一堵玻璃墙隔开，顾客可看着厨师烧菜，厨师当着顾客的面将鲜活的山珍海味烹饪出来。这样，顾客更加放心，再也不怕将不新鲜、不卫生的食品吃进肚子里了。此外，在候餐的同时，也可一饱眼福，欣赏厨师的烹饪技巧，或许还能学上几招。因此，自开业以来，酒楼生意特别好，顾客还必须提前三天预订，方能大快朵颐。

这说明，"透明餐厅"开放式的菜品加工方式，是刺激消费者购买欲的有效经营策略。

三、不同类型的就餐心理需求和服务措施

1. 不同年龄的就餐心理需求和服务措施

少年、儿童：生性爱玩，不懂人情世故，胃容量也小，其要求花样品种多，菜品质量优，就餐速度快，对刺激强大的菜品难以适应，一般喜欢清淡、鲜嫩、易消化的食品。

中青年：生命力旺盛，对各种食品的接受能力也最强，辛辣、油腻、味重等强刺激的都喜欢。

中年人：比较挑剔，强调过不要的菜品，就不要再提起。

老年人：求实惠心理比较强烈，对环境卫生、服务态度和菜肴品质要求比较高。

2. 不同职业宾客的就餐心理需求和服务措施

体力劳动者：需消耗较多的体能，其新陈代谢旺盛，故口味倾向于重味、重油、高热量的菜肴。体力劳动者就餐时在直接需求方面往往表现为以经济实惠、快捷为主，在间接需求方面较模糊的表现为希望就餐环境宽松、不拘谨。所以服务时应倾注些情感关怀，在服务过程中多一些情感交流。在其点菜时应耐心等候，不催促，也不轻易介绍菜肴。

脑力劳动者：体力消耗小，脂肪和糖的消耗量也小，其口味倾向于清淡。脑力劳动者就餐时，其职业习惯也会表现出来，他们就餐时要求会比较多，服务时要注意聆听，方可满足其求尊重的心理需求，即使要求不太合适，也要耐心听过后再提建议，不可直接说"不"。他们会提较多很有价值的建议，我们听后要表示感谢，并向上级传达。

3. 不同就餐目的的宾客的心理需求和服务措施

宴请的宾客：主人要显示自己的热情友好，对菜肴的规格和就餐的气氛比较注重。宴请服务从场面布置到操作都必须严格按规范进行。

聚餐的宾客：要求有一个愉快的环境和无拘无束的气氛，服务过程中要善于察言观色，既要服务好又不影响气氛，必要时帮他们拿定主意。餐厅一定要把好菜肴质量关，确保不因此煞宾客风景。

旅游的宾客：喜欢品尝当地的风味，席间好奇屡屡表现，从菜品原料到烹饪工艺都爱发问，对他们应有问必答。旅游宾客游览归来，心情舒畅又有过多运动消耗，胃口较好，故上菜速度要快。

提着行李进餐厅风风火火的宾客：此类宾客大多是用过餐就离店的客人，对其主要是"快"，如点到烹饪时间长的菜肴时要与其讲明。围绕快，点菜、上菜、结账都要快。

吃便餐的宾客：其要求随意、方便、快捷，服务人员应给予方便，介绍可口实惠的食品，可按其标准搭配合适的套餐，在引座和服务中避免引起过多人的注意。

品尝的宾客：这类客人大多对风味菜和特色菜或多或少有所了解，注重菜肴质量。对这些美食家除了提供周到细致的服务外，保证风味的正宗也十分重要。

改善生活的宾客：他们讲究风味，注重质量，对服务要求比较高。这些宾客多是举家而来，有的是聚众而来，接待要求可参照上面相关部分。向这些宾客推销名贵的菜肴和饮品，如宾客找借口不要，就不可一个劲儿推销。

【复习思考题】

一、试评述马斯洛需要层次理论。

二、影响餐饮消费者需要的因素有哪些？

三、你刚刚吃完饭，并不饿。可是回到宿舍后发现舍友过生日，有一块精美的蛋糕，并且你很喜欢吃蛋糕，这时候你还是会跟大家分享这块蛋糕。请问：为什么这么做？是需要引起的，还是别的因素引起的？请用相关理论进行分析。

【拓展训练】

案例分析一：竭尽全力，满足游客需求

有一次，北京和平旅行社的一位导游带一个日本团去上海，一路上，导游的全陪工作做得很好，和客人相处得也很融洽。团里有一位70多岁的日本老人，说自己以前在上海住过，特别喜欢上海的小吃，尤其爱吃豫园的小笼包子，并且提出要吃小笼包子的要求。可是，由于在上海的日程安排得非常紧张，豫园附近又是繁华的商业区，道路拥挤，容易迷路，让客人自己去买可能会发生意外。于是，导游利用晚餐地点离豫园比较近的机会，把客人在餐厅安顿好，并和地陪交代清楚后，打车到豫园买了小笼包子，来回不到20分钟。当导游回来的时候，这位日本老人竟一直站在餐厅外面等他。当他们回到座位上的时候，全体游客报以热烈的掌声。

[分析] 在本案例中，全陪导游在满足游客需求方面做得非常到位，而且，规避了由于客人自行购买可能出现的风险：迷路会影响客人的情绪及全团的行程；同时也避免了出现交通意外等重大事故的发生。所以，满足客人的需要也是要讲技巧、讲细节的。

"宾客至上"是服务人员的座右铭。服务人员的根本职责就是满足顾客的需求，一切以消费者的利益为出发点，消费者的利益高于一切。"宾客至上"原则既是从业人员的一条服务准则，也是从业人员在工作中处理问题的出发点，更是圆满解决问题的前提。

案例分析二：听听客人的心声

北京金百万餐饮娱乐有限责任公司，是以经营正宗北京烤鸭、家常菜、其他特色菜系以及娱乐为主体的餐饮企业。在北京，金百万是最早将烤鸭这一"贵族

菜"摆上了百姓餐桌的。金百万现已发展成为特许加盟的餐饮管理有限责任公司，旗下拥有自己的种养殖基地、培训基地、物流配送中心、七十余家分店、近万名员工。

自 2009 年以来，金百万开始推行"案例分享制"，各分店主管级以上员工每周至少要写一篇在工作中遇到的实际案例，上传到企业网络办公平台。金百万所有员工都可以上网看这些案例，各分店经理和主管觉着比较好的案例，就要对员工进行培训。下面为您介绍一个金百万分享的案例。

事因（人员自述）：在客人点主食的时候发现一个问题，就是很多客人喜欢吃面，特别是店里的刀削面。但是，很多客人最后没有点刀削面，经过了解，原因是客人觉得刀削面一碗太多。正餐的时候，客人都是点了一大桌子菜，在吃完菜后再点主食刀削面的时候就伤脑筋。因为客人少的时候，点一盆吃不了，每个人点一碗也吃不了，产生严重的浪费。很多客人点一碗刀削面都只能吃 1/3，其余的都浪费了。

同时，我们在收台的时候由于刀削面剩下的多，也带来麻烦。而且刀削面一碗的价钱是 18 元，客人觉得浪费了很可惜，况且每个客人点一碗刀削面就无形中等于提高了人均消费，从顾客心理上就形成了价格较贵的印象。

有客人也提意见，能否将刀削面的碗改小一点？这样既不浪费，也能很有效地提高刀削面的销量，同时也满足顾客的需求。原因有两点：①刀削面的碗大，端到桌子上显得把整桌的档次都给降低了。②按盆上的刀削面盛器不太方便，等服务员把面给客人分完后，面都不再新鲜了。

[分析] ①客人很喜欢将刀削面作为主食，但是由于面碗过大，导致很多客人都不点，因为客人吃不了，产生浪费。这样既降低了刀削面的销量，同时也没有满足顾客的需求。②正餐和小吃餐厅不同，小吃餐厅的客人就是为了吃饱，由于客人点菜少，一大碗面可以让客人吃饱，而正餐的客人菜点的多，一大碗面的量就显得多了。③由于刀削面的餐具大，样式不好，放到餐桌上直接影响餐饮档次。④由于刀削面的碗大，将顾客的潜在需求给打消了。

[总结] ①多吸取顾客的建议，才能够给顾客提供优质的服务。②刀削面作为特色主食，可以在设计餐具的时候考虑到碗的乡土气息，但是同时也应该满足顾客的需求。③多听听顾客的声音，才能更加零距离地接触到顾客，才能知道顾客的需求。

【推荐阅读】

一、阅读《人类激励理论》（亚伯拉罕·马斯洛）。

马斯洛的人类激励理论的主要贡献是把人类的需求分为精神和物质两大类，而且人类的需求是从低级的物质需求发展成高级的精神需求，或者说人在不同的阶段能够对他进行有效的激励的方法也会随着他的需求升级而发生变化。马斯洛的需求层次或者激励理论把人类的激励分成五大类，分别是：生理的需求、安全的需求、社交的需求、尊重的需求和自我实现的需求，并分别提出激励措施。

二、阅读《餐饮管理与服务》（吉根宝）。

随着经济的快速发展，一方面，人们的消费观念和消费模式发生了巨大变化，对饭店的服务和管理提出了更高要求；另一方面，餐饮企业之间的竞争也尤为激烈，餐饮企业对员工的要求越来越高。培养出在生产、建设、服务和管理第一线工作的高素质技能型人才，适应行业的快速发展，是高职高专教育的首要任务。本书紧紧围绕高职高专人才的培养目标，坚持创新、改革的精神，体现新的课程体系、新的教学内容和教学方法，以学生为中心，以技能为核心，兼顾知识教育和能力教育。本书以能力培养为宗旨，以案例为引导，以任务驱动为核心，以技能鉴定为指南，强调"新、创、实、改"。

第四章　餐饮服务中的态度

态度决定一切。

——罗曼·W.皮尔

态度影响着生活的方方面面，比较典型的就是人们对于消费的态度。为了赢得消费者青睐，获得最终的利润，企业尽可能地向消费者传达产品和服务的相关信息，甚至产品和服务以外的信息（企业的价值观等），以改变顾客在消费过程中的心智模式和行为模式。在社会心理学中，把人们的心理和行为有机统一起来的便是我们生活中经常提到的一个词语：态度。

 学习与行为目标

1. 了解态度的概念和构成
2. 了解态度与餐饮业的发展
3. 掌握优良的服务态度
4. 了解服务态度对顾客行为的影响
5. 掌握提高餐饮服务态度的激励机制
6. 调整服务态度，营造良好的服务环境

第一节　态度概述

一、态度的概念及构成

态度是社会心理学中最为经典的一个研究领域，在社会心理学发展中占有十分重要的地位，一直是社会心理学理论研究的核心内容。在社会心理学百余年的发展过程中，有关态度的学说和理论层出不穷，众多研究成果得到学术界广泛的认可，并在社会实践中发挥了巨大的指导作用。

1. 态度的定义

（1）态度是个体通过学习对一定客体所产生的相对稳定的心理反应倾向，它可以看作是一种行为准备或行为的发端。是情感的表现或人们的好恶观，是情感与认知的统一，是由情感、认知和行为构成的综合体。

（2）瑟斯顿（Thurstone）认为，态度是人们对待心理客体，如人、物、观念等的肯定或否定的情感。赖茨曼（Wrightsman.L.S）将态度定义为"对某种对象或某种关系的相对持久的积极或消极的情绪反应"。彼德（Peter）和奥尔森（Olson）将态度视为"通过认知产生的评价"。菲什拜茵（Fishbein）和艾杰仁（Ajzen）认为，"态度是以喜爱或不喜爱的方式，对一定的对象产生反应的学习倾向"。

（3）奥尔波特（Gordon W. Allport）认为，态度是一种心理和神经的准备状态，它通过经验组织起来，影响着个人对情境的反应。他的定义强调经验在态度形成中的作用。克瑞奇（Krech）则认为，态度是个体对自己所生活的世界中某些现象的动机过程、情感过程、知觉过程的持久组织。他的定义忽略过去经验，强调现在的主观经验，把人当成会思考并主动将事物加以建构的个体，反映了认知派的理论主张。弗里德曼（Freedman）认为，态度是个体对某一特定事物、观念或他人稳固的，由认知、情感和行为倾向三个成分组成的心理倾向。他的定义强调了态度的组成及特性，是目前被大家公认的较好的解释。

2. 态度的构成

一元论认为态度由感情或认知要素所构成。二元论认为态度由感情和认知两个方面的要素共同构成。三元论认为态度由感情、认知和意向三个方面的要素共同构成。

社会心理学中态度的构成要素包括情感、认知和行为三种成分，这三种成分彼此相互关联。

（1）态度的情感成分：指个体对态度对象所持有的一种情绪体验。态度的情感成分与认知成分紧密相关，社会心理学家认可态度具有认知成分的观点，但他们又相信，人们以肯定或否定、赞成或反对、接受或拒绝、选择或不选择为典型的态度反应方式，属于情感反应。一切态度的反应即便是看起来是情感的反应，其也必定有认知成分的积极参与。

（2）态度的认知成分：指人们作为态度主体对于一定态度对象或态度客体的知识、意象或概念及在此基础上形成的具有倾向性的思维方式。态度的认知成分具有倾向性和组织性，这种倾向性和组织性会成为一种头脑中的既定模式或刻板印象，使人倾向于按照类属思维的轨道来认识态度对象，并进行思考。因此，态度的认知成分区别于一般的事实认知，有时会带有偏见的性质。

（3）态度的行为成分：指个体对态度对象所持有的一种内在反应倾向，是个体做出行为之前所保持的一种准备状态。

一般，态度构成的这三种成分之间是协调一致的，如果出现了矛盾和不协调，则个体会采用一定的方法进行调整，重新恢复其间的协调一致。但在现实生活中，这三者之间的关系问题并不如此简单，在一定程度上往往存在着不协调和不一致。

二、服务态度与餐饮业的发展

1. 服务态度

服务态度指服务者为被服务者提供服务过程中，在言行举止方面所表现出来的一种神态。被服务者有两种需求，一种是物质需求，另一种是精神需求。服务态度的作用是能满足被服务者的精神需求或心理需求，使其不但拿到合格满意的"产品"，还能心情舒畅、满意。

好的服务质量需要优良的服务态度，使客人产生亲切感。优良的服务态度是认真负责地切实解决顾客的问题，把解决顾客之需当作工作中最重要的事，按顾客的要求认真工作，让顾客满意。优良的服务态度如下所述：

（1）积极主动。努力做到让客人完全满意，想顾客之需，处处积极主动，事事为顾客提供方便。

（2）热情耐心。在顾客面前，不管服务工作多繁忙，压力多大，都不急躁、不厌烦，热情地对待顾客。顾客有情绪时尽量解释，不与顾客争吵，恭敬谦让。

（3）细致周到。力求服务工作完善妥当，体贴入微，面面俱到，让顾客有宾至如归的感觉。

（4）文明礼貌。有较高的文化修养，谈吐文雅，衣冠整洁，举止端庄，尊重不同国家、民族的风俗习惯和宗教信仰，处处注意表现出良好的精神风貌。

2. 服务态度对顾客行为的影响

服务员的态度神情、言行举止等直接影响消费者的情绪、态度和决策。餐厅的非语言符号，如环境气氛等，也都有可能给消费者带来不一样的心理认知、不一样的满意度、不一样的消费。

人们的态度确实受到思维的影响，而态度的变化也影响人们的思想和认识。心理学认为，态度作为对于某一事物的总结性，能从记忆中被提取出来轻易地使用，并能强化人们的认同感。从消费心理学的角度看，记忆是消费者对经历过的事物的反映。一段愉悦的消费记忆会让顾客对某一位热情的服务员、某一家别致的餐厅留下深刻的印象。这样，顾客再次想到消费经历时，脑海就会浮现当时的情景。记忆越深，消费者的认知就会越明确，也会在消费者的消费习惯中起到关键作用。

消费的记忆让每个人对待商品的价值有着不同的理解，而且在消费者再次进行消费决策时，记忆作为其消费知识的一部分，在信息搜寻的阶段可以提供可靠的依据，并且节约决策的时间。记忆越深刻，在信息的提取中就越快浮现出来。年龄较长的消费者，由于对不同产品类别都有丰富的体验，对自己掌握的信息有着足够的自信，年轻的消费者往往只记得特别的或最近发生的消费，如一位服务员的独到服务、一家餐厅的独特风格等。

大部分初次消费者对餐厅的消费评估是通过自己对该餐厅的第一印象得到的。不同的消费者有不同的评估标准。如何评估同样受到个人和环境因素的影响。有的消费者也许会认为突出属性，诸如价格、菜式等是最重要的；而有些消费者并不认为这是关键的，反而会认为一些"细节"，如店内客流量的大小、店内的整洁状况，或服务人员对消费者的态度来评估。因此，当客人徘徊在店门的时候，吸引和说服便开始了。

根据贝姆（D.J. Bem）的自我知觉理论，人们对于自己的情绪、态度、品质、能力等往往是不清楚的，因此，不得不从自身的行为及外在的环境来进行推测。也就是说，人们会寻找某种线索来分析自己内在的精神世界。例如，当你选择就餐地点时，看到某餐厅生意兴隆，便自然走入，这时你的选择行为归因于自己的选择符合大众选择的标准，默认自己的态度和喜好与大部分消费者一致，并且由于环境的影响，你会推测自己的态度是喜欢这家餐厅的。然而，这种自我归因在自己能主动选择的前提下，或者是在推断依据很明显的时候，就没必要以自我认知的方式来进行归因。例如，消费者本身是川菜的忠实消费者，那就毫不怀疑会选择川菜餐厅。

罗特（J.B. Rofter）的控制源理论认为，人们对于积极或消极事件原因的预料是各不相同的。有的人认为自己有能力控制事件的发生，罗特称之为内控者。有的人则认为事件的发生与自己无关，而是由外部因素造成的，称之为外控者。有的服务员会认为顾客对自家餐厅的不满意是因为自己对于问题的解释不到位，而有的服务员会认为顾客最终没有选择自家餐厅的原因是店内不宽敞，人流量大，并不是自己的问题。内控者的控制感较强，他们倾向于认为自己是事件发生的原因、顾客的行为是受自己行为支配的，而外控者的控制感较弱，他们认为事件的发生是外界因素造成的。

由于人们通常很容易受到微妙的情境性的力量——服务员角色扮演、规则符号等这些元素的影响，因此，服务员的说服技巧和服务态度在改变顾客态度的方面发挥了巨大的作用。

3. 服务态度决定餐饮业的发展

餐饮业的服务质量主要包含两方面因素，一方面是饭店的硬件因素；另一方面是饭店的软件因素。软件因素主要包括服务员的工作作风、工作态度、服务技能、文化修养等，这些都是保证服务质量的关键。服务质量的真正内涵，不仅是顾客需求满足的综合反映，也是饭店硬件因素和软件因素的完美结合。餐饮业的服务质量最关键的还是软件因素，即服务态度给顾客的印象。反映服务质量的服务态度主要表现在主动热情、服务周到、耐心细致、文明礼貌等方面。

如果服务员面对客人时，像机器人一样没有表情，那么客人肯定会被服务员的情绪所影响，感觉不舒服，再好的美食，也会打折扣。所以服务员每天上班前都要提醒一下自己：今天要让我服务的客人有个愉快的用餐经历。所谓愉快，也许就是一声亲切的称呼，一个善意的提醒，一张餐巾纸或牙签的及时送上，一个很专业的酒水、食品的搭配推荐，等等，都会给客人留下温馨舒适的印象。

面对逐渐成熟的餐饮市场和日趋成熟的消费者，餐厅必须高度重视服务态度，不断探索提高餐饮服务态度的路径与方法，谋求在未来竞争中占据主动地位。餐厅需在充分调查顾客需求、满意度及投诉原因的基础上，精心设计菜单，不断创新菜品，将规范管理、制度管理与人文关怀相结合，有效地开展员工的培训，从而使服务人员始终保持工作的积极性、旺盛的工作热情和良好的服务态度。同时，餐厅也要注意服务过程中各环节的有效控制，并致力于厨师、服务员、管理者与顾客有效沟通，并不断提升服务态度，因为服务态度在很大程度上决定了餐饮业的发展。

第二节　管理态度提升餐饮服务

一、建立有效的激励机制，提高热诚的服务态度

现代餐饮管理者的首要任务是要点燃员工工作的热情之火，以驱动员工在工作中出色的表现，实现企业期望的最佳绩效，并达到企业的预期目标。在企业中，出色的管理者已认识到这点，因为只有"以人为本"的企业管理方式，才能在激烈的市场竞争中求生存，并能更好地使企业发展。事实证明，当服务员被高度激励时，他会努力工作，主动向顾客提供尽可能好的服务；而当他情绪低落时，他会尽可能地节省精力，进而影响到对顾客的服务态度，从而会影响到餐饮

企业的发展。

餐饮企业的设施与管理方法要与实际情况相适应，以达到帮助员工从繁重的体力劳动中解放出来、改善服务人员情绪的目的。餐厅服务人员可能会存在许多不足，如工作态度不和蔼、语言表达能力差、理解能力弱、与顾客交流困难、服务技能差等。餐饮企业就要加强员工的培训，建立有效的激励机制，从整体上提升员工的素质。态度决定一切，良好的服务态度是餐饮企业发展与管理工作的重要内容。企业管理是一门艺术，员工激励是艺术中的艺术。构建有效的激励机制，才能提高员工工作的积极性和热诚的服务态度。

有效的激励机制包含：物质激励法、精神激励法、惩罚激励法和竞争激励法。对这些激励方法有一定的了解和认识，才能理解激励机制的作用和意义，才能为餐饮企业建立有效的激励体系。

1. 物质激励法

物质激励是指运用物质的手段使受激励者得到物质上的满足，通过物质刺激的方法鼓励员工工作，从而进一步调动其积极性、主动性和创造性。物质激励的主要表现形式有发奖金、津贴、福利等。物质需要是人类的第一需要，是人们从事一切社会活动的基本动因，通过满足员工的物质需求，激发其努力工作的动机。物质激励是激励的主要模式，也是目前企业内部使用的非常普遍的一种激励模式。例如，在喜达屋酒店，当员工第一天来公司工作时，公司就会对员工的家庭情况等多方面做一个全面的了解，并建立员工的个人资料档案。工作中，企业管理者会根据对员工的分析，实施有效的激励方案。同时全面了解员工的需求和工作质量的好坏，不断地根据情况制定精确的激励方法，从而调动每位员工工作的积极性，实现企业应有的业绩。

餐饮服务人员普遍年轻化，年轻人自尊心强，完全依赖物质刺激的方法很多时候会起到反效果，例如，一些员工对加班费不屑一顾，就是不肯加班。这时餐厅管理人员需要根据情况不同，采用不同的刺激方法来达到目的：完全认可员工的工作能力，让他有归属感和感到自己在餐厅的重要性，让他看到自己事业的发展前景。这种刺激的方法已从本质上离开了物质刺激法的理论，从而引出以下的精神激励法。

2. 精神激励法

精神奖励是指餐饮企业对员工的良好服务行为或工作表现给予的积极肯定与表彰。精神奖励作为员工激励的一种手段，目的在于促使受奖励的员工将他们的模范行为加以保持和发扬，并成为全体员工的表率，为员工队伍的士气起到积极的推动作用。运用好这一方法要注意以下几点：①奖励及时，奖励方法要不断创新，按照员工需要进行有效的奖励。②注意对其他员工的心理疏导，不断制定新的奖励方法，树立正确的公平观。③重视对团体的奖励。在现代餐饮企业中，员工的成就都需要经过团体的共同努力才能得以实现，因此要重视团体激励，有利于在员工中形成统一的思想认识，增强凝聚力。④领导带头。餐厅领导需要带头做一些苦差事，餐厅领导可以偶尔倒垃圾、清理服务台、主动加班等，使员工感到领导和自己之间的差距较小，激励员工更加努力工作。⑤建立员工对自身工作的信心。消除员工对工作本身的歧视，让他们看到餐饮业的前景和发展空间，经常读解世界餐饮业的最新信息。

3. 惩罚激励法

惩罚也是一种激励，是现代餐饮业为了纠正员工工作中的不良行为，而采取的一种强制措施，对不妥行为能取得很好的威慑作用，但只能作为一种辅助手段，否则会适得其反。在运用这个方法时要注意以下几点：

（1）先礼后兵。把教育放在第一位，对屡教不改或造成严重后果者实施惩罚，但不可以罚代管。

（2）选择合理有效的惩罚方式，不可打击面过大，不可全盘否定，不可伤害员工的自尊心。

（3）将灵活性与原则性相结合。坚持原则，在严格依照企业制度的前提下，一定的灵活性是完全必要的，因此在激励时要严格合理，从而达到教育一大批员工的目的。

（4）公平公正，对事不对人。对于所作的惩罚一定要保证：该惩罚在每次有相同的状况时都能用。

4. 竞争激励法

竞争激励法是激发员工干劲的有效方法之一，引入竞争机制，开展员工间的竞争，使员工感受到外部压力和危机感，通过竞争还可以从竞争对手那里学到成功的经验或失败的教训。同时，可以安排员工做短暂的交叉培训，学习别人的经验，提高自己的自信心。在运用时要注意以下几点：

（1）竞争要公平。餐饮业在利用竞争压力激励员工时，要使竞争在公平的规则下运行，否则竞争只是一种形式。

（2）把握好竞争压力的强度。应用专业的方法把握强度，还可以加强员工之间的沟通，起到事半功倍的效果。

餐饮企业一定要重视对员工的激励作用，根据实际情况，综合运用多种激励机制，把激励的手段和目的结合起来，真正建立起适应餐厅特色、时代特点和员工需求的工作环境，让员工充满热情的工作，在工作中有出色的表现，用热诚的工作态度服务顾客，实现餐饮企业所期望的最佳绩效，同时实现员工的稳定性。员工的稳定工作，会使餐饮企业的效益得到真正的发展，进而可以提高员工的福利，使企业形成良性循环。若再配合先进的管理方法，实现企业的可持续性发展，就会在激烈的市场竞争中立与不败之地，成为餐饮业中的佼佼者。

二、调整服务态度，营造良好的服务环境

消费者购买了产品仅仅意味着销售工作的开始而不是结束，企业关心的不仅是产品的成功售出，更注重的是消费者在享受企业通过产品所提供服务全过程的感受。从马斯洛的需求层次理论上理解：人最高的需求是尊重需求和自我实现需求。而传统的营销方式只提供了简单的满足消费者在生理或安全方面的需求。随着社会的进步，人民收入水平的提高，消费者需要的不仅仅是一个产品，更需要的是这种产品带来的特定或个性化的服务，从而有一种被尊重和自我价值实现的感觉。

作为餐厅消费者大多面对的是服务人员，服务员往往是餐厅的"面子工程"。消费者要想得到好的服务，服务员的服务态度就很重要。吸引回头客的大部分秘诀就是服务员对消费者良好的服务态度使然。微笑服务和用心服务则是餐厅良好服务态度的两大关键因素。

1. 微笑服务

微笑服务作为一种无声的服务语言，早已引起餐饮业的高度重视，并把它作为提高餐饮服务质量的有效途径。真正的微笑，可以缩短人与人之间的距离，让消费者有宾至如归的感觉。享誉全球的肯德基餐厅取得成功的秘诀之一就是微笑服务，每位来肯德基用餐的客人都享受微笑服务，都拥有一份愉快的用餐感受。微笑服务在餐饮业中有着举足轻重的作用。

在餐饮业快速发展的今天，在诸多提高餐饮服务态度的有效途径中，为顾客提供微笑服务是根本。微笑，尤其是真心的微笑，可以收获令人意想不到的效益。微笑是一种生活态度，是一种奉献，更是一种力量，是一种可以创造效益的不可忽视的力量。微笑可以传达亲切、温馨的情感，有效地缩短心理距离，增强人际吸引力等。为顾客提供微笑服务是餐饮服务中永恒的主题，是满足顾客需求的最佳武器。微笑在人类各种文化中的含义是基本相同的，能超越文化传播，是名副其实的"世界语"。

（1）微笑服务的内涵。在现实工作生活中，微笑被赋予更加丰富的内涵，微笑服务是一种高层次的礼貌服务。在当前餐饮业竞争越来越大的情况下，体现良好规范、人性化服务的微笑服务，越来越被人们所重视，甚至被当作单位的形象大使、产品附加值的招牌。

对于餐饮业而言，微笑服务能把友好和关怀有效地传递给客人，使客人能迅速地产生良好的第一印象。微笑服务同时又是服务业中的润滑剂，能够增强信任

感，缩短客人与服务人员在感情上的距离，是化解矛盾的极佳办法。另外，微笑服务还能体现出餐饮服务人员的礼仪修养和服务素质。

（2）微笑服务在餐饮业中的作用。在当前消费者对自我权益的维护和餐饮业竞争越来越激烈的情况下，微笑服务是一种高附加值的、被认为有一定档次的服务规范。微笑是不用翻译的世界语言，它传递着亲切、友好、愉快的信息。微笑能产生无穷魅力，微笑转瞬即逝，却往往留下永久的回忆。

微笑服务的重要性在于：

1）满足餐饮者的精神需求。根据美国心理学家马斯洛的需要层次论可知，人有五种需要，即生理、安全、社交、尊重与自我实现的需要。这五种需要在一个人身上同时存在，只是在不同的环境中，其中的某一种会上升为主要需要。客人来餐厅用餐，他需要的是食物，但他还需要热情的服务、优雅的餐厅环境及舒适的感觉，这些都必须通过餐厅员工的微笑服务来提供与实现，如服务员微笑迎客、与客人谈话保持微笑、客人不会使用刀叉时微笑地传授正确的使用办法等。如果服务员提供了这种微笑服务，客人在生理需要、社交需要得到满足的同时，会感到受尊重、受欢迎，从而在心理上感到满足，精神上感到愉悦，微笑服务是满足餐饮者精神需求的主要方式。

2）融洽主客关系。在餐饮服务中，微笑服务使宾客感到亲切和蔼，消除他们初到异地时的陌生、紧张感，宾客在心理上对服务员产生亲近感和信任感，在心灵上有一种在家的归属感，迅速缩小了宾客与服务员之间的心理距离，创造出和谐融洽、互尊互爱的良好就餐氛围。即使有时碰到客人提出的请求由于某种原因不能满足时，如板起脸来拒绝往往会使客人产生反感，如果先示以微笑，就能为自己赢得思考的时间，找到恰当的话题，得体恰当地解决问题。

3）微笑服务是化解服务员与客人之间矛盾的润滑剂。有时服务员难免会与客人产生一些误会，服务员做任何解释都是毫无意义的，反而会导致客人的情绪更加冲动。这时可以采取冷处理的办法让客人尽情发泄，洗耳恭听，脸上则始终保持亲切友好的微笑。等到客人把话说完，平静下来后，再心平气和地告诉他餐厅的规定及相关程序，并对发生的事情表示歉意，此时，客人肯定会被微笑和耐心所征服。

4）充分展现餐饮从业人员的礼仪修养。英国哲学家培根说：行为举止是心灵的外衣。中国古语也有："诚于中而形于外"之说。餐饮业服务人员坚持微笑服务，正是他们热情的性格、高度的涵养等美好心灵的外部展现。一个有知识、重礼仪、懂礼貌的服务员必定十分尊重客人，无论自己是在顺境，还是在逆境，都能保持平静的情绪，笑容满面地去接待每一位客人。

5）微笑服务会产生经济效益。餐饮业向客人出售的是其有形的产品和无形的服务，有形的产品要通过无形的服务去体现。微笑虽然只是表面的，但其内容是实质性的，是客人能享受到、感受到的。它真正的含义是服务员主动、热情、周到服务的外在体现。所以微笑服务不仅仅是客观需要的做法，更是服务员主观愿望的给予和奉献，它饱含着丰富的精神内涵和微妙的情感艺术。

微笑服务本身是一种劳动形式，是一种被客人接受，能提高服务质量的劳动形式。服务员既充当个人角色又代表餐厅形象，这两种角色彼此依赖又互为联系，餐厅的形象是通过每个服务员来体现的。没有微笑的服务，给人的印象是没有文化，没有礼貌的表现，足以使"宾至如归"变成一句空话。只有微笑服务才能使客人光顾，这样才可以提高经济效益。为了保持真诚、热情的微笑，把微笑的作用发挥到极致，在平时就必须要注意培养微笑，微笑着接待每一位顾客。

微笑服务是一种力量，它不但可以产生良好的经济效益，为餐厅赢得高朋满座、生意兴隆，而且还可以创造无价的社会效益，使其口碑良好，声誉俱佳。在餐饮业竞争激烈、强手林立的情况下，要想占有一席之地，优质服务是至关重要的，而发自内心的微笑是其中的关键。微笑服务是后勤管理、服务和保障工作中一项投资最少、收效最大、事半功倍的有效措施，被各个服务行业和服务单位重视、提倡、并应用的。

2. 用心服务

餐饮企业中，服务员的态度及技巧，极大地影响顾客进店后的饮食欲望。据国际权威机构调查：对客户服务态度不好，造成94%客户离去！因为没有解决客户的问题，造成89%客户离去！每个不满意的客户，平均会向9个亲友叙述不愉快的经验。在不满意的用户中有67%的用户要投诉。通过较好的解决用户投诉，可挽回75%的客户。及时、高效且表示出特别重视他，并尽最大努力去解决用户投诉的，将有95%的客户还会继续接受你的服务。

服务就是一切，服务就是餐饮业的生命。只有用心了，才能做好服务。怎样才能做到真正的用心服务呢，打个比方，来了一名孕妇，就去拿一个靠垫，让她坐得更舒服一些；看见客人带着药片，没等他开口，主动倒一杯开水给他；经常来就餐的客人，能喊出他的姓，牢记他的饮食喜好，等等，都是用心的表现。

泰国的东方饭店几乎天天客满，客人大都来自西方发达国家，不提前一个月预订很难入住。余先生因公常去泰国出差，第一次入住东方饭店时，良好的饭店环境和服务就给他留下了深刻的印象，当他第二次入住东方饭店时，几个细节更使他对饭店的好感迅速升级。

早晨，他准备去餐厅的时候，楼层服务生恭敬地问："余先生要用早餐吗？"余先生很奇怪地问："你怎么知道我姓余？"服务生说："我们饭店规定，晚上要背熟所有客人的姓名。"他刚走出电梯门，餐厅的服务生就说："余先生，里面请，上面的电话刚打下来，说您已经下楼了。"如此的高效率让余先生再次大吃一惊。服务生微笑着问："余先生还要老位子吗？"余先生的惊讶再次升级，看到余先生惊讶的目光，服务生主动解释说："我刚刚查过电脑记录，您去年在第二个窗口的座位用过早餐"，余先生听后兴奋地说："老位子！"服务生接着问："老菜单？一个三明治，一杯咖啡，一个鸡蛋？"余先生已经不再惊讶了。

后来，余先生有三年没再去过泰国，在他生日时突然收到了东方饭店发来的生日贺卡，里面还附了短信，内容是：亲爱的余先生，您已经有三年没有来过我们这里了，我们全体人员都非常想念您，希望能再次见到您。今天是您的生日，祝您生日愉快。余先生当时激动得热泪盈眶，发誓如果再去泰国，一定要住在东方饭店。

泰国东方饭店建立了一套完善的客户关系管理体系，并且对每位入住后的客户提供无微不至的人性化服务，每年只要有十分之一的老顾客光顾东方饭店，就会永远客满，这就是东方饭店成功的秘诀。

客户关系管理的观念已被普遍接受，而且一部分企业也都建立了客户关系管理系统，但真正能做到东方饭店这样的并不多。很多企业还只处在发展的初始阶段，并没认真思考如何贯彻执行，所以难见实效。客户关系是以服务意识为核心，贯穿所有经营环节的一整套全面完善的服务理念和服务体系，是一种企业文化。在这方面，泰国东方饭店的做法值得很多企业认真学习和借鉴。

随着企业的不断发展，各家餐饮企业的竞争也越来越激烈，餐饮的服务质量和服务水平也逐渐成为各个餐饮企业的竞争焦点，而服务态度也就成为各个餐饮企业的生命。企业要的是市场，客人要的是服务。只有用心服务，才能使客人在用餐过程中感到温馨，也只有用心服务，才能使餐饮行业在激烈的市场竞争中立于不败之地。

【复习思考题】

一、态度的概念？

二、态度的构成，并列举态度构成的三要素有哪些？

三、什么是良好的服务态度？

四、服务态度对顾客行为的影响有哪些？

五、提高企业竞争力有效的激励机制有哪些？

六、如何调整服务态度，营造良好的服务气氛？

【拓 展 训 练】

一、案例

案例一：客人愤然离去

某饭店，一位客人进入餐厅坐下，桌上的残汤剩菜还没有收拾。客人耐心等了一会儿不见动静，只得连声呼唤，又过了一会儿，服务员才姗姗而来，收拾东西慢条斯理不说，而且其动作之粗放，真可谓大刀阔斧。客人问有什么饮料，服务员低着头，突然一连串地报上八九种饮料的名字，客人根本无法听清，只得斗胆问上一声："请问有没有柠檬茶？"服务员不耐烦地说："刚才我说有了吗？"说罢，扭头就走。客人茫然不知所措。服务员这一走，仿佛"石沉大海"，10多分钟过去了，再不见有服务员前来，客人不得不站起来喊服务员。当问服务员为什么不上来服务时，服务员真是语惊四座："你举手了吗？你到过这饭店吗？难道连举手招呼服务员这样起码的常识都不知道吗？"经过这一番折腾终于使客人愤然离去。

案例二：耐心的服务员

某饭店中餐厅午餐时间，几位客人落座之后开始点菜，并不时地向服务员征询意见，结果费了半天劲儿，服务员应客人要求所推荐的餐厅拿手菜和时令菜客人们却一个都没点，但仍然问这问那。服务员说："几位初次到本餐厅吧，对这里的菜肴品种特色也许还不大了解，请不要着急，慢慢地挑。"几位客人终于点好了菜，还没等服务员转身离去，客人们又改变了主意，要求换几个菜。等服务员再次转身离去，客人们又改变了主意，要求再换几个。客人们自己都觉得不好意思了，但服务员仍然微笑着说道："没关系，使您得到满意的服务是我们的责任和义务。"服务员亲切热情的语言，使客人深受感动。

[案例1和案例2比较分析] 率领中国足球队首次打入世界杯的国际著名教练米卢常挂在嘴边的一句话是：态度决定一切。在餐饮行业中，服务态度对做好服务工作具有重要的作用，上面两个案例从正反两方面说明了这个问题。要使餐饮服务人员在服务中表现出良好的服务态度，必须做到：

（1）自我尊重。如果服务员不能正确对待自己所做的服务工作，那他就不可能有强烈的服务意识，更不会主动热情地为客人服务。如果一个服务员认为自己干服务工作不光彩，低人一等，他必然因自卑感而厌恶服务工作。当他深感客人有不尊重自己的迹象时，他会以维护自己的尊严为由而与顾客翻脸据理力争或态度粗暴表现出不耐烦等。

（2）自我提高。服务员要努力提高自己的文化修养、职业修养和心理素质。因为一个人的文化知识与职业知识能让人眼界开阔，理智成分增强，从而影响其职业观念和处世态度。良好的心理素质如忍耐力、克制力和稳定乐观的心境，能使一个人主动自觉地形成和保持良好的服务态度。

（3）完善服务行为。服务行为常被客人称为服务态度，它常表现在服务表情、服务举止和服务语言三方面。为此，完善服务行为，一是要求服务员有愉快的表现，有发自内心的自然微笑；二是要求服务员站立姿势要挺直、自然、规矩，行走时要平稳、协调、精神；三是要求服务员有良好的语言表达能力，"好话常说"、"好话好说"。

（4）改善服务环境。良好的服务环境会使服务员产生愉快的情绪，愉快的情绪会使服务员表现出良好的服务态度。如果一个餐饮环境条件差，工作无秩序，干群关系紧张，同事之间不协调，必然会使服务员情绪低落，一旦这种情绪传染给客人，就会形成一种失礼的服务态度。

案例三：关于"龙虾"的对话

某餐厅一桌客人定菜时点了一只龙虾，龙虾做好上桌后，客人发现龙虾颜色不对。就问服务员："小姐，上次我在这儿吃的龙虾是白色的。为什么今天的龙虾肉颜色是粉色的？是不是不新鲜呀？"

服务小姐回答："不是的，先生。龙虾肉颜色不同主要是品种不同。"

客人又问："你们这供应的不都是澳洲龙虾吗？"

服务小姐不耐烦地回答："人还有黑白呢，何况龙虾！"

结果客人被噎得瞠目结舌。

[分析] 本案例相当于餐饮业的服务态度问题，菜已经端上桌，客人有不明白的地方，服务员就应该按照服务规范提供的要求，用文明用语和良好的服务态度对顾客耐心解答。例如可以说："龙虾虽产自澳洲，但又有东澳和西澳之分，因产地不同其肉颜色也不同。"而不能用一些不文明的用语向顾客搪塞，一旦引起顾客投诉将引起不良后果。

二、微笑训练方法

真诚的微笑是出自真情、温和的心灵与优雅的脸部表情。在镜子前练习时，可以试着想一些有趣的笑话及令人愉快的欢乐回忆，或者和其他同事相互对练微笑。经过半个月后，就一定会使你露出满意的笑容。久而久之，真诚的微笑将成为习惯。更会令人惊奇地发现，有某种微妙的改变在你和客人之间悄悄地产生了。

1. 训练步骤

亲切的微笑是赢得顾客的最好武器，服务人员首先要利用好这个武器，因为亲切的笑容能够弥补其他服务技巧的不足。每个服务人员都应认真训练一下自己，使自己不仅要面带微笑，而且要让笑容富有魅力。

站立镜子前，尽量放松，静下心情，闭上眼睛。头脑中回忆以前的愉快经历，回忆那时的心情，并让它再现出来，让自己开心。放松脸上的肌肉，自然地微笑，使这种表情自然地保持下来。

睁开眼睛，再看镜子中的自己，这就是最自然的微笑。微笑时，眼睛也应含有笑意，试想光露牙齿或抿嘴，而目光不配合会是多么难看。可用一张厚纸遮住眼睛以下部位，对着镜子练习微笑的眼神。

被别人提醒过笑容欠佳的人，更应依上述步骤积极地反复练习，改进自己的笑容。

2. 训练方法

（1）练微笑口型。拿一枝不太粗的笔，用牙齿轻轻横咬住它，对着镜子，摆出普通话"一"音的口型，注意用力抬高嘴角两端，下唇迅速与上唇并拢，不要露出牙齿。记住这时面部和嘴部的形状，这个口型就是合适的"微笑"。相同的动作反复几次，直到感觉自然为止。但是，这还只是"初级"的微笑。

（2）情绪记忆法。借助"情绪记忆法"辅助训练微笑，即将生活中最令人高兴、最有趣的事情收集起来。需要微笑时，想一想那些快乐的事情，脸上就会自然地流露出笑容。

（3）意思理智训练。微笑服务是服务人员职业道德的内容和要求，服务人员必须按要求去做，坚信"顾客是上帝"、"顾客至上"的理念，即使有不愉快的事也不能带到工作中去，学会过滤烦恼。

（4）高级微笑。口眼结合，训练笑意。这种微笑应该是发自内心的，不仅要求嘴唇要动，还要求眼神含笑。训练时，可以用一张厚纸挡住鼻子以下的部位，对着镜子练习眼神，直到可以看到眼睛中含着笑为止。

【推荐阅读】

一、阅读态度改变理论方面的书籍。

主要有两种取向：一种是学习理论取向（Learning theory approach），主要代表人物是霍夫兰德；另一种是一致理论取向（Consistency theory approach），主要代表人物是菲斯汀格。有一段时间两种理论同时并存，相互之间很少有明显的联系。

二、观看影片——《态度》。

1. 影片简介

英文名：Attitude

语言：汉语普通话

上映信息：2008 年 7 月 17 日台湾

导演：Circus 小马（林家纬），廖人帅

主演：台啤篮球队

制作人：陈建州

2. 剧情

曾经于 2003 年一度面临解散的台啤篮球队，不因当时战绩低迷、士气不振而放弃，靠着热情与努力，终于在 2006 年 SBL（超级篮球联赛）第三季靠着实力昂首挺进冠军赛，创造了台啤永不放弃的态度，媒体称之为"绿色奇迹"！

中油球场，是台啤每天练球的地方，不起眼的铁皮屋里装着篮球队员的梦想。它轰隆隆的冷气声，吹出带着铁锈跟发霉的气味，夹杂着球员的汗水！见证了队员们以永不言败的态度，迎战任何一场球赛，并感动了每一位球迷。不管明天赢或输，都会是 100 分以上的完美演出！

本片描述了由黑人担任监制与台啤篮球队副领队，一路经历球队解散到打入超级篮球联赛的冠亚军赛，即使冠军赛最后一秒被裕隆队逆转封王的过程，以八十分钟的贴身纪录片的形式，真实呈现了球队的成长路程。描述了输球后休息室冻结的气氛、何守正不过生日的秘密、球员间的兄弟情、陈世念最后一秒投进逆转封王的完美大结局等球员切身的经历。

第五章　餐饮情绪心理

心灵开朗的人，面孔也是开朗的。

——席勒

古希腊有个杰出的哲学家叫漠克利特（Heraclitus），他总是笑脸迎人，不摆架子，被人美称为"含笑的哲学家"。微笑，古人解释为"因喜悦而开颜"。是一种特殊的语言——"情绪语言"，其传播功能具有跨越国籍、民族、宗教、文化的性质，几乎在所有的社交场合下，都可以和有声的语言及行动相配合，起到"互补"作用，充分表达尊重、亲切、友善、快乐的情绪，沟通人们的心灵，架起友谊的桥梁，给人以美好的享受。"微笑服务"已经成为服务行业尤其是餐饮业的基本准则。

 学习与行为目标

1. 了解情绪的基本概念、分类、表现形式、功能、理论
2. 理解情绪对顾客行为的影响，学会观察顾客的情绪，采取相应的服务策略
3. 学会调整自己的情绪状态营造良好的服务气氛

第一节　情绪与餐饮服务

一、情绪的概念

最早的法语字典之一《菲勒蒂埃（Furetière）（1690）》给"情绪"的定义为"情绪：震撼身体或精神的不寻常活动，它们可以令人不安，影响食欲。以发烧开始，以脉搏变得有点儿激动而告终。当我们进行较剧烈的活动后，我们会感到

浑身充满情绪。情人见到自己心爱的女人时，有情绪；一个胆小鬼见到敌人时，也会有情绪。"

在现代定义中，情绪（Emotion）是指一种躯体和精神上复杂的变化模式，包括生理唤醒、感觉、认知过程以及行为反应，这些是对个人知觉的独特处境的反应。例如，你见到了自己心爱的人，你的生理唤醒可能是心跳加速；你的感觉可能是积极的；你的认知过程可能包括对那些美好、甜蜜的场景的界定、回忆和预期；你的行为反应可能表现为微笑或主动靠近对方。

二、情绪的分类

情绪可以根据复杂性和状态这两个角度进行分类。

1. 按复杂性划分

根据情绪的复杂性划分，可以分为基本情绪和复合情绪。基本情绪是指人类最基本、最普遍存在的情绪。这些基本情绪是先天的，它们都有独特的神经生理机制，是人与动物共有的。例如快乐、愤怒、恐惧等。复合情绪是人特有的一种心理活动，顾名思义它是由基本情绪组合而成的。大多数复合情绪比较复杂，很难被命名。也有一些复合情绪是可以被命名的，例如，痛苦—内疚—愤怒—恐惧组成焦虑；厌恶—愤怒—轻蔑组成敌意。

2. 按状态划分

根据情绪的状态划分，可以分为心境、激情和应激。

心境（Mood）是一种比较微弱而持久的情绪状态。自然环境的变化、工作的成败、人际关系和谐与否、个人的健康状况等都可能引发某种心境。例如，在生病的时候，会因为病痛的折磨使人产生烦躁的心境；在得知考上研究生的时候，会因为自己的理想得以实现，使人产生愉悦的心境，这就是俗话说的"人逢喜事精神爽"。心境持续的时间也各不相同，这取决于客观刺激的性质和个体的人格特征，短则几个小时，长则几个月或者更长时间。通过研究我们发现，重要的生活事件和内向的性格特征都可能导致更持久的心境。积极乐观的生活态度能够保持良好的心境，有利于个人更好地应对各种事件，因此要想在生活、工作、学习中充满效率，就要保持积极、乐观的心境。

激情（Intense emotion）是一种短暂、强烈、具有爆发性的情绪状态。像欣喜若狂、悲痛欲绝、恐惧万分等通常都是由对个体具有重要意义的事件引发的情绪表现。在激情状态下，人的理解力下降，分析能力受到抑制，自我控制能力减弱，甚至使人失去行为控制力。同时，激情也有积极和消极之分。积极的激情可以使人全身心投入到某一事件中并顺利完成；消极的激情则会产生一些危害性的后果。例如，在奥运会的赛场上，运动员会充分调动激情，激发个人潜能，赛出好成绩；也有人因为控制不好情绪，在愤怒情绪的驱使下，一时性起，做出一些不理智的甚至是破坏性的行为。

应激（Stress）是一种由出乎意料的环境刺激所引发的高度紧张的情绪状态。突如其来的紧急事故，如火灾、地震、车祸、亲人意外死亡等都会引起人们的应激状态。应激状态也有积极和消极之分。积极的应激，可以帮助人们从容应对突发事件，从而摆脱困境；消极的应激，表现为应对突发事件时手忙脚乱，不知所措，难以应对。有研究表明，应激会引起适应性综合征的发生，并出现警觉阶段、阻抗阶段、衰竭阶段等系列症状。警觉阶段，由于刺激的突然出现，产生情绪的强烈震撼，体温、血压下降，肌肉松弛，个体缺乏适应能力，继而肾上腺素分泌增加，全身生理功能增加，进行适应性防御。阻抗阶段，全身代谢水平提高，肝脏大量释放血糖，个体生理功能大致恢复正常，但若压力持续下去，机体的适应能力有限，最后进入第三阶段。衰竭阶段，个体适应能力丧失，精疲力竭，陷入崩溃状态。

三、情绪的表现形式

情绪的外部表现叫表情。表情主要包括：面部表情、姿态表情、语调表情。

1. 面部表情

艾克曼（Paul Ekman）的实验证明，人脸的不同部位具有不同的表情作用。例如，眼睛对表达忧伤最重要，口部对表达快乐与厌恶最重要，而前额能提供惊奇的信号，眼睛、嘴和前额等对表达愤怒情绪很重要。林传鼎的实验研究证明：口部肌肉对表达喜悦、怨恨等少数情绪比眼部肌肉更重要；而眼部肌肉对表达其他的情绪，如忧愁、惊骇等，则比口部肌肉更重要。在面部表情的识别中，最容易辨认的是快乐、痛苦；较难辨认的是恐惧、悲哀；最难辨认的是怀疑、怜悯。

2. 姿态表情

姿态表情可分成身体表情和手势表情两种。

身体表情（Body expression）是表达情绪的方式之一。人在不同的情绪状态下，身体姿态会发生不同的变化，如高兴时"捧腹大笑"，恐惧时"紧缩双肩"，紧张时"坐立不安"，等等。举手投足、两手叉腰、双腿起胯等身体姿势都可表达个人的某种情绪。

手势（Gesture）常常是表达情绪的一种重要形式。手势通过和语言一起使用，表达赞成还是反对、接纳还是拒绝、喜欢还是厌恶等态度和思想。手势也可以单独用来表达情绪、思想，或作出指示，在无法用言语沟通的条件下，单凭手势也可以表达开始或停止、前进或后退、同意或反对等思想感情。心理学家的研究表明，手势表情是通过学习得来的。它不仅存在个别差异，而且存在民族或团体差异。后者表现了社会文化和传统习惯的影响。同一种手势在不同的民族中用来表达的情绪也不同。

3. 语调表情

语调表情（Intonation expression）是情绪表达的最为直接和有效的方式。当我们比较高兴时，我们通常用语调高、语速快的言语表达；当我们比较悲伤时，我们通常用低沉、缓慢的言语进行表达。餐饮业的人员在与顾客进行言语沟通时，一定要注意选择适当的语速和语调，语言要清晰，以免让顾客产生不必要的误会。

专栏 5-1

悲情菜单——用你的感情和顾客说话

有一次，意大利著名的悲剧影星罗西（Francesco Rosi）应邀参加了一个欢迎外宾的宴会。席间，许多顾客要求他表演一段悲剧，于是他用意大利语念了一段台词，尽管顾客听不懂他的台词内容，然而他那动情的声调和表情，凄凉悲怆，不由使大家流下同情的泪水。可一位意大利人却忍俊不禁，跑出会场大笑不止——原来，这位悲剧明星念的根本不是什么台词，而是宴席上的菜单。

资料来源：薛群慧. 旅游心理学 [M]. 天津：南开大学出版社，2008 年版，第 268 页。

每个人都希望有悦耳的声音。虽然声音与音质是天生的，但掌握好说话的语速、音量、音强和说话态度同样可以起到很好的效果。讲话的声音，就像乐器弹奏出的音乐。从音乐的调子中我们可以感觉出其中蕴涵的感情：快乐、悲伤、愤怒、不满、低落、兴奋、关爱……而语调就像是音乐的调子，听你的语调，顾客就可以知道你的心情以及你要表达的感情。

一张菜单也能让人痛哭流泪。这可不是一个凭空捏造的事情。有研究表明，人们获得的信息 55% 来自于表达者的身体语言（如姿势、眼神、表情等），有 38% 的信息来自于对方说话的语气和语调，而只有 7% 的信息直接来自于对方的口头语言。正因如此，说话才成为一门艺术。

语速：在与顾客的沟通过程中，服务人员要注意语速不要过快，说话的速度很快，顾客会认为你急着把他打发走，或是有些不耐烦，再者顾客也可能因此而听不清楚你在说些什么。但如果顾客说话的速度比一般人快，你可以适当提快说话的速度，这样顾客则认为你和他是同一类型的人而增加一些亲近感。

音量：说话的声音同样要受到控制，不要过高也不要过低。大声说话会让人误解为你没有素养，或是在发泄什么不满的情绪。

音调：音调相对来说更具有技术性。服务人员与顾客讲话时不能只用一个音调，否则给人的感觉就是冷漠、毫无生机和没有诚意。认为你只是在履行自己的工作而并不是要为他提供服务。音调的高低变化能够传达给顾客"你乐意为他提供服务"的信息。

四、顾客情绪的特征

1. 新奇性和兴奋性

随着居民生活节奏的加快和消费观念的更新，外出就餐已经逐渐成为居民生活的一种时尚。朋友聚餐、节日庆贺、休闲消费、吃便饭等是人们外出就餐的主要原因。外出就餐给就餐者带来了一系列的改变：改变环境、改变习惯、改变社会角色等。这种改变在给就餐者带来新奇的同时，还给他们带来情绪上的兴奋。这种兴奋性在无形之中也增加了他们对餐厅的期望值，期望餐厅有更好的环境、更好的服务。如果餐厅能够满足顾客的期望，他们的兴奋性将会进一步得到提高。

2. 易感染性

一个人的情绪，在与别人的交往过程中，通过语言、动作、表情影响到别人，引起情绪上的共鸣。外出就餐涉及在新的环境中的一种人际关系。在这种交往过程中，既有信息的交流和对象的相互作用，同时还伴有情绪的交流。餐饮业作为一个情绪含量很高的服务行业，顾客在消费过程中，服务人员的情绪状态能够影响到顾客的情绪，使顾客产生与之相符的情绪状态。比如，服务人员在服务的过程中始终保持乐观、开朗、包容的态度，顾客也会在消费的过程中感到愉悦；如果服务人员在服务的过程中表现出厌烦，顾客也会在消费的过程中觉得无聊、郁闷。反之，顾客的消费情绪也会影响服务人员的服务情绪。

3. 易变化性

人的需要是复杂多变的，顾客在餐厅消费过程中会接触到各种各样的刺激源，随时可能改变自己的需要，因而顾客在餐厅消费的过程中的情绪极容易处于一种不稳定的状态。顾客就餐时，刚看到菜，觉得色香味俱全，情绪很高，当吃的差不多的时候，情绪就趋于平静，兴趣就会减退，甚至开始挑剔。因此，餐饮服务人员应把握时机做好服务工作。比如，当看到顾客吃的差不多的时候，送上爽口的水果等，就会让顾客觉得非常的愉悦和贴心。

五、情绪的理论

1. 詹姆斯—兰格理论

丹麦生理学家兰格（C.G. Lange）和美国心理学家詹姆斯（James）分别提出

内容相同的一种情绪理论。他们分别强调情绪的产生是植物性神经活动的产物。后人称它们为情绪的外周理论，即情绪刺激引起身体的生理反应，而生理反应进一步导致情绪体验的产生。詹姆斯提出情绪是对身体变化的知觉。在他看来，是先有机体的生理变化，而后才有情绪。所以悲伤由哭泣引起，恐惧由战栗引起；兰格认为情绪是内脏活动的结果。他特别强调情绪与血管变化的关系。詹姆斯—兰格理论看到了情绪与机体变化的直接关系，强调了植物性神经系统在情绪产生中的作用。但是，他们片面强调植物性神经系统的作用，忽视了中枢神经系统的调节、控制作用，因而引起了很多的争议。

2. 坎农—巴德学说

坎农—巴德（Cannon-Bard）认为情绪的中枢在中枢神经系统的丘脑，并且强调大脑对丘脑抑制的解除，使植物性神经活跃起来，加强身体生理的反应，而产生情绪。外界刺激引起感觉器官的神经冲动，传至丘脑，再由丘脑同时向大脑和植物性神经系统发出神经冲动，从而在大脑产生情绪的主观体验而由植物性神经系统产生个体的生理变化。

3. 情绪的认知理论

美国心理学家阿诺德（Arnold）认为：刺激情景并不直接决定情绪的性质，从刺激出现到情绪的产生，要经过对刺激的估量和评价。情绪产生的基本过程是刺激情景—评估—情绪。同一刺激情景，由于对它的评估不同就会产生不同的情绪反应。情绪的产生是大脑皮层和皮下组织协同活动的结果，大脑皮层的兴奋是情绪行为的最重要的条件。

美国心理学家沙赫特（Stanley Schachter）和辛格（Singer. J）提出两因素情绪理论。他们认为：情绪的产生中两个不可缺少的因素：一个是个体必须体验到高度的生理唤醒；第二个是个体必须对生理状态的变化进行认知性的唤醒。情绪状态是由认知过程、生理状态、环境因素在大脑皮层中整合的结果。

拉扎勒斯（Richard Stanley Lazarus）的认知—评价理论。他认为情绪是人与环境相互作用的产物。在情绪活动中，人不仅反映环境中的刺激事件对自己的影响，同时要调节自己对于刺激的反应。也就是说，情绪是个体对环境知觉到有害或有益的反应。因此，人们需要不断地评价刺激事件与自身的关系。具体有三个层次的评价：初评价、次评价、再评价。

4. ABC 理论

ABC 理论是由美国的心理学家艾利斯（Albert Ellis）提出的。他认为：人的情绪不是由某一诱发性事件的本身所引起，而是由经历了这一事件的人对这一事件的解释和评价所引起的。在 ABC 理论模式中，A 是指诱发事件；B 是指个体在遇到诱发事件之后产生的信念，也即他对这一事件的看法、解释和评价；C 是指特定情景下，个体的情绪及行为的结果。

通常人们会认为，人的情绪的行为反应是直接由诱发性事件 A 引起的，即 A 引起了 C。ABC 理论则指出，诱发性事件 A 只是引起情绪及行为反应的间接原因，而人们对诱发性事件所持的信念、看法、解释 B 才是引起人的情绪及行为反应的更直接的原因。

ABC 理论的创始人艾利斯认为：正是由于我们经常有一些不合理的信念才会产生情绪困扰。一般来讲，不合理信念具有以下三个特征：

（1）绝对化的要求。是指人们常常以自己的意愿为出发点，认为某事物必定发生或不发生的想法。它常常表现为将"希望"、"想要"等绝对化为"必须"、"应该"或"一定要"等。例如，"我必须成功"、"别人必须对我好"，等等。这种绝对化的要求之所以不合理，是因为每一客观事物都有其自身的发展规律，不可能依个人的意志为转移。

（2）过分概括化。这是一种以偏概全的不合理思维方式的表现，它常常把"有时"、"某些"过分概括化为"总是"、"所有"等。用艾利斯的话来说，这就好像凭一本书的封面来判定它的好坏一样。它具体体现在人们对自己或他人的不合理评价上，典型特征是以某一件或某几件事来评价自身或他人的整体价值。例如，有些人遭受一些失败后，就会认为自己"一无是处、毫无价值"，这种片面的自我否定往往导致自卑自弃、自罪自责等不良情绪。而这种评价一旦指向他人，就会一味地指责别人，产生怨怼、敌意等消极情绪。我们应该认识到，"金无足赤，人无完人"，每个人都有犯错误的可能性。

（3）糟糕至极。这种观念认为如果一件不好的事情发生，那将是非常可怕和糟糕的。例如，"我没考上大学，一切都完了"，"我没当上处长，不会有前途了。"这种想法是非理性的，因为对任何一件事情来说，都会有比之更坏的情况发生，所以没有一件事情可被定义为糟糕至极。但如果一个人坚持这种"糟糕"观时，那么当他遇到他所谓的百分之百糟糕的事时，他就会陷入不良的情绪体验之中，而一蹶不振。

第二节　从业者如何管理情绪提升服务

顾客的消费行为是其满足某种需要的社会性活动。顾客的情绪影响着顾客的行为，而顾客的行为也受到情绪的影响，二者具有相互制约的互动关系。

一、影响顾客情绪的因素

1. 需要是否得到满足

顾客消费就是为了满足自己的某种需要，比如，为了商务活动的需要，为了得到别人尊重的需要，为了提高生活品质的需要，为了归属的需要，等等。需要是情绪产生的前提，需要得到满足时，人们就会产生积极的情绪体验，如高兴、满意等。需要得不到满足时，人们就会产生消极的情绪体验，如不满、失望、厌恶等。

2. 活动是否顺利

需要是动机的基础，为了满足需要，人们在动机的支配下产生行动，不仅行动的结果产生情绪，而且在行动过程中是否顺利也会引起不同的心理体验。在整个消费过程中如果一切活动顺利，顾客就会产生愉快、满意、轻松等积极的情绪体验。如果活动不顺利，出现这样或那样的问题，顾客就会产生不愉快、厌烦等消极情绪体验。服务人员应当特别加以关注顾客在消费过程中的情绪表现。因为顾客消费活动过程本身就是一个很好的激励因素，其中就有情绪的产生，并反过来对顾客的消费活动的继续，产生积极或消极的作用。

3. 客观条件

客观条件是一种外在刺激，能引起人的知觉从而产生情绪体验。顾客消费活动过程中的客观条件：餐厅的环境、位置、服务情况等都影响顾客的情绪。苏联心理学家巴甫洛夫（Pavlov）对人在不同环境下的心理反应作过一个试验：发现89%的人在宽松、优雅的环境放松心情后，作出一些原本没做出的决定，63.5%的人在对就餐环境满足心理需要的前提下，作出提高20%消费额的做法。英国的酒店大师、心理学家罗菲松也曾作过一项统计：85%的人在就餐时是冲着环境选择的，也有63.5%的顾客在满意就餐环境时，作出超出原先预定消费额的决定。就餐环境对吸引顾客，促进消费是极其有效的。成功的就餐环境风格不单是理性的，更多的是感性的，是传统文化底蕴中衍生出来的，它是特点，由时代、民族和流派等多方面的因素决定，与社会发展、自然环境、艺术观、审美观等都有关联。它包括传统的东方风格、古典西方风格、不同区域的乡村风格和现代风格。每种风格都有其特点和吸引人的地方。不同的饭店针对自己顾客的不同特点，以及他们的心理取向，可有不同的选择。但在造型变形后的装饰布置中应该明确，哪些东西是属于这种风格，受喜好这种风格的顾客欢迎的，哪些东西虽然好却不宜在此种风格中出现的。

4. 身体状况

顾客的身体健康是产生积极情绪的重要原因之一。身体状况欠佳容易产生不良的情绪。因此服务人员要注意顾客的身心状态，根据不同的情况采取有针对性的服务。

二、情绪对顾客行为的影响

人的任何活动都需要一定程度的情绪激发，才能顺利进行。情绪对顾客行为的影响，主要表现在以下两个方面：

1. 对消费动机的影响

动机是激励人们从事某种活动的内在动力。人的任何行为都是在动机的支配下产生的。因此，要促使人们产生消费行为，首先要激发人们的消费动机。从情绪的体验性质和对人的活动的影响来看，情绪可被划分为积极情绪和消极情绪两大类。积极情绪，如快乐、热爱、欢喜等，由于与某种需要的满足相联系，通常伴随着一种愉悦的主观体验，并能提高人的积极性和活动能力；而消极情绪，如恐惧、厌恶等，由于与某种需要的不满足或无法满足相联系，通常伴随着一种明显不愉悦的主观体验，并会降低人的积极性和活动能力。因此，当个体处在积极情绪状态时，对事物的评估判断是积极的；当个体处在消极情绪状态时，对事物的评估判断也是消极的。对立过程理论（Opposite-process theory）认为，当人们接收到一种可以引起情绪反应（积极或者消极反应）的信息时，除了当即感受到这种被引起的积极或者消极的情绪以外，接着感受到随之而来的相反的情绪，这个过程衔接时间很短暂。因为情绪不是一个长期变量，它不能维持很长的时间。根据这个理论，餐饮业需要思考的是怎样强化初始的积极情绪和转化初始的消极情绪。即在顾客产生消费欲望或者念头的时候帮助其消除随之而来的消极情绪和负面情感，加强其消费的欲望，直到其付诸行动。通过外界环境和人为的努力去尽可能的强化和保留已有的积极情绪，努力创造积极情绪，削弱和消除已有的消极情绪，努力避免消极情绪。因此，有针对性地对顾客采取恰当的情绪管理非常有必要。

2. 对人际关系和心理气氛的影响

人在良好的情绪状态下，会增加对人际关系的需要，对人际交往表现出更大的主动性，并且容易使别人接纳，愿意与之交往。因此，在餐饮服务过程中，餐饮服务人员应该细心观察顾客的情绪变化，主动引导他们的情绪向积极的方向发展，并利用情绪对顾客行为的影响作用，协助顾客与各方面的人际关系融洽，创造良好的心理气氛，达到餐饮服务的最佳境界。

三、餐饮业管理者要为服务人员营造良好的情绪环境

一个人的情绪状态受很多因素的影响，其中情境是一个很重要的因素，恶劣

的工作环境容易让人情绪变坏，紧张的人际关系也会让人情绪低落等。所以餐饮业管理者要为员工营造良好的工作环境，从而使员工能有一个良好的情绪环境。

首先要尊重员工。人们对于服务业员工的印象通常是没有受过完整教育，身处社会底层，缺乏改变自己命运的力量——甚至是意愿。这是一个普遍的误解。与10年前相比，服务人员来源的丰富超出了人们的想象，有从乡村到城市闯荡的年轻人，有国有企业的下岗工人，有刚刚从大学毕业的学生等。服务人员期望得到尊重。他们需要从他们身处的环境中获得情感慰藉和尊严体验，以便能够继续向顾客输出令人愉悦的服务。当服务人员在服务的过程中得不到顾客应有的尊重时，他们需要来自管理者和同事的安慰。实际上，企业对员工的尊重是最重要的情感"润滑剂"，它可以平衡员工的情感需求。

其次要营造一个令人心情愉悦的工作环境。充足的光线、适宜的温度、清新的空气、干净的工作服、干净的环境都会让人产生良好的情绪。餐饮业管理者不仅要为顾客提供优雅舒适的就餐环境，也要充分考虑到员工的需要，在尽可能的情况下，为员工创造一个令人愉悦的工作环境。

再次要构建内部员工和谐的人际关系。餐饮服务工作需要全体工作人员密切配合，可是员工之间的竞争也非常激烈，在这种竞争环境下，如何让员工顾全大局，以工作为重，需要管理者拿出智慧，掌握管理的艺术。

餐饮企业的管理者对建立良好的员工关系起着至关重要的作用，管理者的一言一行，直接代表了他对员工管理的看法和对员工的重视程度，但很多餐饮企业的管理者却往往忽视了这一点。一些餐饮企业管理者不注意尊重员工的人格，在员工面前摆"官"架子，动不动就训斥员工；对于犯了错误的员工，不热情地帮助他改正，反而进行讽刺挖苦；对于一些员工提出的问题，不屑一顾或不做回答，这些都严重地伤害了员工的自尊心，使员工关系管理越来越糟。管理者需要制定严格的规章制度，在制定制度的同时，也要考虑到员工的实际情况，尽量让员工感受到管理者的人性化关怀。只有在和谐的人际关系中，员工才能保持良好的情绪。

最后要丰富员工的业余生活，创造积极健康的企业文化。餐饮企业要经常开展一些集体活动，让所有员工融入集体中来，创建一个和谐的大家庭，让每个员工都有一种强烈的归属感。根据不同企业自身特色，创建积极健康的企业文化，让员工产生强烈的认同感，也有利于员工保持积极的情绪，并把这种积极的情绪传递给顾客。

四、餐饮从业者要学会保持良好的情绪状态

积极的情绪状态是身心健康的重要条件，也是餐饮从业者做好工作的重要保

障。餐饮从业者要保持良好的情绪状态，做好本职工作。可以从以下几个方面来做起：

1. 热爱工作

富有事业心、热爱工作的人，更容易取得成功，更容易体验到满足感和成就感。这种情绪是有益于生活和工作的，即使生活、工作中遇到困难和挫折也能积极地去克服。随着我国经济增长方式的转变，服务业的重要性日益凸显出来。餐饮业作为服务业的重要一部分地位也变得越来越重要，因此，餐饮服务业的职业发展前景也变得越来越好。在这种大的背景下，餐饮从业者应该对自己所从事的行业充满信心和决心，培养自己良好的职业素养。

2. 能协调和控制自己的情绪，保持良好的心境

人的情绪受人的意识和意志的控制。餐饮从业者要学会主动地控制自己的情绪，善于驾驭自己的情绪，做自己情绪的主人。当出现不良情绪时，可以用以下几种方法来进行缓解：

（1）合理发泄。发泄是指人在不能用行动消除不良情绪时，改用语言宣泄，以求得内心痛快的一种方式。发泄一般是在背地里或在知心朋友中进行。采取的形式是用过激的言辞抨击、抱怨恼怒的对象，或是尽情地诉说自己所认为的不平和委屈，等等。但需要注意的是，有不良情绪的人，欲采取发泄法来克服时，必须增强自制力，不要随便发泄不满或者不愉快的情绪。要采取正确的方式，选择适当的场合和对象。有的人不分时间、地点、场合，对着引起自己个快的对象大发雷霆，甚至采取违反道德、违反法制的攻击行动。这种直接发泄，常常引起不良后果。还有的人将不良情绪胡乱发泄，迁怒于人，找替罪羊。如在爱情上遭到挫折的服务员拿顾客出气；更有甚者，不管什么事，只要不合己意，便发牢骚，讲怪话，以此来发泄不满的情绪。这种发泄方法，不但于事无补，而且会影响团结、妨碍工作，对自己的成长和成熟也很不利。

（2）转移。转移是把隐藏在内心的不良情绪投射到他人身上，以求得解脱的一种心理现实。转移为什么能起到控制不良情绪的作用呢？心理学认为：在发生情绪反应时，大脑中心有一个较强的兴奋灶，此时如果另外建立一个或几个新兴奋灶，便可抵消或冲淡原来的中心优势。因此，当自己火气上涌时，有意识地分散注意力，或使情绪得到缓解。在服务过程中，与顾客发生争执是最不明智的做法，可以想办法转移自己的情绪，如想一些服务工作中愉快的事情，想一想如果自己图一时的痛快发泄了自己的情绪，那么对工作带来的严重后果是什么，等等。通过这样的转移，能够使自己特别激动的情绪得到控制或平息。

（3）自我控制。当遇到令人不愉快和使人生气的事情时，自觉地克制自己，忍受内心的痛苦和不快，不发表激动的言辞，不进行冲动的行为，这便是忍耐的

方式。忍耐虽不等于思想问题的解决，但可以防止过激的行动。人在挫折面前，应当以对事物的理性认识来控制个人的情绪。当忍不住要动怒时，要冷静地审察情势，检讨反省，考虑发怒的后果，寻找其他更为适当的解决办法。经过如此"反思"便能消除或减轻心理紧张，使情绪逐渐趋于平复。

（4）幽默。幽默是一种特殊的情绪表现。也是人们适应环境的工具。具有幽默感的人，生活充满风趣。许多看来令人痛苦、烦恼的事情，用幽默的态度去应付，往往使人变得轻松起来。幽默的人，不开庸俗的玩笑，更不随便拿别人开心，而是以机智的头脑、渊博的知识，巧妙诙谐地揭露事物的本质与不合理的成分，既一语中的，又使人容易接受。在一些非原则的问题上，宁可自我解嘲也不去刺激对方、激化矛盾。

（5）回避。如果事先预料到接触某人某事可能会引起不快，又不能解决问题，那么就先躲一躲，回避一下，这样矛盾就可以自行化解，如仍需要面对，等条件成熟后再予以处理。但是值得注意的是回避并不是完全逃避，对于服务工作中，有些情况下是必须直接面对的，就不能选择逃避的方式；否则，可能会更加引发客人的不悦，使事情的后果更加严重。

【复习思考题】

一、什么是情绪？情绪的基本分类有哪些？

二、顾客情绪的特征、情绪对顾客行为有哪些影响？结合实际谈谈，影响顾客情绪的因素有哪些？

三、概述从业者如何在餐饮服务中保持良好的情绪状态？

【拓展训练】

一、情绪稳定性测试

1. 看到自己最近一次拍摄的照片，你有何想法？
a. 觉得不称心　　　b. 觉得很好　　　c. 觉得可以
2. 你是否想到若干年后会有什么使自己极为不安的事？
a. 经常想到　　　b. 从来没想到　　　c. 偶尔想到
3. 你是否被朋友、同事、同学起过绰号、挖苦过？
a. 这是常有的事　　　b. 从来没有　　　c. 偶尔有过
4. 你上床以后，是否经常再起来一次，看看门窗是否关好、炉子是否封好等。
a. 经常如此　　　b. 从不如此　　　c. 偶尔如此

5. 你对与你关系最密切的人是否满意?

a. 不满意　　　　　　　b. 非常满意　　　　　　c. 基本满意

6. 你在半夜的时候,是否经常觉得有什么值得害怕的事?

a. 经常　　　　　　　　b. 从来没有　　　　　　c. 极少有这种情况

7. 你是否经常因梦见什么可怕的事而惊醒?

a. 经常　　　　　　　　b. 从没有　　　　　　　c. 极不

8. 你是否曾经有多次做同一个梦的情况?

a. 有　　　　　　　　　b. 没有　　　　　　　　c. 记不清

9. 有没有一种食物使你吃后呕吐?

a. 有　　　　　　　　　b. 没有　　　　　　　　c. 偶尔有

10. 除去看见的世界外,你心里有没有另外一种世界?

a. 有　　　　　　　　　b. 没有　　　　　　　　c. 说不清

11. 你心里是否时常觉得你不是现在的父母所生?

a. 时常　　　　　　　　b. 没有　　　　　　　　c. 偶尔有

12. 你是否曾经觉得有一个人爱你或尊重你?

a. 是　　　　　　　　　b. 否　　　　　　　　　c. 说不清

13. 你是否常常觉得你的家庭对你不好,但是你又确知他们的确对你好?

a. 是　　　　　　　　　b. 否　　　　　　　　　c. 偶尔

14. 你是否觉得没有人十分了解你?

a. 是　　　　　　　　　b. 否　　　　　　　　　c. 说不清楚

15. 你在早晨起来的时候最经常的感觉是什么?

a. 秋雨霏霏或枯叶遍地　　　　　　　　b. 秋高气爽或艳阳天

c. 不清楚

16. 你在高处的时候,是否觉得站不稳?

a. 是　　　　　　　　　h. 否　　　　　　　　　c. 有时是这样

17. 你平时是否觉得自己很强健?

a. 否　　　　　　　　　b. 是　　　　　　　　　c. 不清楚

18. 你是否一回家就把房门关上?

a. 是　　　　　　　　　b. 否　　　　　　　　　c. 不清楚

19. 你坐在小房间里把门关上后,是否觉得心里不安?

a. 是　　　　　　　　　b. 否　　　　　　　　　c. 偶尔是

20. 当一件事需要你作出决定时,你是否觉得很难?

a. 是　　　　　　　　　b. 否　　　　　　　　　c. 偶尔是

21. 你是否常常用抛硬币、玩纸牌、抽签之类的游戏来测凶吉?

a. 是　　　　　　　b. 否　　　　　　　c. 偶尔

22. 你是否常常因为碰到东西而跌倒?

a. 是　　　　　　　b. 否　　　　　　　c. 偶尔

23. 你是否需用一个多小时才能入睡,或醒得比你希望的早一个小时?

a. 经常这样　　　　b. 从不这样　　　　c. 偶尔这样

24. 你是否曾看到、听到或感觉到别人觉察不到的东西?

a. 经常这样　　　　b. 从不这样　　　　c. 偶尔这样

25. 你是否觉得自己有超越常人的能力?

a. 是　　　　　　　b. 否　　　　　　　c. 不清楚

26. 你是否曾经觉得因有人跟你走而心理不安?

a. 是　　　　　　　b. 否　　　　　　　c. 不清楚

27. 你是否觉得有人在注意你的言行?

a. 是　　　　　　　b. 否　　　　　　　c. 不清楚

28. 当你一个人走夜路时,是否觉得前面潜藏着危险?

a. 是　　　　　　　b. 否　　　　　　　c. 不清楚

29. 你对别人自杀有什么想法?

a. 可以理解　　　　b. 不可思议　　　　c. 不清楚

以上各题的答案,选 a 得 2 分,选 b 得 0 分,选 c 得 1 分。请将你的得分统计一下,算出总分。得分越少,说明你的情绪越佳,反之越差。

总分 0~20 分,表明你情绪基本稳定,自信心强,具有较强的美感、道德感和理智感。你有一定的社会活动能力,能理解周围人们的心情,顾全大局。你一定是个性情爽朗、受人欢迎的人。

总分 21~40 分,说明你情绪基本稳定,但较为深沉,对事情的考虑过于冷静,处事淡漠消极,不善于发挥自己的个性。你的自信心受到压抑,办事热情忽高忽低,瞻前顾后,踌躇不前。

总分在 41 分以上,说明你的情绪极不稳定,日常烦恼太多,使自己的心情处于紧张和矛盾中。如果你得分在 50 分以上,则是一种危险信号,你务必请心理医生进一步诊断。

二、问题情境

顾客大醉,损坏了地毯,还在大吵大闹,如果你是服务人员你会怎样处理?

【推荐阅读】

一、阅读《情感智力》。情商（情绪智力）是由两位美国心理学家约翰·梅耶（D. Mayer）（新罕布什尔大学）和彼得·萨洛维（P. Salovery）（耶鲁大学）在1990年首次提出的，用来描述对成功至关重要的情感特征。他们认为，高情商比高智商的人更容易获得成功。后来情商（EQ）概念被情商之父丹尼尔·戈尔曼（Daniel Goleman）的《情感智力》一书发扬光大，一度震动美国的每个角落，成为评价人的标准，培养孩子的指南。

情商（EQ）不像智商那样可通过测试计算出来，它是一种能力，一种自我管理情绪的能力。实际上个人如何自处（内在智商）及人际关系（外在智商）的训练是相当重要的。高德乐博士将个人如何自处及人际关系合称情绪智商（EQ）即情商，与智商（IQ）分别开来。1995年，美国心理学家戈尔曼对情商作了更明确的说明，他认为情商包括五个方面的能力：

1. 认识自身情绪

只有清楚自身的感觉和喜好，才能做适当选择，成功主宰生活。

2. 妥善管理情绪

人人都有情绪，情绪若随着境遇作相应的波动，是正常又合乎人性的。若情绪太极端化或长时间持续地僵化，当事人不能掌握调节情绪的方式，这个人便很容易被情绪所困扰。情绪化的人，不但事业不能成功，连正常的生活和工作也可能受影响。所以，明白情绪之后，也要懂得调理情绪。

3. 自我激励

人生不如意事，十常八九。人在不如意的时候，往往比刹那间的快乐更令人刻骨铭心、消沉意志。在失意时保持积极向上的思想，在冲动时能够克制、忍耐，保持沉着，有效分辨眼前享乐与长远成就，保持高度热忱，推动自己走向成功。

4. 认识他人情绪

知己知彼，百战百胜。如果有一颗体贴别人的同情心，能从不同参与者的角度看事物及设计行为方式，那么这个人的目光必定会更深入、更远大，也更容易找到合作的伙伴。

5. 人际关系的管理

人际关系就是管理他人情绪的艺术。可从人缘、领导能力及人际和谐度显示出来。能与其他人合作，取用其他人的资源，成就自然无可限量。

从以上说明我们可以看出，情商是良好的道德情操，是自我激励，是持之以恒的韧性，是同情和关心他人的善良，是善于与人相处，把握自己和他人情感的能力，等等。简言之，它是人的情感和社会技能，是智力因素以外的一切内容。

二、阅读《微笑力——如家创造卓越服务的方法》（汪若菡，朱瑛石著，中信出版社，2010年10月出版）。

本书的两位作者对如家酒店进行了深入的调查研究，用大量来自一线员工的故事揭开了如家酒店保证高品质服务的秘诀。书中提出了一个全新的概念——微笑力，即为顾客提供个性化卓越服务的能力。本书不仅揭示了微笑力的奇妙，还能教会读者如何让自己拥有微笑力的能力，这是一本开启全新体验之门的书。

第六章　餐饮个性心理

对别人的意见要表示尊重。千万别说："你错了。"

——卡耐基

作为餐饮从业者，当我们工作的时候，我们就不再是自己，而是训练有素的职业人，标准化的服务流程约束着每个服务员的行为；当我们为客人提供服务时，客人不再是普通人，而是带着不同期待和要求的"上帝"，每个上帝都有脾气，没有两个完全相同的客人。

 学习与行为目标

1. 了解个性、气质、智力、性格的基本含义
2. 掌握不同个性特征客人的行为特点
3. 能够应用恰当的服务原则

个性，也就是心理学著作中所说的人格。这一词来源于拉丁语（Persona），是指演员舞台上戴的面具，代表剧中人的身份。之后被心理学引用，把人在人生舞台上扮演的角色行为，看成是个性的表演。在社会文化环境的要求下，人们常从自身中筛选出可以表演的部分，类似于角色扮演。

怎样把握好消费者的个性特征及其与消费的关系，既是了解消费者消费行为方式、做好餐饮消费服务的需要，也是了解消费客源分布情况、合理开发消费资源、正确设计消费项目的关键。

第一节　消费者的个性心理特征

我们认为可以把个性定义为：个性是指一个人整个的、本质的、比较稳定的意识倾向性与心理特征的总和。人的心理过程包括：认知、情感和意志三个过程。这三个心理过程的稳定的倾向性和特征构成了一个人的心理全貌，构成了一个人的个性。个性包含了两个相互联系的部分：一是个性倾向性，即心理过程的倾向性，指一个人对客观事物的意识倾向性，包括兴趣、爱好、需要、动机、信念、理想等；二是个性的心理特征，即心理过程的特征，主要包括气质、性格和能力。本章主要讲述个性的第二部分，即个性的心理特征问题。

一、气质概述

1. 气质及类型

气质这一概念与我们平时说的"脾气"、"性情"或"秉性"相近似，是指个人的心理活动和行为在动力方面的特征，是情绪和活动发生的速度、强度、持久性、灵活性和指向性等方面的特点。其中心理过程的速度指知觉的速度、注意力集中的时间长短、思维的灵活度等；心理过程的强度指意志力的大小、情绪体验的强弱等；心理过程的指向性包括指向于外部事物和指向于内部事物。从人的活动过程就可以发现，有的人表情外露，有的人表情不外露；有的人情绪发生快，有的人情感易变；有的人动作敏捷，有的人拖拖拉拉；有的人活泼好动，有的人安静呆板，等等，这都是对不同的气质特征的描述。每个人生来就具有一种脾气禀性，也就是气质。有某种气质类型的人，常常在内容很不相同的活动中都会显示出同样性质的动力特点。比如，一个人具有活泼好动的气质特征，这种气质特点会在参加当众演讲、参加体育比赛和日常交往活动等各种活动中表现出来。一个人气质特点不依活动的内容而转移，仿佛使一个人的全部心理活动都染上了个人独特的色彩，表现出一个人生来就具有的自然特性。

一个人的气质，具有极大的稳定性，它与先天因素有关，具体地说，是与人的神经系统的类型有关。但也不能一概而论，人可以通过培养好的个性去掩蔽气质的不足。

2. 不同气质的行为特征

根据人类高级神经活动的强度、平衡性和灵活性，可以划分出四种神经类型，每一种神经类型对应地形成一种气质类型，不同气质类型的人有着各不相同的行为特征（如表6-1所示）。

表6-1　根据神经类型划分的气质类型及其行为特征

神经类型	气质类型	行为特征
强、不平衡型	胆汁质	直率，热情，精力充沛，情绪易冲动，心境变化激烈，外倾
强、平衡、灵活型	多血质	活泼好动，敏感，反应迅速，爱与人交往，注意力易转移，兴趣易变换，外倾
强、平衡、不灵活型	粘液质	安静、稳定，反应迟缓，沉默寡言，情感不外露，注意力稳定，善于忍耐，内倾
弱型	抑郁质	孤僻，行动迟缓，情绪体验深刻，善于觉察细小事物，内倾

气质类型本身没有好坏之分，各种气质类型都有积极和消极的一面。例如，胆汁质的人热情、爽朗、富有进取心，但容易冒失、暴躁、粗心；多血质的人感情丰富、活泼、机敏、有同情心，但容易轻浮、不踏实、见异思迁；粘液质的人沉着、冷静、坚毅、实干，但容易冷漠、固执、拖拉；抑郁质的人感情深刻而稳定、细心、守纪律，但容易多疑、怯弱、缺乏自信心，并且爱疲劳。我们要注意发展气质积极的一面，而抑制其消极的一面。

二、能力概述

要了解消费者的能力就要首先理解能力的含义及类型，继而才能掌握能力对消费行为的影响。

能力是指能够顺利完成一定活动所必需的直接影响活动效果的本领。它包括完成一定活动的具体方式以及顺利完成一定活动所必需的个性心理特征。例如，从事音乐活动既需要掌握视唱练耳、演奏等具体活动方式，又需要形成曲调感、节奏感、音乐表现力、音乐感染力等个性心理特征。

能力总是和具体的活动联系在一起，只有通过某种特定的活动才能了解和发现人的能力。但并不是所有活动中表现出来的心理特征都是能力，只有那些直接影响活动效率，使活动的任务得以顺利完成的心理特征才是能力。例如，安静、活泼、沉着、谦虚、暴躁、骄傲等心理特征，虽然这些心理特征和活动能否顺利进行有一定的关系，但它们与活动没有直接的联系，因而不能称为能力。

一般来说，要顺利地完成某项活动，只具备某一种能力是不能胜任的，需要各种能力的结合，心理学中把各种能力的完备结合叫做才能。

三、性格概述

性格是人对现实的态度和行为方式中的比较稳定的心理特征的总和。它在人的个性中具有核心意义，人的个性差异首先表现在性格上。

人在社会化的过程中，逐渐形成了对现实的稳定的态度，如对生活、工作、朋友等，同时也养成了若干行为习惯，如慷慨、吝啬、认真、马虎等。人对现实的稳定态度体系和与之相适应的习惯性的行为方式的独特结合，就构成了一个人区别于他人的独特性格。恩格斯说："人物的性格不仅表现在他做什么，而且表现在他怎么做。"这话精辟地指明了性格的完整含义，"做什么"反映了人对现实的态度，"怎么做"反映了人的行为方式。

性格作为人的比较稳定的心理特征，有两方面的含义：一方面，性格是在长期生活实践中形成的，比较稳定；另一方面，这种比较稳定的对现实的态度和行为方式贯穿在人的全部行为活动中，在类似的甚至在不同的情境中都会表现出来。例如，一个人具有诚实的性格特征，但经常表现得并不这样，那么就不能说他是一个诚实的人。只有那些经常的、能从本质方面表现一个人个性的性格特征，才具有性格的意义。由于一个人在生活实践中形成的对现实的态度和行为方式具有稳定的倾向，就能预见他在某种情况下将会如何行动。

第二节　消费者个性与餐饮服务

一、气质与餐饮消费行为

在消费活动中，客人的不同气质会通过他们的言行举止表现出来。分析不同气质类型客人的消费行为，有助于进一步了解客人，并根据他们各自的气质特点做好消费服务工作。

1. 胆汁质型

这种类型的消费者喜、怒、哀、乐表露于外，喜欢与人交往，讲话、办事的速度比较快，精力充沛，动作敏捷而有力，活动积极，有独立见解，给人以热情果断的印象。在活动过程中总爱走到别人的前头，并表现得非常活跃，对消费活动的气氛有着直接的影响。这种类型的消费者比较直率，如果发现一些令自己不满的事情或遇到自己不顺心的事会不顾情面、不顾场合地讲出来；他们在就餐中常被服务员生动的讲解、有趣的故事所吸引，并不由自主地发出赞叹的声音打断服务员的讲解，有时又会不假思索地提出一些问题去打断别人的讲话；他们排队、等车、等飞机或在旅馆等办手续、在餐厅等结账的时候，往往比其他客人显得更不耐烦；他们往往很粗心，容易遗失东西，如丢失照相机、手提包、钱包等物品。

在消费服务工作中，对待胆汁质的客人应当注意避免激怒他们，不要计较他们一些不考虑后果的冲动言语。一旦发生冲突，服务人员要主动退让，找到合适的处理方式。应当尽可能迅速地为他们办理入住手续、餐厅结账等事情，并适时提醒他们不要遗留物品。

2. 多血质型

多血质的消费者活泼好动，易于适应环境的变化，他们一般喜欢新奇、变化大的活动，不喜欢长时间地沉浸于某种单一的消费项目之中，尤其是那些只需静观而无须参与的项目。他们喜欢与人交往，热情大方，喜欢讲话，常主动与服务人员攀谈；他们很快与人熟悉，能够替别人着想，愿意帮助别人，容易获得别人的好感，但这种友谊常常多变，不深厚，有时显得浮躁，给人轻诺寡信、见异思迁的感觉；他们活泼好动，不喜欢循规蹈矩，对各种新闻均感兴趣；他们反应快、理解能力强，显得聪明伶俐，常能机智地摆脱困境；他们对某人某事喜欢或讨厌时，旁人一下子就可以从其面部表情看出；他们在多数情况下显得非常乐观，经常处于愉快的心境当中，但看到使人感动的场面时，又会情不自禁地流起泪来。

在消费服务工作中，对待多血质的客人应当同他们交谈，不能不理睬他们，在与他们谈话中不应有过多的重复，否则他们会不耐烦。在餐厅应给他们介绍新款式的菜肴，每天的食谱应有变化。还应主动向他们介绍宾馆里的娱乐场所，满足他们喜欢活动的特点。

3. 粘液质型

粘液质客人的基本特征是安静、反应缓慢、稳重、沉默寡言、情绪不易外露、注意力稳定但难以转移到其他事务上、善于忍耐，等等。他们凡事力求稳妥，深思熟虑，一般不做无把握之事，在各种情形下都表现出较强的自我克制能力；他们外柔内刚，沉静多思，很少流露出内心的真情实感；与人交往时态度持重、适度，不卑不亢，不爱抛头露面和空泛清谈；他们行动缓慢而沉着，有板有眼，严格恪守既定的生活秩序和工作制度；他们很乐意从事一些变化不大、相对稳定、需要付出一定意志去努力的消费活动；但他们过于拘谨，不善于随机应变，有墨守成规的表现，常常是固定性有余，灵敏性不足。在消费过程中，他们一般喜欢清静的环境，生活有规律，购买消费产品或服务时总是反复比较斟酌，常常是热点餐食的消费者。他们很少主动与人交谈，交谈起来很少滔滔不绝。常常使人觉得不易打交道，难以接近；他们的情感一般很少向外流露，面部表情不丰富，不易受感动；很少大声谈笑，讲话慢条斯理，显得深思熟虑；他们很少发脾气，自制能力很强，讲话做事总是不慌不忙，力求稳妥；他们反应慢，在听服务员讲解或介绍时，总是希望别人讲话慢一点或多重复几次；他们的注意力稳定而不易转移，对新环境不易适应，但一旦适应了又非常留恋，选择房间时经常提出再住以前曾住过的楼层，到餐厅就餐也喜欢吃熟悉的食品。

在消费服务工作中，对待粘液质的客人应当尽量选择一些较为安静的房间或者区域，不要安排靠近电梯旁和附近有很多青年人或有小孩吵闹的地方。服务员向他们作介绍或交代事情时，讲话应当慢一点，在重要之处还要重复一下。活动内容不宜过多过紧，劳逸结合。在他们点菜或选购商品时，应当允许他们作稍长时间的比较、考虑，不要急于催促。

4. 抑郁质型

抑郁质的客人常常性情孤僻，多愁善感，行动迟缓，善于观察别人不易觉察到的事物。这类气质的消费者在生理上难以忍受或大或小的神经紧张，厌恶那些强烈的刺激，例如，尖叫、流血、恐怖镜头等。他们感情细腻而脆弱，常为区区小事引起情绪波动；他们极少表露自己的情感，但内心体验却相当强烈，即使有很多情绪波动，也尽可能克制自己，心里有话宁愿自己品味，不愿向别人诉说，容易生闷气；与人交往时显得腼腆、扭怩，在陌生人面前很拘束，喜欢一人独处；但如果在一个团结友爱的群体中，可能是一个极易相处的人，尤其能善于周到地领会别人的意图，觉察到别人不易觉察的细小事物和微弱变化；他们对消费项目、消费方式的选择常常具有传统的、习惯的倾向，只喜爱自己比较熟悉的、比较安全的消费项目；对于新开辟的消费场所、新的消费项目不大感兴趣，对力所能及的活动也乐于参加，对那些刺激性强、有危险的项目则十分讨厌，有强烈的自我保护意识；他们遇事要三思而行，因此显得迟缓和刻板。在消费过程中，常比别人更感疲倦，遇到困难时常表现出怯懦、自卑和优柔寡断；他们在碰到失败或挫折时内心往往感到非常痛苦，遇到兴奋或伤心的事情容易失眠；他们讲话慢，有时向人作解释说明过多，做事审慎小心。

在消费服务工作中，应当注意十分尊重抑郁质的客人，并需主动关心他们。对他们讲话要清楚明了，绝对不应与他们开玩笑，以免引起误会和猜疑。当他们遗失物品、生病或出现其他意外情况时，应当特别注意关心、帮助并想办法安慰，使之感到温暖。在听他们吩咐事情时，要耐心听完，不耐烦的表情会使他们再也不愿说出来。

二、能力对消费者行为的影响

在消费活动中，消费者要顺利完成自己的购买行为，买到满意的消费产品，必须要具备各种能力，其中主要是对产品的感知、记忆、辨别能力，对信息的综合分析、比较评价能力，购买过程中的选择、决策能力以及鉴赏力、对自身权益的保护能力等。这些能力是消费者实施消费活动的必备条件。不具备这些基本能力，任何购买和消费行为都将受到影响。而基本能力的高低强弱会直接导致消费行为方式和效果的差异。

1. 感知能力

感知能力是消费者对产品的外部特征和外部联系加以直接反映的能力。感知能力的差异主要体现在速度、准确度、敏锐度上。一般来说，感知能力（或称观察力）比较强的消费者，能够迅速地注意到自己关心和需要的产品信息，在琳琅满目的产品中很快找到自己感兴趣和想购买的东西，而且对产品观察得比较仔细；而感知能力差的消费者对相关产品信息反应比较迟缓，面对各种各样的产品，有些不知所措，一时不知到哪里去寻找自己所需的产品，对产品的观察也比较粗糙，不会从产品的各种属性和特点的联系上认识产品。感知能力的好坏还同消费者的知识、经验有着密切的关系，丰富的知识、经验有助于一个人观察能力的提高。

2. 分析评价能力

分析评价能力是指消费者对接收到的各种产品信息进行整理加工、分析综合、比较评价，进而对产品的优劣好坏作出准确判断的能力。有的消费者思维的独立性、灵活性和抽象概括力很强，能够根据已有经验判断传播源的可信度、他人行为及消费时尚、企业促销手段的性质、对产品的真伪优劣等做出客观的分析，在此基础上形成对产品全面的认识，对不同产品之间差异的深入比较，以及对现实环境和自身条件的综合权衡等；有的消费者则缺乏综合分析能力，难以从众多信息中辨伪存真，不能迅速作出清晰、准确的评价判断。

3. 选择决策能力

选择决策能力是指消费者在经过一定的观察、识别以后，是否购买作出决断的能力。一个决断力强的消费者，在对产品进行观察和抉择后，往往显得自信而坚定，自主性高，能够按照自己的意志独立做出决策。而决断能力差的消费者，面对众多的产品往往表现出犹豫不决，乐于接受现场销售人员的建议或他人的左右，无法迅速、果断地做出正确的决策。

4. 鉴赏力

鉴赏力是指消费者对产品的评价和对消费资源的审美能力。这是一种较高层次的能力，它是建立在后天学习和自我美学修养基础之上的一种能力。一个消费者审美和鉴赏力的高低将直接影响其消费收获的大小及对消费资源的感受。知识丰富、阅历深广的人，在消费中能全面而深刻地认识审美对象，不仅能充分感受到眼前景物的美，还可浮想联翩，乐趣盎然。而鉴赏力不强的客人，面对景物或商品，只能说"好看"而已，其感受远没前者那么丰富。

5. 消费者对自身权益的保护能力

由于方方面面的原因，目前我国的消费市场仍不尽成熟完善，侵犯消费者权益的事件时有发生，消费者投诉也时有发生。因此，为了保证消费者的权益不受侵害，除依靠政策法令、行政监督、社会舆论的约束监督外，客观上要求消费者自身不断提高自我保护的能力。首先要知法、懂法，明白自己的权利权益。其次，应当善于运用有效手段来维护自己的合法权益，当自身利益受到损害时应当采取积极有效的措施来维护自身利益。出现问题时，懂得利用多种手段与生产者、经营者进行有效的沟通，力争使问题、矛盾得到根本的解决。当矛盾严重升级时，可诉诸法律，寻求有效保护，挽回利益损失，从而有理有力地维护自己的正当权益和尊严。

三、性格类型与消费行为

性格类型是指一类人身上所共有的性格特征的独特组合。有不少心理学家对性格类型进行了分类，但由于研究对象本身的复杂性，至今仍然没有公认的统一的分类。这里介绍几种与消费行为相关的分类。

1. 理智型

理智型即依据人的理智、意志和情绪三种机能所占优势情况确定的性格类型。

理智型的人，常从理智的角度来考虑问题和解决问题，并用理智来控制自己的行为。具有这种性格的客人，其消费行为往往受其理智支配，是否消费，选择何地消费，是否购买消费纪念品，往往是经过慎重考虑，反复权衡各种利弊因素之后才决定的。在现实消费活动中，理智型客人不容易受各类低价广告的蛊惑而盲从，常常根据自己获得的信息和个人的条件进行冷静分析，得出是否真正便宜的结论，经过这一系列活动后，才做出是否消费的决定。不仅如此，这种类型的客人对消费中出现的问题，总能以理智的尺度来衡量，讲道理，爱思考。

情绪型的人，情绪体验深刻，言行易受情绪的左右，处理问题喜欢感情用事。他们的消费行为一般是在喜欢、感兴趣等各种感情支配下进行的，可能受自己或其他人过去消费经验的影响，也有可能是受商业广告的影响，因而显得幼稚，缺乏合理性。在消费中为了满足个人感情的需要，他们常常进行超出自身条件的消费，乐于参加自费消费项目。他们喜欢参加具有多样性、趣味性的活动，喜欢带来强烈情绪震撼的项目，如浪漫、感伤、高兴等，不喜欢单纯的用餐消费。他们感情形成的时间可能较长，也可能较短，并较为外露。

意志型的人，意志机能非常突出，其行动通常具有明确的目标，并积极主动去解决问题，办事比较果断。意志型的客人属于善于制定外出用餐计划，并坚持执行计划的人。如果执行计划的过程中遇到困难，他们也不肯轻易后退，而是迎难而上，想办法实现自己的预定目标，比较执着。他们对那些目标明确，需要付出艰辛努力并能发挥个人能力的挑战性消费活动感兴趣，不喜欢漫无目标、轻而易举就能完成的消费活动。

2. 独立型和顺从型

这是按照人的独立性的程度来划分的。

独立型的人，其独立性强，不易受外界的干扰，善于独立的发现问题，并能独立地解决问题，在紧急情况下不慌张，态度从容，想方设法克服困难。这种性格类型的客人，在消费活动中处于主动地位，有较强的自信心，不盲从，喜欢单独性的活动，即使参加团队消费，也喜欢大部分的消费活动与时间由自己支配。他们善于独立思考，遇事镇静，出现意外事件也不慌乱。

顺从型的人，其独立性较差，易受暗示，容易不加批判地接受别人的意见，人云亦云，按照别人的意见办事，在紧张困难的情况下，常常表现得惊慌失措，难以应付局面。这种性格类型的客人，更愿意接受随大流的消费，依靠服务员的指引完成各类活动。这类客人依赖性强，没主见，喜欢模仿其他客人的做法，需要服务员能把一切都为他们安排妥当，并渴望更多的关注和同情。

3. 外向型和内向型

这是按个体的心理活动倾向于外部或倾向于内部来划分的。

外向型的人，性格外向，情感容易流露，活泼开朗，好交际，思想活跃，对外界事物比较敏感，适应新环境的能力强。具有这种性格类型的客人，易于接受新鲜事物，他们喜欢参加各种消费活动，喜欢主动与其他客人交往，认为消费除了休息和放松之外，还应该把它看成是扩大交往范围、结交新朋友的良好时机。在消费活动中是非常积极的人，并且笑口常开，与服务员和同伴都能很好地相处。他们喜欢较大活动量的消费项目和一般性的消费设施，对消费日程和内容只愿做一般性安排，乐于留有余地。由于他们能很快适应消费环境的迅速变化，所以迎接难以预料的事物和在陌生之地的复杂经历是消费的乐趣所在。

内向型的人，性格内向，比较沉静，不爱交际，做事谨慎，深思熟虑，反应缓慢，适应环境也比较困难。具有这种类型的消费者，乐于选择正规的消费场所和习惯稳妥的消费项目，希望全部日程能事先安排好，在消费目的选择上大多是与家人朋友在一起。他们不愿意冒任何风险，对广告所宣传的消费活动一般均持怀疑态度。在消费活动中尤其是群体性聚餐时，不爱和别的客人交往，喜欢独处，显得不合群，出门消费顾虑较多。

四、餐饮从业人员的个性品质

在服务工作中，餐饮服务是个特定职业，对从业人员的气质有特殊的要求，主要有三点。

1. 从业人员的气质要求

（1）感受性、灵敏性不宜过高。感受性是指外界刺激达到多大强度时，才能引起人的反应。灵敏性是指人的心理反应的速度和动作的敏捷程度。

在就餐服务活动中，服务员的服务工作是处在一个经常变换的活动空间，需要与各种类型的客人发生频繁的人际交往。面对不断变化的环境与各种类型的客人，如果就餐服务人员感受性过高，稍有刺激就引起心理反应，势必会造成精力分散，注意力不集中，影响服务表现。相反，如果感受性太低，对周围发生的一切现象熟视无睹，看不到客人的要求和变化，容易怠慢客人，导致主客之间的矛盾发生，降低服务员在客人心目中的形象，使客人对服务工作及整个就餐过程产生不满。为此，要求服务员的感受性不能过高。而为了保证服务员能处在一个热情饱满而有序的工作状态之中，面对复杂多变的客人还必须具有一定程度的灵敏性，不宜过高，也不宜过低。如果灵敏性太低，反应速度就会太慢，易延误服务时机，使客人感到受冷落。如果服务员过于灵敏，反应速度过快，又会使客人对服务员产生不稳重或过急的感觉。因此，餐饮服务人员的灵敏性，应保持在正常的灵敏性范围内。

（2）忍耐性强并善于维持情绪兴奋性。在服务员服务工作中，服务员所从事的工作与一般工作不同，客人总是处在不断变化之中，然而服务工作内容基本上是长年不变的。按照单一性与复杂性需要平衡理论，持久的、重复性高的单一性工作必然会使人产生厌倦，渐渐失去工作热情，不愿再继续承受这种工作。然而一批批新客人的期望不变，客人带着好奇心和高昂的热情，希望看到服务员出色的讲解和优质的服务。这就要求服务员必须具有克服巨大心理压力的本领，掌握调整情绪兴奋性的本领，每每用激情感染客人。

餐饮企业的规范和职业角色，要求服务员应善于克制情绪，能忍耐客人大大小小的要求，甚至无理取闹，冷静、果断又耐心、细致地处理各种突发事件，不受不良情绪的干扰。所以，忍耐性强也是从事服务员工作的优势之一。我们很少看到服务员在客人面前高兴起来手舞足蹈，生起气来暴跳如雷的情形，而大多呈现出稳重和彬彬有礼的表现。尤其在发生问题时，服务员大多都有较强的自制能力，这既有涉外工作礼貌、礼仪的要求，又有长期从事餐饮工作所养成的习惯。

（3）可塑性要强。可塑性是指服务人员对服务环境中出现的各种情况及其变化的适应程度。众所周知餐饮服务工作没有固定模式，总是因人因事而异。由于餐饮服务工作的性质、任务、特点，就要求服务员必须在不停地"动"，尤其在服务员单独负责包间或大型宴会时，人员、环境不断变换，服务员不仅要勤快，而且要灵活、反应快，并进行广泛的人际交往，以适应工作的需要。长期的工作实践，使服务员具有很强的适应能力，具有转换灵活和交际广泛的特点。为此，服务人员若没有较强的可塑性就很难适应不同客人的需要。

2. 餐饮从业人员的性格

性格是指一个人在个体生活中所形成的、稳定的对现实的态度以及与之相适应的习惯化了的行为方式。虽然各种不同性格的人都有可能做好服务工作，但具有谅解、支持、友谊、团结、诚实、谦虚、热情等良好性格特征的服务人员，能够与客人建立和谐的人际关系，保持最佳的服务状态，使客人感到亲切，乐意接受其服务。如果服务人员对人冷淡、刻薄、嫉妒、高傲，就容易导致人际关系紧张，工作热情降低，使客人产生不满。

在实际的餐饮服务工作岗位上，由于具体工作不同，其性格要求亦有所差异。客房服务员应具有缄默孤独、勇于负责、自律严谨的性格特征。餐厅服务员应具有热情外向、顺从、敏感、安详、沉着有自信、当机立断的性格特征。从事保管工作的服务员应具有负责、自律、严谨、现实、合乎成规、心平气和的性格特征。一般来说，人们都喜欢与精神饱满、开朗大方的人打交道。大多数人的脑子里对服务员的形象都有一个大致的期待：外向、亲和、见多识广、热情。此外，餐饮业服务员还应具有乐观外向、勇于负责、冒险敢为、幻想、自立、当机立断的性格特征。当然，最好的服务员应该是这些个性特征的综合，充满魅力，使客人乐于接近。以下对服务员的要求仅供参考：

（1）热情真诚。服务员的热情表现在充满激情的待人和宾至如归的服务中。只有对服务的内容和就餐者都充满激情，才会讲解得生动、幽默、引人入胜，使身处其中的客人兴趣盎然、如沐春风。这种激情不仅使就餐者的就餐经历更加精彩，而且能使服务员和客人从身心疲劳的状态中振作起来。

热情和真诚是不容易装出来的，客人可以分辨出来。当服务员对他的客人充满热情的时候，他的真诚也会感染客人，在客人心目中留下"此人可以信赖"、"我想接近这个人"的印象，使客人本能地接近并相信热情真诚的服务员，乐于与诚实开朗的服务员相处。热情和真诚是构成"晕轮效应"的特征之一，会给服务员罩上一层可爱的晕轮，使客人更加喜欢服务员的一言一行。

（2）亲切随和。服务员工作负责接待来自四面八方的陌生人并为他们提供全程就餐服务。在客人心目中，服务员既是提供服务的服务人员，也是他们在陌生环境的引路人。他们希望服务员有求必应、无所不知。当服务员给人以亲切、开朗、舒服的感觉时，就会在很短的时间内使其与客人建立起良好的关系，客人更愿意向这样的服务员寻求帮助。服务员的工作对象性格各异，服务员人员要做一个随和、合群的人，才利于与各种人打交道。

（3）乐观自信。在就餐活动中随时会遇到各种问题，如客人较多、上菜较慢等，服务员作为客人的主心骨，要用乐观的态度去面对麻烦，积极应对，冷静处理，而不是愁眉苦脸、唉声叹气。如果遇到困难时，服务员气馁放弃，会使客人更加心烦意乱、不知所措。服务员的乐观积极会感染客人，使大家心情舒畅。

在工作中服务员要对自己充满信心。自信使服务员能够果敢、有效地履行自己的职责，能灵活地为客人提供服务，成功地解决问题。同时服务员的自信也能使客人感到可以信赖，可以依靠，给客人以安全感。

（4）幽默开朗。幽默是人际关系的润滑剂，能变紧张为轻松，化干戈为玉帛。幽默会使我们的威望提高，增加吸引力，拓宽人际关系；幽默可以缓和紧张而严肃的气氛，造成轻松而愉快的感觉；幽默能表达某些不便明确说明的意思，增强语言的委婉和含蓄；幽默有助于摆脱尴尬境地，由山重水复疑无路，进入柳暗花明又一村。有幽默感的人能够活跃气氛，让人们觉得轻松自在，更有默契，拉近彼此的心理距离。由于人们喜欢通过就餐放松身心，所以客人通常都欣赏那些为就餐带来欢笑的服务员。幽默能让就餐中不可避免的小故障变得好笑，而不会让人觉得烦心或不悦。

我国的一些服务专家曾经为服务员规定了十方面的条件和十方面的修养，但国际上的服务专家看了，都异口同声地要求增加一条，那就是"服务员一定要幽默"。可见，幽默开朗的服务员格外受客人的欢迎和欣赏。当然，幽默也要恰当合适，如果"幽默的话说得不好，很容易变成友谊的致命伤"。无论用哪种方法都应注意，不要拿人取笑。如果企图拿一些老实巴交的人、有生理缺陷的人、犯了错误的人、调皮捣蛋的人穷开心，那就容易造成彼此间的对立，伤害对方的感情，对本来可能是正常的人际关系带来消极的影响。第二切忌格调低下，不能使用脏话、粗话、色情话引人发笑，这些都与幽默背道而驰。

（5）守信自律。服务员与就餐者之间建立良好人际关系的前提是信任，而信任的基础是服务员言而有信、行为自律。服务员要求客人做到的事，自己首先应该做到。如果服务员工作时经常迟到、不按规范提供服务，会使客人感到权利被侵犯了，自然不愿配合服务员的工作，导致关系僵化，使正常的工作无法开展。就餐者出门就餐时希望体验到餐饮企业无微不至的服务，且他们又为此付出了经济代价，所以会很在乎服务员的时间观念和服务质量。

说到做到需要很强的自律性，也体现出一个人的综合修养。比如服务期间不酗酒、不在无烟室内抽烟、不乱丢垃圾等，看似小事，却反映出一个人的修养。对于生活缺乏自律的服务员，客人往往不容易信任。

五、为客人提供个性化服务，提高服务水平

时代和市场在突飞猛进地发展着，酒店餐饮业的服务也要不断进步才能适应

客人日新月异的要求，只有不同于其他行业的差异性服务，让顾客在独特服务中能得到一种在其他店家没有的满足感和自豪感，才能给供给服务的酒店留下特殊深刻的好印象，赢得顾客的再次光顾。

1. 建立顾客信息库

在当今社会，每个酒店或者餐饮机构都应建立自己特有的、信息全备的顾客信息资料库，为的是能够更加充足地收集顾客资源，成为餐饮企业充分了解不同顾客的不同种类需求，进而提供个性化服务的平台。比如服务员可记下客人的相貌特征、用餐偏好，尽可能地在其下次光临时，认出该顾客，并准确地称呼，让顾客感受惊喜，同时有宾至如归的亲切感。还有，信息资料中心可对顾客的生日、地址、口味、喜爱的菜、喜好的颜色、兴趣爱好等资料进行归类储存，遇到节日或某纪念日时给客人发一封该酒店或餐馆所属的实物贺卡或电子信件，而当顾客再次光顾餐厅时也能为其提供全方位的个性化服务。

2. 提供个性化餐位

餐厅的顾客有多种类型，大多只是普通用餐，但仍不乏比如生日聚会、家庭聚会、朋友或情人间的聚餐等这些具有独特氛围的用餐。因此，餐厅要能根据所光临客人的构成及其特点准备具有特色的席位，且仅为成年顾客提供个性化餐厅和餐位还不够，比如在家庭聚会上，还要考虑随父母一起来用餐的小孩们，餐厅不论是出于安全考虑还是为了营造更加温馨的用餐环境，都应主动为这些小客人准备童椅、垫高座等，提供儿童饮料以及一次性的儿童用餐围兜。

3. 提供个性化菜单

菜单向顾客传递的不仅仅是菜品、酒水等信息，还需要让顾客从菜单的整体设计和整体信息的获取上感受到酒店独特的服务气息和文化品位，也是顾客在酒店用餐的主要参考资料。因此菜单的印刷不但要精美，而且还需要独具匠心的设计，这样的菜单更能体现个性化的服务，比如午餐内页争取每天更换，加入日期、节日、例汤、当日特价菜以及问候语等，顾客就能感受到最新的、不断变化的服务。再如，对特色顾客使用专门的菜单，主要是对举办特别聚餐活动的顾客，餐厅要做好有祝福话语的个性化菜单。

4. 提供情感服务

超前意识服务，顾名思义就是凡事都要想在客人之前，凡事都要做在客人之前。情感服务所包含的主要内容有超前意识服务、超值服务和超质服务等。在客人需求和服务生实施服务行为之前有一个时间差，在这段时间差中需要服务人员全身心地投入到为客人服务中。这不仅仅是宾客意识下的主动服务，更是酒店服务的高水准体现。超值服务的体现是，服务人员在工作范围以外收取服务费用，本应客人做的事情由服务人员代劳。超值服务体现了酒店在一定的服务需求基础之上增进的一种或多种附加值，令客人在享受酒店服务的同时引起精神和心灵上的共鸣。

5. 宴会的个性化服务

现今几乎所有的大酒店都设立了专门提供宴会服务的专家管理团队，而个性化也是宴会服务的趋势。随着科技的进步，科技在宴会的模拟设计方面的应用也越来越多，比如某些大酒店能把所有的会议形式做一个模拟图，在电脑上模拟宴会或者会议的实景，能迅速根据顾客要求设定并不断调整整个平面布置图。在主题宴会设计方面，可以根据不同的顾客要求加入更多的进场设计和情景设计，让顾客有一个身临其境的体验。在宴会期间，各种人性化服务也是随处可见，比如茶歇，根据不同的参会人员甚至会议内容会有多种风格的茶点，也可以根据不同的场地，选取不同的组合方式。

【复习思考题】

一、个性是什么？

二、不同气质类型的消费者具有哪些行为特点？

三、结合个人的就餐经验，谈谈你希望遇到什么样的服务人员？

【拓展训练】

案例：品尝精美菜肴，要因人而异

一次导游员带来来自欧洲的游客到餐厅用餐，服务人员兴致勃勃地向游客推荐了该餐厅一道名菜——活鱼活吃："那烧好的鱼端上来时，嘴巴和腮还一张一张的，直到你把它的肉吃完。这可是本餐厅厨师的一手绝活！"游客一听非但不领情，还正儿八经地提出了抗议，结果不欢而散。原来西方人向来不能容忍残害动物的行为，有法律明文规定不能虐待动物。

试从餐饮价值观的角度分析客人为什么拒绝餐厅提供的食物？

【推荐阅读】

一、阅读《人生必去的餐厅》（蔡澜，山东画报出版社）。

名餐厅的定义是什么？应该备有何种条件？总括来说，还是至少要经过时间的考验。一家及格的餐厅，最少得经营一二十载，《人生必去的餐厅》介绍了欧洲及欧亚地区、美国、加拿大、澳大利亚、日本、韩国、中国、新加坡、马来西亚、泰国、越南、柬埔寨有名的餐厅。

二、阅读《如何经营一家最赚钱的餐厅：运营情景分析训练全集》（曹慧莉，化学工业出版社）。

本书分为六篇，涵盖客户管理、员工管理、设施管理、物流管理、财务管理、品牌管理六个方面。将每篇细化为餐厅经营中经常会碰到的一个个情景。每一种情景首先讲述一个餐厅经营中的典型负面案例，从发生在餐厅中的真实镜头出发，让读者仿佛置身于餐厅之中。然后对该负面案例进行诊断分析。告诉餐厅老板们更多有关经营一家最赚钱餐厅的技巧。

三、阅读《服务从心开始：服务业达人的50句职场箴言》（【日】林田正光著，杨威威译，南海出版社）。

本书揭示了日式服务的内涵。

第七章　餐饮群体心理

告诉我你平时吃什么，我就能说出你是怎么样的一个人。

——布里亚·萨瓦兰

民以食为天，吃饭、用餐是我们每天必做的一件事。任何一个餐饮消费者都处于某一群体之中，是某一群体的成员。不同的餐饮消费群体有不同的价值观、不同的饮食习惯、不同的生活方式、不同的行为准则，等等，从而也就形成了不同的群体规范。人们的餐饮消费必然会受到其所属群体的影响。本章将探讨群体理论和群体理论在餐饮服务中的应用。

 学习与行为目标

1. 了解群体、餐饮群体的概念、类型和特点
2. 掌握不同餐饮群体的分类、特点并根据餐饮群体的特点提升相应的服务

第一节　餐饮消费者群体概述

专栏 7–1

女子酒店

在英国伦敦一条僻静的大街上有一家女子酒店，只接待女子。酒店的陈设高雅，女用设施齐全，咖啡厅和餐厅菜肴全部根据女子的特点与喜好设计。酒店经理与服务员都是清一色的女子，是实实在在的"女人世界"。女子酒店一经推出备受女子的钟爱，酒店生意兴隆。

现代女性是一个特殊的大消费群体，颇有创意的女子酒店的出现，显示了新时代餐饮服务业对女性群体的关注与重视。这种专门为女子服务的酒店，在设计上充分体现出群体本身的性别需求，全方位地提供女性所需要的服务，自然会受到女性的青睐。

一、餐饮消费者群体的概念、类型、特点

1. 餐饮消费群体的概念

人是群居动物，不能离群独居。我们任何一个人总是生活在家庭与社会之中，依从于一定的政治、经济、种族或民族。我们任何一个人总要与别的人交往，形成一定的社会关系，参加一定的社会群体生活。而且，一个人通常不只属于一个群体，一般同时属于若干群体，社会群体生活是人们的基本生活方式。比如说一个人既属于家庭又属于单位，还属于某一个俱乐部、某个协会等。

（1）群体。群体是两个或两个以上的人为了达到共同的目标，以一定的方式联系在一起进行活动的人群。群体是相互作用、相互依赖的个体的组合。群体是社会生活的具体单位和社会结构的一部分，可以很大，例如集团；也可以很小，只有两三个人的小组。

群体具有以下特点：①有联系的纽带。这是指社会群体赖以维系的社会关系。②有共同的目标和活动。群体成员之所以结合在一起，是为了开展既满足个人需要又有益于社会的共同活动。如我们上班一族，我们上班不仅是挣钱养家糊口，我们还有为社会服务，为社会做贡献，实现自己的人生价值的愿望。③有群体规范。规范是群体成员之间交往、活动时所遵循的行为准则。群体成员不仅要遵循社会成员所遵守的一般准则，还要遵守本群体内部所特有的某种要求和规范。④有群体意识。这是指群体成员在长期的共同活动和彼此交往中形成的一种关心群体存在和发展，与群体荣辱与共的思想感情。人们群体意识的强与弱直接影响群体的存在与发展。

（2）餐饮消费群体。民以食为天，吃饭、用餐是群体成员每天必做的一件事。人们除了工作、休闲就是吃和睡。吃饭、用餐在人们的生活中占有很大的比重，其形式无外乎在家或在外。在外就涉及在哪吃、和谁吃等问题，也就涉及餐饮群体的问题。餐饮群体有相当一部分是固定的，如一家人、同学、同事等，还有临时组成的非正式的群体。餐饮群体成员对餐厅、酒店、饭店的选择趋于一致化或相互仿效、相互影响，这种影响可能会左右餐饮业的客源流向，能够左右着餐厅、酒店等餐饮业的兴衰。因为人们普遍有一种从众心理。认为别人说好的餐厅、酒店肯定不会太差，别人到那个地方消费自己也想去。如果到了一个陌生

的环境，不知道哪家餐厅做得好，就会看哪家餐厅人多而前往，这就是从众心理。这也符合中文的字义，一个人是"人"，两个人是"从"，三个人是"众"。因此研究餐饮群体的心理特点对于我们搞好餐饮服务业有着非常大的促进作用。

餐饮群体就是经常到某处用餐的人员类型的总称。他们经常在某地一起进行餐饮消费活动。例如家庭餐饮消费群体，就是一家人经常去某餐厅、某酒店用餐、消费。另外还有学生餐饮消费群体、中老年餐饮消费群体、白领餐饮消费群体等。

餐饮消费群体的特征是群体成员之间相互作用；群体成员对餐饮认知有共同的标准、价值观念和信念；在餐饮消费时群体成员的心理特征及饮食习惯等方面有许多共同之处，等等。

专栏 7-2

阿希"从众"试验

"阿希实验"是研究从众现象的经典心理学实验，它是由美国心理学家所罗门·阿希（Solomon E. Asch）在 40 多年前设计实施的。所谓从众，是指个体受到群体的影响而怀疑、改变自己的观点、判断和行为等，以和他人保持一致。阿希实验就是研究人们会在多大程度上受到他人的影响，而违心地进行明显错误的判断。

阿希请大学生们自愿做他的被试，告诉他们这个实验的目的是研究人的视觉情况的。当某个来参加实验的大学生走进实验室的时候，他发现已经有 5 个人先坐在那里了，他只能坐在第 6 个位置上。事实上他不知道，其他 5 个人是跟阿希串通好了的假被试（即所谓的"托儿"）。

阿希要大家做一个非常容易的判断，比较线段的长度。他拿出一张画有一条竖线的卡片，然后让大家比较这条线和另一张卡片上的 3 条线中的哪一条线等长。判断共进行了 18 次。事实上这些线条的长短差异很明显，正常人是很容易作出正确判断的。

然而，在两次正常判断之后，5 个假被试故意异口同声地说出一个错误答案。于是许多真被试开始迷惑了，他是坚定地相信自己的眼力呢，还是说出一个和其他人一样、但自己心里认为不正确的答案呢？

结果当然是不同的人有不同程度的从众倾向，但从总体结果看，平均有33%的人判断是从众的，有76%的人至少做了一次从众的判断，而在正常的情况下，人们判断错的可能性还不到1%。当然，还有24%的人一直没有从众，他们按照自己的正确判断来回答。一般认为，女性的从众倾向要高于男性，但从实验结果来看，并没有显著的区别。

从阿希从众实验我们可以看出从众是普遍存在的一种社会现象，我们餐饮消费群体中也常常看到这种从众心理，这对餐饮消费有着重要的作用。

2. 餐饮消费群体的类型

根据家庭、社会地位与收入、年龄与性别、单位团体等可以将餐饮群体大致分为几大类。

（1）家庭餐饮群体。家庭是一种基本的社会群体。家庭是建立在婚姻、血缘或继承关系基础上的社会生活的组织单位。家庭主要有主干家庭、核心家庭、联合家庭、单亲家庭、丁克家庭等。

一个人一生一般要经历的家庭是父母的家庭和自己的家庭。核心家庭是指父母与未婚子女组成的家庭。主干家庭又称"直系家庭"，多由三代人组成，每一代只有一对夫妻（包含一方去世或离婚者），即祖父母、父母、子女。但并不限于只有三代，也可能为三代以上。主干家庭可以只由两代人组成，即父母和一个未生育或未领养的已婚子女组成的家庭。这种家庭是中国传统的家庭结构形式。

在餐饮消费群体中，各种家庭都会存在。尤其是现代社会生活节奏加快，时间宝贵，许多核心家庭的孩子白天上学，晚上还要上补习班，家长一般选择在外就餐。另外主干家庭，一家三代周末在外就餐改善生活也是常事。这就形成了非常庞大的家庭餐饮群体。

（2）社会阶层餐饮群体。所谓阶层是社会学把由于经济、政治、社会等多种原因而形成的，在社会的层次结构中处于不同地位的社会群体称为社会阶层。即具有相对同质性和持久性的群体，它们是按等级排列的，每一个社会阶层的成员具有相类似的价值观、兴趣爱好和行为方式。据中科院的我国十大阶层研究报告指出：我国1978年以来的改革开放，促使中国社会阶层发生结构性的改变。原来的"两个阶级一个阶层"（工人阶级、农民阶级和知识分子阶层）的社会结构，变成了十大阶层；各阶层之间的社会、经济、生活方式及利益认同的差异日益明晰化。原来的阶层分化是以政治身份、户口身份和行政身份为依据，报告提出的新的社会阶层划分标准，则依据各个阶层对组织资源（政治资源）、经济资源、文化资源的占有情况。按新标准划分的十个社会阶层是：国家与社会管理者阶层、经理人员阶层、私营企业主阶层、专业技术人员阶层、办事人员阶层、个体工商户阶层、商业服务人员阶层、产业工人阶层、农业劳动者阶层和城乡无业失业半失业者阶层；它们分属五种社会地位等级：上层、中上、中中、中下、底层等。据此我们也将餐饮群体划分成为老板、经理、管理者等高端餐饮消费群体、小资餐饮消费群体、白领餐饮消费群体、上班一族餐饮消费群体、学生餐饮消费群体、农民餐饮消费群体，等等。

（3）不同年龄、性别餐饮群体。我们可以根据餐饮消费者的年龄将餐饮消费者分为儿童餐饮消费群体、青年餐饮消费群体、中老年餐饮消费群体、女性餐饮消费群体等。

（4）单位、团体、各种宴会餐饮群体。根据餐饮消费者的用餐目的我们可以将餐饮消费分为商务会议餐饮群体、旅游团体餐饮群体、宴会餐饮群体（如婚宴、寿宴、开学宴、谢师宴、状元宴、满月酒，等等）。

二、群体心理对餐饮消费者心理的影响

决定餐饮消费者群体影响力的因素有：

1. 餐饮消费者群体特征

消费者群体的特征主要表现在权威性、合法性、强制性、回报性等方面。一般来说，群体的权威性、合法性、强制性、回报性越强，则该群体的影响力越大。

2. 餐饮消费者个性特征

与群体影响力关系密切的餐饮消费者个性特征主要包括个性倾向、依赖性、服从性、自信心、领导能力等方面。一般而言，性格外向的、依赖性强的、服从性强的、缺乏自信心的、领导能力弱的消费者易于受群体影响与制约。他们选择到何处用餐、如何选择餐品一般多听从群体领导者的意见。

3. 餐品的特点

餐品对群体影响力的影响主要表现在餐品品种和餐品品牌两个方面。例如有些酒店或餐厅的餐品丰富多彩、花样繁多，口味适中，老少咸宜，吸引了不少食客。还有些酒店、餐厅以品牌取胜，如全聚德烤鸭店等。

4. 信息沟通状况

一般情况下餐饮群体多为非正式群体，非正式群体具有很强的信息传递能力。例如亲戚、朋友、同学、同事、邻居等是影响餐饮消费者购买行为的重要相关群体。这些餐饮消费者群体经常接触，关系较为密切。由于经常在一起学习、工作、聊天等，使消费者在餐饮消费时，往往受到这些人对餐饮评价的影响，有时甚至是决定性的影响。

第二节　不同餐饮群体心理特点及服务策略

一、不同年龄餐饮消费者群体心理特点及服务策略

餐饮消费者的饮食需求和消费能力随年龄增长而不断变化。例如，儿童喜欢活泼有趣的餐饮项目和就餐气氛；青年人容易接受新菜系、新产品及新的就餐方式，比较喜欢西式快餐轻快的就餐气氛；老年人则比较喜欢正规的服务及就餐气氛。因此，我们可以根据餐饮群体的年龄特征把顾客细分为儿童群体、青年群体、中年群体、老年群体等。

1. 儿童群体餐饮消费心理（15 岁以下）

儿童群体在认识事物上具有直观性，且餐饮消费从模仿性逐渐发展为带有个性特点的消费。在给儿童提供的餐饮服务中，要恰当运用食品销售定位，运用直观形象的手段促进儿童对食品的认知，并为儿童提供良好的接待服务。

中国的麦当劳餐饮连锁店把儿童市场作为其重要的目标市场之一，从食品的口味、花色到笑容可掬的麦当劳叔叔，再到店员热情的接待，都强烈地吸引着儿童的注意力。肯德基把消费对象选择在较容易接受外来文化、新鲜事物的青少年身上，并以此选就了赖以生存和发展的基本客源。

逸夫中学一名中学生在 2012 年 7 月 13 日星期五的调查发现：在肯德基、麦当劳的消费群体中，青少年约占 55%，儿童约占 30%，剩余 15% 主要为陪同小孩的家长以及其他人群，而且在通过询问后得知，大部分家长表示自己本身对此类食品不大感兴趣，主要是为了陪同孩子，否则自己不会来；还有少数家长表示是为了图省事而来这里就餐的。

现在的儿童大多是独生子女，家长、长辈都宠爱孩子，家庭出外就餐去哪吃，一般都是孩子说了算。儿童常去的餐厅大多是快餐店或者是儿童特色比较突出的餐厅，针对儿童的推销有以下几点：

（1）提供儿童菜单和儿童份额的餐饮品，多给儿童一些特别关照。

（2）提供儿童就餐常用的设施。例如儿童座椅、儿童餐具、围兜等。

（3）为儿童提供一些免费的小礼物。比如毛绒玩具或一些益智玩具、画报等。

（4）为儿童提供游戏与娱乐的场所。除了菜品的口味，其实儿童的兴趣点还是在玩上，餐厅可以在一角设有儿童游戏场，放置一些木马、海洋球、积木、跷跷板之类的玩具，或者专门为儿童开设专场木偶戏表演、魔术和小丑表

演，或放映卡通片等，都会吸引孩子们前来就餐。这既可以满足全家的就餐需求，又可以免去家长在就餐中看孩子之苦，还可以解决家长到处带孩子找游乐园的麻烦。

（5）针对儿童生日的餐品推销。餐厅可以推出儿童生日菜谱，对于不同年龄的儿童推出不同口味的生日菜品，也可以推出家庭生日套餐，这样既可以满足儿童的就餐需求，也可以满足家长的用餐口味。对于生日当天来用餐的儿童，给予一定的优惠，以吸引更多的儿童前来就餐。从长远看，这些小朋友是餐厅的潜在顾客。

（6）抽奖与赠品。常见的做法是发给每位儿童一张动物画，让儿童用蜡笔涂上颜色，进行比赛，给获奖者颁发奖品，增加了儿童的不少乐趣。

2. 青年群体餐饮消费心理（15~35 岁）

（1）青年群体的餐饮消费特点。青年群体的餐饮消费具有如下几个特点：

1）全方位享乐主义。青年餐饮消费群体大多为独生子女，他们在餐饮消费中不仅追求时尚、求新、求名、求新奇，还通吃物质和精神快餐（漫画，杂志，网络；肯德基，麦当劳，尽享所有美丽与美味）。追感觉，爱动物甚于爱人，爱电脑甚于爱书，易迷恋或沉迷某种事物而不惜花钱。

2）独立个性酷自我。年轻人追求自我成熟的表现和个性心理的实现。

3）崇尚品牌，时尚成风。在具体的消费行为上，他们表现出大胆和叛逆，是时尚消费的引领者和追随者，在他们眼中很少有禁区。

4）"有钱就花"不存钱。只要酒店做出新菜品，就必定去吃，不考虑价钱。

5）年轻人的攀比心理比较重。年轻人喜欢过生日、搞派对，隔三岔五就邀好友去"品尝"天下美食，尤其是互相攀比的心理很重，生怕别人看不起自己。你过生日花 3000 元，我就要花 5000 元。

（2）如何为青年人提供餐饮服务。通过以上分析，要为青年人提供更好的餐饮服务，需要考虑以下几点：

1）为年轻人提供新奇的、有特色的、能够体现年轻人个性的餐饮服务。

2）充分运用广告宣传和展台展示，别出心裁的菜名等激发青年人的餐饮消费欲望。

3）青年人脾气急，坐下就想吃东西，所以要提供快节奏的服务，或事先准备一些免费小吃来满足青年人的快节奏要求。

4）提供浪漫情调服务。如 LOVE 餐厅、音乐厨房、涂画吧等。

3. 中年群体餐饮消费心理（35~55 岁）

（1）中年群体的餐饮消费特点。中年餐饮消费者群体人数众多，分布广泛，而且他们都是家庭的主导者也是餐饮消费的决策者，有经济实力，所以他们的餐饮消费有如下特点：注意用餐的品位和实用性；注意用餐的便利性；餐饮消费多有计划性；既注重经济实惠又根据不同场合的消费需求合理消费。

（2）如何为中年群体提供餐饮服务。根据中年群体的餐饮消费特点，为其提供服务时要注意以下几点：

1）为中年人提供不同层次、不同档次的餐饮消费。既有经济型又有较高档次的菜品，以适合不同中年人的需求。

2）为中年餐饮消费群体提供方便快捷的服务，尤其是午餐上菜速度必须快，以免影响下午的工作。

3）根据中年人的理智消费，服务员要适当推荐适合中年人消费的菜品。

4）中年人一般是餐饮消费的决策者，有相当的经济实力，在点餐时服务员要根据中年人的消费目的，推荐适合的菜品。如果是家宴，可以推荐一些经济实惠的菜品，如果是宴请宾客或商务餐可以推荐档次高的菜品。

5）中年人比较在意餐厅的服务，所以服务员要提供人性化、个性化的细致入微的服务留住客源。

4.老年群体餐饮消费心理（55岁以上）

在中国大陆目前有1.43亿老年人，这个数字甚至超过了俄罗斯的人口总量，并且以每年3%的比例上升，到2025年这个数字还将翻倍。这么庞大的一个人群却在很大程度上被主流的市场营销和传播所忽略，即使这群人的总年收入达到300亿~400亿元人民币。

（1）老年群体餐饮消费特点。由于老年餐饮消费群体的年龄都比较大，他们有其如下消费特点：

1）老年人餐饮消费的习惯性。老年的餐饮消费有着多年的实践经验，而且已经形成了比较稳定的餐饮消费习惯。要求吃松软易消化、味重、富有营养的食物、愿意消费有利于保健和丰富晚年生活的餐品。

2）消费决策的理智性。由于年龄和心理的因素的影响，老年人在用餐消费时往往不像青少年那样冲动，他们往往会根据自己长期积累的经验和已形成的标准，再三思量，然后才选择适合自己的餐品。

3）老年餐饮消费者消费的地域性。多数老年人选择在离家较近的酒店进行消费。这是因为老年消费者的体力相对以前有所下降，他们希望能够在比较近的地方买到自己满意的商品，并且希望能够得到周到的服务，如餐饮商品咨询、导餐服务、运行较慢的自动扶手电梯和舒适的休息环境等。

4）在购买餐饮商品的陪伴方式上老年人喜欢与老年人为伴。因为老年人大多害怕寂寞，而其子女由于工作等原因闲暇时间较少，所以老年消费者多选择与老伴和同龄人一道出门就餐。老年人之间有共同话题，在购买餐饮商品时也可以互相参考、出谋划策，他们对于哪些餐饮商品适合于老年人比较了解。这就说明，影响老年人购买行为的相关群体主要还是老年人。但不可否认由于某些原因独自一人外出购物的老年人还是会占一定的比例。对于这一部分老年消费者，餐饮业主更要提供热情周到的服务，如为他们详细介绍餐饮商品的特点和用途，必要的时候提供送货上门服务等。

（2）如何为老年群体提供餐饮服务。针对老年人市场的消费特点提供以下服务措施：

1）实惠方便，针对性强。餐饮业在开发老年人市场时，一定要考虑老年人的生理和心理特征，注重实惠性与方便性，如在吃的方面，尽管人人都要吃饭，但就餐饮消费而言，餐饮业应对老年人予以特别关照，因为大多数老年人经历过生活的磨难，在花销上也较为谨慎。他们用餐考虑经济问题，喜欢实惠，所以除了注重餐品的营养以外，往往更注重餐品价格。所以针对老年人可以有特殊政策，如60岁老人打9折，80岁老人打7折等优惠措施，来吸引老年消费者。另外老年人希望就餐方式简单和容易，因此，合理的餐品结构、便利的餐饮位置、特殊的服务（如减少走路的麻烦）、优惠的价格等都是吸引这部分消费者的有效方法。

2）情感营销，以情促销。老年人不喜欢孤独，又最容易孤独，他们渴望与人接触，渴望得到社会、家人的尊重和关注。因此在餐饮营销的各个环节，都要用"情"字贯穿始终，处处为老人着想。酒店可在父亲节、母亲节等一些节日举办有关家庭团圆的活动，推出"家庭套餐"来吸引这一市场。

3）增加便利，开设老年人用餐专区，服务到位。在餐饮经营中应以增加老年人的便利为先导，尽量考虑老年餐饮消费者的特点和需求。如开设老年专用就餐区、老年餐饮商品专营店等。店址应分布在老年人较集中的居住区；店内设施应尽量减少自动化，增加休息区；酒店的服务应细致、周到，热情为老年人提供餐饮商品介绍、就餐咨询，为行动不便的老人提供上门送餐服务、电话预约订餐等。

4）增加老年食品的健康、保健功能。对于老年食客，餐厅服务以及菜品不仅要体现出对老年人的身心健康的祝愿，更要注重对老年人的饮食保健作用，推出适合老年人的保健食谱，适当增加一些药食同源的菜品以满足老年人的保健心理需要。

随着时间的推移，老龄人口的增加势必让老年人市场成为产品消费的一个重要市场。在激烈的竞争中，餐饮业主只有深入研究老年人的市场需求，追踪老年人变化，才能走在其他竞争者的前面！

二、不同阶层餐饮消费者的特点及服务策略

1. 老板、经理、管理者等高端餐饮消费群体

高端餐饮消费群体喜欢在既定的范围内，以常人无法企及的奢侈高端物品在一个特定的生活圈子里相互攀比炫耀，以显示自身财富与身份地位，在餐饮消费时也不例外。可以将他们分为尊贵型、享受型、标签型。

尊贵型人群大多事业有成，拥有多套住宅及一辆以上名车，重视"尊贵身份"的概念。在餐饮消费中往往经常与朋友、商业伙伴一起用餐，讲究餐饮环境、质量和品牌。

享受型注重服务细节。高端人群大多对生活的舒适度和档次都要求较高，他们享受消费，特别是对软环境有要求，因其大多有海外旅游、居住经历，或者认同海外生活方式及标准，希望通过高端消费来获取相当的贵族式生活体验。享受型高端人群更多的是享受生活的场所和氛围，同时也很注重产品消费能否体现自身品位及身份，其更注重生活的品质和消费档次。

标签型注重身份、品牌。大多属于高消费，热衷于品牌消费，希望通过这种方式来证明自己的能力。标签型高端人群在价值观要素中更注重消费行为能彰显身份，对价格比较敏感。在消费取向方面，标签型高端人群更倾向于品牌消费，多数人喜欢奢侈品，其中较为年轻的人群也喜欢时尚、新潮的事物。在他们身上要找不出名牌很难，让他们去路边地摊或者低档餐厅去就餐也很难。他们用餐更看重的是品牌，所以餐饮行业一定要创品牌来吸引更多的高端消费者。

2. 小资餐饮消费群体

小资是 20 世纪 90 年代开始在中国大陆流行的名词，原本为"小资产阶级"的简称，特指向往西方思想、生活方式，追求内心体验、物质和精神享受的年轻人。小资一般为都市白领，在社会中有一定的地位和财富，又在经济方面与"中产阶级"相差一定距离。

小资群体常被看作是中产阶层文化的别称，他们懂得追求自我，享受生活，注意健身，因此这一群体又是高档家用电器、服装、化妆品、私人汽车、高档餐饮等产品最主要和最有实力的购买群体。小资们一般都会有些固定的喜好与习惯，有些人喜欢喝咖啡，有些人喜欢喝鸡尾酒。无论是哪一种，他们的喜好通常固执而与众不同，"我只喝那种放冰块的苦咖啡"，"这种 Pizza（比萨）我只在一家店里才吃"，这是小资常用的句式。典型的小资要么对星巴克、三里屯酒吧街喜爱到依恋与沉溺，要么厌恶到不屑与不齿。这都是固执与狂热的心态，不过是两个极端而已。

星巴克咖啡店就是一个靠打造新型生活方式而大赚小资群体钱财的典型例

子。星巴克咖啡店内弥漫的高雅、亲切、舒适氛围的生活方式远远超过其产品本身。这正是小资群体消费者对这种体验营销模式十分偏爱的缘故，他们需要一种不同凡响的生活方式体验。可见餐饮经营者对消费者生活方式要有敏锐的洞察力，最好成为新生活方式的创造者和推动者。

3. 白领餐饮消费群体

做饭是家庭生活中一项很普通不过的事情，中国的白领们关于这一点有哪些与众不同呢？2007 年新秦公司在上海、北京、广州三地进行了相关调查，在调查中发现，每天做饭的白领人数只占 29.72%，时常做饭有 45.09%，不怎么做的和不做的分别是 18.89% 和 6.30%。由此可见，做饭对于大多数白领来说已经不是每日生活的必需，只有少部分白领能够忍受每天的业余时间被大量地交给厨房。

做饭不是每天都要干的活，白领们一定会用外出就餐解决自己的吃饭问题，那么什么样的餐馆是他们喜欢选择的？在外出用餐选择情况的调查中我们发现，白领群体选择中式餐馆的人占有很大的比例，选择中餐馆有 358 人次，占总人数的 90.18%；选择地方风味店的有 288 人次，占总人数的 72.54%；选择中式快餐的有 166 人次，占总人数的 41.81%；在八类餐馆中排名分别位列前三，这足以说明中式餐厅是白领们在外出就餐时的首选。

俗话说"一日之计在于晨"，早晨对于一个人来说非常重要。同样早餐对一个人的健康等很多方面来说也很重要，有句话说"早餐要吃好，午餐要吃饱，晚餐要吃少"，它包含了人们对早餐重要性的认识。那中国白领们的早餐情况又是什么样的呢？在调查中发现，不吃早餐的白领很少，约占总人数的 2.77%，大部分白领还是会为自己准备一份可口的早餐的。在被调查者中有 38.54% 的人经常在家中吃传统的中国式早餐，在总人数中占有很大比重，位列第一；经常在上班路上买煎饼、包子等中式早餐的有 18.14%，位列第二。前两位总共占了总人数的 56.68%。可见中式早餐在白领们的生活中占有很重要的地位。餐饮经营者要充分考虑白领餐饮消费群体的特点，为他们提供方便、快捷、可口的中式餐饮服务，来满足这部分人的需求。

4. 上班一族餐饮消费群体

上班一族包括各行各业的管理者、科技人员、白领、司机、工人等。这个群体的经济实力不等，由于上班的原因，他们对餐饮消费的倾向是既经济实惠又方便快捷。所以，餐饮业不仅要根据这个群体的特点，提供不同档次的菜品，还要注意上菜的速度，来满足上班族的需求。

5. 学生餐饮消费群体

近年来，校园经济越来越为商家所重视，校园经济最明显的增长点就是高考以后的会餐、毕业会餐。包括我们口头说的"班级聚餐"和"谢师宴"等各种形式的聚餐，酒店应对这一现象引起足够的重视。

首先，班级聚餐要提供中档价格菜品和特色菜并存，提供满意的服务，对较高档的菜品采用特价形式。

其次，学校聚餐要求有实惠的价格，在宣传中应注重价格和餐后娱乐，可以提供一些娱乐场地，如 KTV 包场等（按时段包场）。

6. 试新一族餐饮群体

如今的商家很有经营头脑，买车可以试驾、买手机可以试用、买保健器械可以体验、就餐可以打折试吃。现在还就存在"试吃一族"，这类群体的顾客完全是冲着新开张的餐馆而去的，"试试新鲜"是这群人用餐的原始出发点。这类群体有比较宽裕的经济条件，工作稳定，年龄大多在三四十岁之间，几乎都是有见识的美食家，他们常常在商家刚刚开张打折促销时愿意掏钱去品尝美食。这类人群不缺钱，喜欢热闹，喜欢新、奇、特的产品，只要你的餐饮产品有特点，他们不考虑价钱，就是尝个鲜。所以新开业的餐馆应该想办法让"试吃一族"第一次进餐馆就得到满意的服务，给他们留下好的印象，然后，通过他们的嘴巴去提高餐馆的知名度。由此，餐饮业也要充分考虑"试吃一族"群体的特点、口味、需求来增加餐厅的知名度，招揽更多的生意。

三、商务餐、旅游餐及各种宴会的特点及服务策略

我们根据群体的用餐目的不同可以划分为喜庆宴会，旅游餐，会议、商务餐等。

1. 喜庆宴会

（1）婚餐（包括金婚、银婚宴等）。婚宴是人们在举行婚礼时，为宴请前来祝贺的宾朋和庆祝婚姻美满幸福而举办的喜庆宴会。结婚乃人生大事，谁不想风风光光地办一场婚礼呢！现在的年轻人结婚基本都要办一场婚宴，即使是旅行结婚，在新人出发之前或回来之后还是要办几桌酒席宴请亲朋好友的。婚宴消费受家庭和面子观的影响较大，表现出较多的攀比、跟风或炫耀性消费行为。大多数情况下婚宴对新人来说是必不可少的刚性需求，一次性消费，资金消耗量较大，动辄就十几万到几十万元。婚宴主办者都希望自家的婚礼气派、有档次，所以对饭店提出的要求很高，希望饭店能够提供精美的食品及最佳的服务。许多新人选择星级饭店，看中的就是其高雅的环境，还有就是"厅大，有舞台"，可以举行场面壮观、活动丰富的婚宴。所以酒店要根据我国婚宴的特点，突出表示吉祥的红色，在餐厅布置、台面的装饰上，多体现红色；主桌设计要更美观，突出新娘、新郎的位子，桌与桌之间保持宽敞的通道，以便新娘、新郎向来宾敬酒；结婚宴会的菜肴名称要讲究讨口彩，如"红运四喜"、"满地金钱"、"百年好合"、"龙

凤呈祥"、"年年有余"，等等。而且，酒店的婚宴产品与其他类型的餐饮、客房、商务宴会不同，要有独特的消费特点。

婚宴的特点：

1）消费时间具有相对集中性。现在年轻人办婚礼多挑"好日子"、双日子、周末，或中国传统的节假日，尤其是春秋季节更是年轻人办婚礼的好时节。所以婚礼时间相对集中。

2）注重喜庆氛围，心理需求较高。人们参加婚宴除了为能够感受吉祥、喜庆、红火的气氛，传达自己的美好心愿以外，还期盼着酒席上有独特的菜肴和风味。而对于会场布置、司仪的口才及煽情度、婚礼的气氛更是有较高的要求。

3）消费形式新颖灵活，富有个性化、时尚性和多样性。当今中国的婚宴餐饮不仅仅是中式的，还有西式的、中西合璧式的。甚至有些人把婚礼搬到了自助餐厅，客人想吃什么可以自取，菜品丰富多彩也同样受人们的喜爱。另外除了大型婚宴，小型宴席也同样温馨甜蜜，其乐融融。"良辰"不再局限于中午或是晚上，午宴和晚宴同样精彩，只不过是需求侧重点或许会有所不同，对以午宴为主的地方而言，午宴强调对仪式程序的严格遵守和其隆重性，晚宴则更注重喜庆浪漫氛围的烘托。当然，选择什么样的婚宴主要还是取决于新人自身的消费需求。

4）极力追求婚礼过程的完美，对婚宴服务的容忍度较高。新人及家属非常重视婚礼过程的完美无瑕，不希望婚礼中有任何纰漏，所以对结婚典礼的过程要求较高。而对于服务并不吹毛求疵，只要婚宴别出人的事故，服务态度适中他们都可以接受。所以酒店一定要重视婚礼的流程设计合理、完美无瑕。

那么，如何提升婚宴服务呢？

1）接好订单，做好计划。要想做好婚宴的服务，必须从接订单开始。要根据客人所定的餐标制定相应的服务方案并与客人协商婚宴的细节、流程、菜谱等，一旦与客人协商妥当，达成一致意见后就必须严格遵守约定。

2）做好充分的人力、物力的准备工作。根据客人所定婚宴的桌数做好婚宴场地布置、婚宴物资物品、服务人员等相关方面的准备，尤其对婚礼的流程要进行演练，做到环环紧扣、时间准确不拖拉，这样就会避免出现纰漏，造成婚礼的失败或重大错误的出现。

3）选好司仪。在某种程度上说，一个好的司仪是婚宴成功的一半。一个口齿清楚伶俐，声音洪亮有魅力的司仪能够很快抓住宾客的心。再加上司仪动情的演说和煽情的话语就立刻点燃了新人和宾客的热情，使婚礼场面既热闹又感人。这种情绪有助于宾客对这家饭店形成良好的印象，这种良好的印象有可能使宾客或宾客的家人举行婚宴时选择这家饭店，从而给饭店带来客源和生意。

笔者最近参加了两个婚宴，规模都不小，在40桌左右。但是因为司仪的缘故，两场婚宴的效果却大相径庭。一家婚礼的司仪口齿清楚、声音洪亮，言语煽情动人，用词准确恰当，使不少宾客都流下了幸福的泪水。且婚礼节奏紧凑不拖拉，用时准确给宾客留下了深刻的印象。和我同去的一位朋友表示她的孩子将来办婚宴时一定会选这家饭店。而另一场婚礼的司仪说话含混不清、声音低沉，使宾客无法听清他在说什么，自然也就无法和宾客互动，无法形成共鸣。结果婚礼现场吵闹异常，每桌宾客都在自己聊天说话，很少有人注意婚礼仪式的进行状况。这场婚宴既没有给宾客留下什么好的印象，以后再有宾客举办婚宴恐怕也不会选择这家饭店。

4）上菜的速度要适中。结婚典礼一结束应该马上上齐凉菜，隔几分钟马上上热菜。刚开始上菜速度要快一些，以免上一盘吃光一盘，使宾客觉得很尴尬。上了几道菜以后，上菜的速度稍微缓一缓。一是给宾客一种期待感，看看下一道是什么好菜；二是以免餐桌无处放餐盘，造成盘摞盘的现象，给宾客用餐造成不方便。

5）服务员要主动服务且服务到位。婚宴对于服务员的要求其实并不是很高，因为婚礼场面大、人多，宾客对于服务员并不是很挑剔，宾客能够自己解决的就会自己动手，例如，倒酒、倒饮料、倒水等宾客都会自己动手去做。除非需要特殊的服务才会叫服务员，所以服务员要多观察，眼观六路、耳听八方，哪桌客人需要换餐盘、哪桌需要餐巾纸等就主动去服务，别等到客人叫才过去。让宾客体会到服务员的服务很有水准、很到位。

（2）寿宴。百善孝为先，尊敬老人是我们中华民族五千年文化的传统美德，为老人做寿充分体现了这一传统。寿宴是人们为纪念老人的出生日和向老人表达孝心而举办的宴会。60岁以后的人们过生日叫过寿或做寿，那么生日宴也叫寿宴。健康、长寿、幸福自古以来就是人人追求、人人向往的事情。人说高职不如高薪，高薪不如高寿，健康长寿是小康社会的重要标志之一。2011年中国人均寿命73.5岁，虽然不如日本82.6岁、中国香港82.2岁、冰岛81.8岁、瑞士81.7岁、澳大利亚81.2岁的平均寿命长，但和1981年中国人均寿命为67.77岁相比已经有了显著的提高。尤其是在人们生活水平提高了以后，老人过寿时都会摆上几桌，一是给寿星老过寿，祝他（她）老人家健康长寿；二是晚辈表表孝心；三是亲朋好友聚在一起叙叙旧。

寿宴的特点：

1）寿宴没有季节性，四季火爆。寿宴不像婚宴那样春、秋、冬季比较多，而夏季较少。因为在哪个季节出生的人都有，所以一年四季寿宴都很火爆，商家要抓住商机，就会四季客源不断。

2）寿宴的标志是健康、喜庆、长寿。不管是达官贵人，还是平民百姓做寿，都图的是喜庆热闹和健康长寿，所以寿宴要办得红红火火、热热闹闹，寿星高兴，家人满意。

3）寿宴档次有高低之分。社会名流做寿，普通百姓也做寿，但由于身份地位不同，经济条件不同，所以寿宴的档次也不同。据香港《星岛日报》消息，曾志伟于 2013 年 4 月 10 日晚 60 大寿举行《志在高兴志伟大派对》，宴开 60 席，场面星光熠熠。

那么如何提升寿宴服务水平呢？

1）从订单和菜点形式上突出祝寿之意。在客人订餐时就让客人感受到祝寿之意，如可以向客人推荐一些带祝寿字样或有祝寿含义的菜品，也可将冷盘制成松柏常青或松鹤延年图案，点心按我国传统的习惯，配寿桃、寿面等。另外，在点餐时，根据客人要求准备好几套寿宴菜单供客人选择，菜单内注意准备一至两道松软、易消化的菜品，比如粉蒸肉、一品豆腐、砂锅南瓜都是很好的寿宴菜，有利于寿星的健康。如客人自己点菜，要先照顾老人的口味，再介绍其他菜品。

预订人员要详细询问订餐客人信息，获得准确信息后，要及时传递相关部门做好寿宴准备。

2）寿宴餐厅布置要突出祝寿之意。寿宴大厅一定要气派、讲究、富丽堂皇，餐桌上铺红色的台布，中间摆放葱绿鲜艳的美丽植物，大厅周围张灯结彩，彰显寿堂的喜庆热烈气氛。墙壁上贴着寿字图案，或者大型松柏、仙鹤祝寿图，突出了环境的主题，热烈且美观。再写一副〝天增岁月人增寿，春满乾坤福满门〞、〝福如东海长流水，寿比南山不老松〞等内容的寿联，寿联簇拥着一个大大的红色〝寿〞字。〝寿〞字下有两张寿星椅，它的左右两端各摆放有一大一小两张礼案，礼案上摆放有福寿禄三星、鲜寿桃等祝寿物品。寿堂下面列有四个装有无数小气球的大气球和扎有红色彩带的大礼包，用来放置儿女、儿孙给老寿星贺寿的礼物。背景音乐：步步高、祝寿歌等。

3）司仪主持得体、程序连贯、气氛热烈。寿宴司仪要做充分的准备工作，熟悉寿星的年龄、家人辈分等，以免主持时出现差错，张冠李戴。主持风格应大气，现场把握要灵活，擅长亲情表现，能很好地调控现场氛围，突出寿庆的主题。

4）餐中的服务与祝福语。在上菜时注意使用祝寿、祝福的话语，如在赠送长寿面或寿桃时可说：这是我们酒店特意为您准备的长寿面/寿桃，我代表我们酒店祝您福如东海，寿比南山，同时祝您的家人身体健康！

餐中老人如需走动或离开房间要及时给予搀扶或陪同，随时为客人提供力所能及的服务。

免费提供合影，及时为客人留下精彩的瞬间。合影后，留下客人的详细地址或邮箱，将洗好的照片赠予顾客或发到客人邮箱，在冲洗照片时可加上酒店名称及店址和祝福等。

（3）生日餐。生日对于每个人来说都是个值得纪念的日子，它是一个人成长的界点，意味着一个新的开端。现在不仅成人过生日，而且儿童、青少年、学生过生日的现象和规模也都超过了成人。因为，现在的孩子大多都是独生子女，为孩子过生日是父母疼爱孩子的一种方式，尤其是过十周岁生日。现在有些青少年的生日宴都快赶上婚礼了，不仅吃大餐、送礼物，还比拼创意、策划活动。儿童、青少年对于生日聚会的攀比也在不断升级，这为餐饮业提供了无限商机。

生日宴的特点：

1）生日宴市场广阔。无论男女老幼谁过生日都能摆宴席，但有超过一半的人在餐馆、饭店或肯德基、麦当劳、必胜客等快餐店里举办。而且青少年、儿童办生日宴已经超过了成人的消费水平，市场前景广阔。

2）生日宴丰富多彩、各式各样，不同年龄有不同要求。不同年龄的人过生日都会有不同的要求。成年人希望传统一些，年轻人希望新奇、浪漫一些，儿童希望餐厅菜品好吃、好玩、有童趣。但无论是谁的生日，生日宴会上一定会有生日蛋糕，蛋糕上插蜡烛，"寿星老"扑哧一吹，然后大家把蛋糕分而食之，宾主都处于高高兴兴、快快乐乐的气氛中。

3）生日宴既重视气氛又重视餐饮口味和质量。过生日的宾客既注重餐厅的环境、氛围，也重视菜品的口味和质量。

4）生日宴注重新、奇、特。现在人们过生日很重视新颖、奇特，尤其是年轻人非常重视生日宴上有惊喜的环节。例如，惊喜蛋糕出现环节、神秘魔术表演环节、小丑卡通人互动环节，等等。

如何提升生日宴服务水平：

1）做好生日宴的宣传和营销。在餐厅、饭店、酒店的显眼位置做好生日宴的宣传，力争有创意，吸引众多的食客前来预订生日宴。

2）生日宴菜单要适合宾客不同的群体。如果是成人群体，要考虑成人的心理特点和用餐习惯。如果是青年或大中学生群体要考虑青年人的喜好和饮食特点。如果是少年儿童，要充分考虑儿童的需要和对哪些食物偏爱。订餐员要根据不同的群体推荐适合这一群体需要的餐品，并和主人达成一致意见，为生日宴取得成功打下良好的基础。

3）生日宴的会场布置要适合"寿星"的年龄和特点。厅内装饰以气球和纱类装饰为主营造浪漫青春气氛。背景音乐准备欢快的流行歌曲。准备蛋糕车、蛋糕刀、蜡烛等。厅外门口搭建签到台准备喜钱箱，可以准备一些红包以备客人用。

4）生日宴的菜品准备要多一些甜食类的，菜量要大。过生日的年轻人比较多，他们的食量也比较大，所以菜量要大一些，而且年轻人喜吃甜食，所以要多一些甜品和点心。

5）有动人的创意和惊喜环节。可以创设惊喜蛋糕出现环节、神秘魔术表演环节、小丑卡通人互动环节等，环环惊喜、节节快乐，让生日宴高潮迭起！更有全程拍摄，制作成精美纪念光盘给客人留作纪念！

6）服务到位。服务员在开餐后要随时留意客人的需求，为客人提供个性化服务，餐中巡台及时添加酒水、更换骨碟和餐巾纸等。

（4）满月酒、弥月酒（百日宴、周岁宴）。为庆贺婴儿出世满一个月而设的宴席。满月酒是父母为了庆祝宝宝来到这个世界上一个月而举办的一场宴会，同时邀请了宝宝的各个长辈来为宝宝祝福。在这个日子里宝宝是宴会的中心，所有的人都是围绕着小宝宝转的，长辈、亲朋好友不仅是来喝喜酒的，更希望小宝宝能够健康成长。

百日宴是指初生婴儿一百天举行的庆祝仪式。中国在婴儿出生的第100天举行的祝其长寿的仪式，又称百岁、百晬。随着社会的发展，人们经济条件的改善，百日宴的内容越来越丰富，场面也越来越大，消费也越来越高。

周岁宴的意思是就是婴儿满了一周岁，婴儿父母宴请亲戚朋友来吃喜酒以示庆祝。

现在，随着人们生活水平的不断提高，周岁宴也越来越奢华。在这一天会让婴儿抓周，这种习俗从南北朝时期起一直延续至今。宴会的现场非常热闹：五彩缤纷的气球、彩虹拱门，拍照片的、拍录像的；一些宝宝周岁宴的现场还有主持人来活跃气氛；宝宝在周岁宴过程中还要换几套衣服，等等。在某些地方，例如浙江温州，宝宝的周岁宴更是越来越热闹了，其隆重程度堪比婚宴。有些家长甚至提早半年就找礼仪公司安排。Party之家的负责人林先生表示，一位宝宝是明年2月过周岁，今年6月底就来预订了。

满月酒、弥月酒（百日宴、周岁宴）的特点：

1）满月酒（百日宴、周岁宴）的发展速度快，规模、档次越来越高。有条件的家庭在添丁进口以后都要庆祝一番，也希望自己的孩子得到更多的祝福，能够健康成长，所以舍得花钱办酒席，满月酒的需求、规模、档次越来越高。

2）喜庆气氛浓郁。婴儿的降生，预示着一个人生命的开始。民间对小孩出生十分重视，尤其是在小孩出生满一个月时，要"做满月"，亲朋好友要隆重地庆贺一番。"做满月"要办两件事，一是"剃满月头"，二是"办满月酒"。现在一家只允许生一个宝宝，宝宝出生后第一次庆祝一定不能马虎，对于满月酒宴更是要精心操办。

孩子百日、周岁都是孩子成长的里程碑，家长都希望给孩子留下美好的记忆，不仅拍照、录像留念，还希望更多的亲朋好友一起分享这份喜庆。

3）不同省份和地区有不同的习俗。不同地区办满月酒、弥月酒（百日宴、周岁宴）有不同的习俗，这一天要剃掉婴儿的头发，称做"理胎发"。理胎发的规矩很多，要先备妥葱、红鸭蛋、红鸡蛋、石头、金锁片、铜钱，并将其放在浴缸内，婴儿剃发前须先沐浴，并用红鸡蛋及鸭蛋在婴儿头上轻轻滚动三次，取其"红顶"，希望他平步青云、功成名就；红鸡蛋有再生、繁殖及圆满之意，也希望长个鸡蛋脸；红鸭蛋希望他长得高壮的寓意。而葱取意"聪明"、石头取意"压胆"，期待小朋友头壳快快长硬，如同石子般坚硬、健壮；金锁片及铜钱取意财运及好运、"大富大贵"。

如何提升满月酒（百日宴、周岁宴）的服务水平：

1）餐饮订单要符合用餐群体的特点。满月酒、弥月酒（百日宴、周岁宴）的宾客群体以成人为主，所以菜品应该以成人需要为主，同时又要考虑婴幼儿用餐。

2）餐厅布置既考虑成人需求，又充满童真可爱。餐厅内装饰着重于可爱方面，可以悬挂一些小气球、风车、小孩子的照片、卡通贴画等，周岁宴还可以营造出童真时代的气氛。餐具要准备好儿童餐具，比方说：塑料勺、塑料碗、塑料杯子等儿童餐具。提前准备好宝宝椅和婴儿床。准备一些儿童玩具和小泥人，可以发给小朋友。背景音乐准备一些欢快的儿歌。厅外门口搭建签到台准备喜钱箱，可以准备一些红包以备客人用。菜品主要排一些甜食，盘头装饰可以以小泥人或是雕刻为主。准备蛋糕车、蛋糕刀、蜡烛等。

周岁宴的布置还可以根据客人的喜好分不同的主题，比如海洋系列、KT猫系列、童话世界等，现场还会安排一对米奇迷你卡通人来活跃气氛。

3）餐厅应该给母子提供一个良好的休息环境。由于婴幼儿的宝宝还比较小，要注意不要让宝宝受凉。满月酒现场需要注意满月儿要少接触人，因为每个人的口、鼻腔里，都有一定的病毒细菌，即使是健康的人也有细菌。尽量不要让满月儿被亲朋好友抱或者抚触，因为细菌也可能通过手、口进入到宝宝体内。最多可以礼貌性地看看。婴儿在满月席上容易得呼吸道疾病，因为酒席上会宴请很多人，环境很差，有一些大人会抽烟，说话的时候唾沫乱飞，还有些人携带了感冒病毒。宝宝的呼吸道一旦出现了鼻炎、咽喉炎的话，就有可能蔓延到下气道、支气管和肺。婴儿也易得消化道感染疾病，这个疾病主要是通过手传播，大人们会觉得宝宝很可爱，人人都想摸一摸小手或脸颊。可是宝宝喜欢把小手放进嘴巴吮吸。这样病菌就从嘴巴进入了宝宝体内，造成消化道感染。出现消化道感染的前期症状是胃口不好，宝宝不想吃奶。这样的情况如果持续几小时后，宝宝会出现大便稀、呕吐、厌食等现象，甚至会有一点发烧，哭个不停。因此，办满月酒要做足准备给宝宝带上小手套，等客人走后再把手套脱下。妈妈也要少接触客人，因为妈妈是和宝宝最亲密接触且时间最长的人，如果妈妈和客人握手后一定要洗完手再喂奶。建议其他大人们在接触宝宝之前也要洗手。还要选择一个通风的环境办满月酒，因为酒席上有人抽烟，有人喝酒，往往会乌烟瘴气的。宝宝在满月酒时要坐在人少、通风的地方。如果可以，大人们为宝宝办满月酒庆祝，宝宝则不要出席，爸爸妈妈可以准备一份宝宝的 VCR（视频片段），在酒席上播放，这样不但可以满足大家想见宝宝的要求，也保证了宝宝的健康。

4）办满月酒、弥月酒（百日宴、周岁宴）要尊重地方习俗。每个地方的人办满月酒、弥月酒（百日宴、周岁宴）都有自己家乡的习俗，所以在客人订餐时要仔细询问，严格遵守，以免造成失误，使本家对喜宴不满，给酒店造成不良的口碑。

5）周到的服务。满月酒、弥月酒（百日宴、周岁宴）的服务与其他宴会服务有一些区别，服务人员应该既注意到为成人宾客服务，也要注意对孩子的服务。事先应该准备足够的儿童椅、儿童用湿巾、儿童玩具等婴幼儿用品。还要注意婴幼儿的用餐安全，上菜时注意别烫着孩子，汤类的食品要远离孩子，多提醒孩子的家长注意不要让婴幼儿误食异物，以免造成对孩子的伤害等。

（5）状元餐（升学宴或谢师宴）。12 年的寒窗苦读，莘莘学子终于挤过了"独木桥"，马上就要进入梦寐以求的"象牙塔"了。录取通知书拿到手，家长们心里一颗悬着的石头终于落地。孩子就要远行，家长不舍；孩子上大学，家长脸上又添光。"高兴嘛，高兴的事情就要请大家共同热闹热闹，也是为了给孩子饯行。"于是一场场升学宴就摆开了，它如八九月的天气一样迅速火热起来，成为众多餐饮消费之一。根据调查，"谢师宴"、"升学宴"已经成为普通家庭操办喜事第二大宴席，重视程度仅次于婚宴。

状元餐（升学宴、谢师宴）的特点：

1）状元餐（升学宴、谢师宴）消费时间相对集中。状元餐（升学宴、谢师宴）消费时间一般安排在 8 月，学生开学之前，所以餐馆、酒店、饭店要抓准商机，提前加大宣传力度。

2）状元餐（升学宴、谢师宴）消费需求不断增强。随着高考的结束，在一些酒店中已经开始摆"高考谢师宴"了，不少性急的家长早在高考前一周就已经在心仪的酒店下了订单。酒店也都根据市民的需要推出"状元餐"、"谢师宴"的套餐。套餐有"前程似锦"、"大展宏图"、"榜上题名"等很多品种，价格也从几千到上万不等，随着谢师宴日益火爆，这也逐渐成为各酒店暑期的经济增长点。

3）就餐的餐标档次一般偏中上。状元餐（升学宴、谢师宴）的消费一般在中等偏上，部分经济条件比较好的家庭可能达到上等。

如何提升状元餐（升学宴、谢师宴）的服务水平：

1）特色定制、突出文化。谢师宴菜单制定，要考虑到将菜谱与恩师联系起来，体现特色，增加喜庆氛围，以博得学生和家长们的好感。

制作专门谢师宴套餐，可以根据实际的情况将"谢师宴"、"升学宴"分三个档次。其中"谢师宴"菜名要经过合理包装，体现出浓浓的文化氛围。

2）价格合理，为顾客推荐适合的档次。谢师宴的价格要根据当地情况而定，应以中档和中下档为主，升学宴的价格应以中上档和中档为主，合理拉大消费层次。针对价格高的菜肴，建议采用减量和出新菜品相结合的办法来降低菜品价格，使宾客既尝到了美味又不会花太多的钱，还使学生家长赚足了面子。

3）状元餐（升学宴、谢师宴）仪式的构思要新颖、有创意。尝试突破谢师宴固定模式，丰满整个仪式的环节，杜绝和婚礼过分的相像。可以用"菁菁校园、感谢师恩"和"扬帆远航"等环节来设计宴会，使整个宴会充满新意，使人终生难忘。

4）酒店赠厚礼，创出口碑和品牌效应。凡在酒店举办谢师宴的学子，酒店赠送每位学生精美求学用品作纪念。在酒店举行"升学宴"的家长，场场有惊喜。不论消费金额多少，桌桌都可以得到酒店赠送的礼物。使前去参加宴会的其他家长也能够感受到商家的真诚服务，以后自己的孩子或其他亲朋好友的孩子升学也会选择或推荐这家酒店，从而给酒店带来源源不断的客源。

5）餐饮服务上档次。从宴会厅的布置，到司仪的主持都要表现出很深的文化底蕴，使宾客感觉非常有档次，切记不要出现读错字、白字的现象，使宾客大跌眼镜。服务员的服务也要到位，彬彬有礼，服务规范，细致入微。

（6）年夜饭（节假日餐）。年夜饭在除夕的夜晚又称"团年"或"合家欢"，因为这顿饭以后就要告别旧岁迎来新岁了，所以又称"分岁"。在古代，人们认为年夜饭还有逐疫、驱邪、健身的作用。因此，年夜饭的特点是全家大团圆的宴会，无论男女老幼都要参加，为了这个团圆，外出的家人或子女都要赶在除夕前返回家来，每年春节的春运就是要带很多游子回家吃上一顿团圆饭；如果没能及时赶回来，餐桌上要给未归人留一个空位，摆一双筷，表示全家团聚。

年夜饭的特点：

1）吃饭程序逐渐简化。午饭的团聚人们不再只注重"吃"，而是在团聚的家庭气氛中更加注重文化等精神层面的享受。其实人们就是借着吃团圆饭的当儿，在一起聊聊天、叙叙旧，沟通一下感情。

2）年夜饭将更加多元化。中餐不再是唯一的选择，西餐等异国他乡的风味饮食将逐渐被中国百姓认可。而且有些家庭在春节时外出旅行，走到哪吃到哪，品尝各地的美食。

3）到餐馆、饭店、酒店吃年夜饭的家庭逐渐增多。一些有条件的高收入家庭，年夜饭不安排在餐馆饭店，而是将亲朋好友约到家里共进"大餐"。而另一些家庭为了图省事多在餐馆、饭店、酒店等地就餐，近年来，年夜饭火爆，需要提前多日预订，据调查不少规模较大的酒店、饭店在12月就已经预订满了。

4）南北不同。年夜饭的名堂很多，南北各地不同，有饺子、馄饨、长面、元宵等，而且各有讲究。北方人过年习惯吃饺子，是取新旧交替"更岁交子"的意思。又因为白面饺子形状像银元宝，一盆盆端上桌象征着"新年大发财，元宝滚进来"之意。有的包饺子时，还把几枚沸水消毒后的硬币包进去，说是谁先吃着了，就能多挣钱。南方过年花样比较多，长沙人吃鱼、腊味、扣肉。福州年夜饭一定要有太平燕，炸年糕（要红色的那种），其他更多的都会吃海鲜火锅，初一早上一定要吃太平面。湘西人吃腊肉、香肠、干牛肉、扣肉、粉蒸肉、鸡鸭鱼，等等。成都人必吃春卷、腊味、鱼、什锦汤，等等。安徽铜陵吃鸡鸭，一定会又炖老母鸡、卤猪蹄、炒小公鸡，还有一些扣肉、虾子，总之几乎都是荤菜，晚上会煮茶叶蛋作为夜宵，春节早上吃粑粑，圆圆的应该也是寓意团圆吧！南方某些地方还吃神秘果，表示甜甜蜜蜜等。

5）年夜饭用餐时间不再局限在除夕夜。年饭的时间会从除夕夜一直延续到正月十五，亲朋好友串门拜访也多到餐馆、酒店、饭店去用餐。这几年全国各地的餐厅、酒店到了春节期间生意都很火爆，花样繁多。

随着时代的变迁，生活节奏的加快，人们对年夜饭菜的做法也是五花八门，打破了传统的习俗。但是万变不离其宗，就是饭菜要代表吉祥，象征着新年新气象，新的一年要万事顺利。年夜饭菜谱讲究名称吉祥如意，菜做出来要色香味俱全。俗话说得好，打一千，骂一万，三十晚上吃顿饭。按照中国民间的传统习惯，年夜饭的吃食很有讲究，除了众多的菜品以外，主食通常有馄饨、饺子、长面、元宵等。

如何提升年夜饭的服务水平：

1）早做准备、早安排。现在人们在餐馆、饭店、酒店吃年夜饭的家庭越来越多了，商家要早做准备，在六七月份就要制定出年夜饭的营销计划，套餐食谱、价格、宣传单、人员、场地等方面的准备。而且年餐不局限于年夜饭，还要考虑初一到十五的顾客需求，做好充分的准备工作以满足顾客的需求。良好的计划和准备是良好服务的开端。

2）以顾客需求为出发点，提供不同档次的菜品。不论是中餐厅还是西餐厅都要考虑顾客的实际需求，为顾客提供多种不同款的套餐或点餐，以适应顾客的需求。规模大、档次高的酒店、饭店可以为中高档的群体提供较高水平的年饭，而规模小档次低的餐馆、饭店可以为中低收入家庭提供中低档的消费和比较亲和的平民化服务。不仅提供精美的经典套餐，还可以让顾客零点所有年夜饭菜肴，从而使顾客获取打破年夜饭套餐惯例的自由。

3）菜品有创意、散发出吉祥喜庆的气息。春节吃年饭，不光是品味佳肴，还有家家团圆，吉祥喜庆之意。所以年饭菜品除了口味香美以外，还应该给菜品起一个响亮、好听、吉祥的名字，服务员上菜时一定要高声报出菜名，博得客人的好心情，讨个好彩头。例如：鸿运当头、顺手发财、海鲜全家福、金玉满堂、五福临门、三阳开泰、团团圆圆、年年有余，等等。

4）年餐要充分考虑顾客的习俗和禁忌。年饭订餐时要问清客人的习俗或禁忌，保证客人用餐时不会出错。有时客人对某些菜品不熟悉，不知道具体的食材，订餐员要仔细介绍，让客人听明白后决定是否选择。例如，回民不吃猪肉，有些餐厅的跨炖鱼、炖鱼头等会放一些猪肉片，订餐员可以不让客人选这道菜，如果客人坚持选这道菜，订餐员在菜单上一定要注明"回民用餐，不放猪肉"。同时也要告诉客人这道菜的口味可能会有变化，给客人提前打好预防针，以免用餐时客人挑剔。

5）为客人提供良好的用餐环境。家人团聚最重气氛及服务，当然好味道也很重要。不管是吃海鲜还是火锅或是别的，不要忘了一定要给客人提供一个宽敞的、环境优雅的用餐环境。顾客的心情好了，用餐就会愉快，就会对餐厅留下好印象，以后或明年春节还会选此就餐。

6）标准化加个性化服务。除了餐桌上的标准服务以外，还要准备一些、附加一些个性化服务，例如免费美甲、免费擦鞋、助兴表演和全家福照片赠送，洗手间准备护手霜、梳子、吹风机等。这些都会使客人有宾至如归的全方位的享受。

节假日餐与年饭有很大的相似，节假日亲朋好友聚在一起用餐，就是要在享受美味的同时体验亲情、友情的快乐。所以用餐特点基本与年饭相似，尤其是传统的节日，如端午节、中秋节、国庆节、劳动节等重大节日，在外就餐的家庭与日俱增，商家要抓住商机，做好服务。

（7）便宴、家宴。便宴也称非正式宴会，分午宴和晚宴两种。一般来讲，晚宴要比午宴正规和隆重一些，因为晚上的时间一般要比中午更为充裕一些。近年来，也有人利用午餐和早茶的时间举行便宴。便宴的特点是形式简便，不排座席，不作正式讲话，菜肴、酒水也较为随便。这类宴请适用于朋友之间的日常相互往来。家宴也是便宴的一种形式。家宴原来是指主人在自己家中招待客人，往往由主妇亲自下厨掌勺，烹调自家的拿手菜，同家人一起共同款待客人。但是现在的人们招待客人或举办家宴到外就餐的占多一半，这就形成了家宴群体，而且家宴群体比较稳定，消费潜力巨大。

2. 旅游餐

我国旅游市场增长较快，行业景气度较高。2011年国内旅游人数达26.4亿人次，比上年增长 25.53%；国内旅游收入 1.93 万亿元，比上年增长 53.47%；入境旅游人数 1.35 亿人次，比上年增长 1.24%；旅游外汇收入 485 亿美元，比上年增长 5.86%；出境旅游人数 7025 万人次，比上年增长 22.41%。2011 年我国旅游行业总收入有较高增长，提示我们我国旅游行业发展的基本面良好，行业处于黄金发展期。近年来文化旅游持续升温，旅游市场火爆，旅游餐饮市场居高不下，这是一处餐饮亮点。

我国旅游群体的组成大致分为单位组织旅游者的就餐和散客的群体就餐。这两个旅游群体用餐，由于选择的旅行社不同，团标不同，旅游餐的质量也有很大的区别。单位的旅游一般在餐饮环节上会多花一些钱，为使自己的团员能够吃好、玩好。而散客团体一般餐标较低且"众口难调"，尤其散拼团团餐是没有个性可言的，因为对于来自全国各地的游客而言，从旅游地接操作上来讲，不好安排。

旅游餐的现状和特点：

1）目前的旅游团餐不尽如人意。吃，从来都是旅游的要素之一，也是重要的旅游吸引物。但在国内旅游团餐总有些不尽如人意之处。

南宁某区直机关杨先生最近参加了单位组织的海南 5 日游之后，用了这样一句话形容出游感受"起得比鸡早，吃得比猪差，跑得比驴多。"其中最让他愤愤不平的是此次海南游的团餐，别说吃好，连吃饱都难。

2）旅游团餐的市场广阔，对旅游餐饮的需求属于刚性需求且要求不断提高。随着生活水平的提高以及出游习惯的逐步成熟，游客对旅游产品服务标准的要求也越来越高。经过调查发现，40%以上的旅游者表示，愿意多花一点钱来提高旅游的质量，42.89%的旅游者对"为更高质量的旅游用餐支付更多费用"表示"随意"。这一方面反映了消费者消费能力的提高，另一方面，也体现了消费者从细节方面追求旅游品质的发展趋势。

3）美食渐成出游动力。随着旅游行业的蓬勃发展，以及游客对旅游品质越来越高的追求，美食文化在旅游中扮演着越来越重要的角色。因为人们出去旅游不仅是饱览当地的美景、风土人情，还想从体验当地的饮食中更好地了解当地的文化，所以，游客对目的地特色美食总会有一种体验欲望。有些人甚至就是为吃一顿特色美食而乘飞机前往。可见美食对人们的吸引力之强。

如今很多城市景点千篇一律，人们对这种单一的旅游就是看景点的传统旅游已经感到厌烦了。而是希望自由体验和探索目的地风土人情，品尝地道美食。而且美食也最能体现地方特色。对许多自称"吃货"的旅游爱好者来说，美食或许就是刺激出行的一个很重要的因素。这将会成为今后旅游市场新的热点。

"舌尖上的旅行"掀起美食旅游热，也是旅游市场由传统、标准的团队观光旅游向个性化休闲旅游转型的趋势，业内人士表示，旅游团餐质量的提升，不仅仅要求旅行社需更加成熟地面对市场，消费者形成成熟的消费观念也是一个很重要的因素。

4）团餐利润较低，许多高档酒店、饭店不愿接。一些旅游团餐标准降到每人10元后，还要忍受"地陪"从中搜刮油水，这让不少游客对团餐颇感寒心。每桌10人，餐标在10元的团餐成本在70~90元之间，而旅行社给的餐标在100元左右。商家的利润低，一般中高档餐厅不愿意接待这类团餐。对于低标准的团餐，地接社一般都会选择一些比较小的餐馆，一方面卫生很难保障，另一方面就是毫无特色而言。

5）旅游团体希望在旅游的同时品尝地方特色美食。旅游的实质是跨越地域空间的对自然和文化的生命体验，而不同地区的美食和饮食文化反映了当地的自然环境和历史文化，因此可以成为吸引旅游者前往的旅游资源。尽管饮食文化并非只体现在餐饮业中，但餐饮业的确蕴含着丰富的饮食文化。

如何提高旅游团餐的服务水平呢？

1）与旅行社合作合理定位旅游餐饮。旅行社是旅游餐饮行业的首要合作伙伴，选择有实力、团量大、信誉好的专业地接旅行社，定位接待中档以上的旅游团体。并且制定合理的餐标，既要保证餐饮品质，又要保障接待团餐的利润，使旅游团餐有持久的可持续发展。

2）建立训练有素的专业团餐接待队伍，并制定专业的团队餐接待流程。团队餐与其他餐饮不同的是：要求节奏快，要求酒店上至经理下至服务员要了解客人的喜好、客源地及生活习俗，并且对地接社、导游认识了解，同时需要厨房部、传菜部及时沟通开菜时间及上主食的时间，只有一切配合完好才能将团队餐很顺利地操作下来，才能为旅行社的下一次光顾赢得机会！所以需要建立一支能吃苦耐劳、手脚利索，能经受住压力的团队。需要与厨房部、传菜部紧密配合，沟通不要存在障碍，负责人一定要有足够大的权力，以便在处理问题时灵活自如。

3）"一团一议"提供不同层次的服务。根据不同旅游团的类型提供不同层次的服务。一般情况下旅游团有常规旅游团、VIP旅游团、自由行、常规散拼团等，这四大旅游团类型具有不同的操作模式，也就是平常说的"一团一议"。酒店要根据不同团体的餐标和特点提供相应的服务，对餐标高或VIP的客人一定要有细致入微的服务，使客人觉得物有所值。对餐标低的群体可以提供桌式或固定式服务，菜品可以相对少一些，但一定要让客人吃饱、吃好，使不同层次的旅游者都能对酒店留下良好的印象。

4）打造自己的拳头产品和特色产品，赢得更多的客源。酒店除了有普通的菜品以外，更要有几道与众不同的特色菜品、拳头菜品以博得远道而来的客人的欢心，形成良好的口碑和品牌效应。从而使旅游者对旅行社的安排满意，会介绍更多的亲朋好友旅游时选择该旅行社，也使旅行社信任酒店，把更多的旅游团餐交给酒店。这样酒店就会通过良好的品牌和服务赢得更多的利益。

5）提高附加服务值。面对如此众多的旅游餐饮酒店，竞争肯定十分激烈，除了有自己的拳头产品以外，还要提高附加服务值。例如：面食表演及讲解。山西作为世界面食王国，吸引了八方来客，某酒店将山西面食的制作工艺现场演示给客人，这样的服务吸引了众多客人，而且面点师傅的表演与现场客人互动起来，更是锦上添花，使客人既享受了美食又感受了当地的饮食文化。酒店还可以对旅游团体提供一些物有所值的特色产品外卖服务。现今的游客非常反感导游带自己去购物点购物，如果酒店利用客人需求购物而又不喜欢跟导游购物的特点，在酒店内推出几款当地特产，既方便了客人又赢得了利益。山西的平遥牛肉、五香熏鱼、苦荞茶、老陈醋、汾酒、核桃、红枣，等等。

6）针对自由行的游客提供个性化服务。2003~2012年，是中国自由行旅游从开创到爆发式发展的十年。随着旅游市场的日趋成熟、游客自主意识的增强、旅游者消费观念的改变，散客自由行已经成为一种趋势。比起传统的旅游团体模式，新的旅游方式能更大程度满足消费者的个性化需求，有利于旅游融入人们的日常生活。根据旅游抽样调查数据显示，2010年国内城镇居民团体旅游占17.5%，散客旅游占82.5%；农村居民团体旅游占6.9%，散客旅游占93.1%；入境游客中团队占38.3%，散客占61.7%。2012年国内旅游市场接近30亿人次，跟随旅游团的比例预计不足5%。个人自由行市场存在着巨大的发展空间。

随着国民旅游经验的成熟，"自由行"游客的心理需求将进入更高的层次，他们对旅游供应商和渠道商会变得更加挑剔，而个性化的服务和产品丰富度将成为旅游行业竞争的核心。

选择自由行的游客主要分为两类人群，第一类选择自由行的游客是出国次数较多，经济条件也比较好的，这种游客的特点是不想参团旅游，宁可多出一些费用，也要根据自己的要求安排行程，这些游客一般都选择豪华小包团的形式。第二类游客是文化素质相对较高的一类，语言对他们来说不是什么障碍，而且这类人一般只要求机票加酒店，会根据自己的喜好和经济能力选择酒店，其他的内容自己安排，一般都是在互联网上对旅游目的地做了详细的调查后才成行。

针对自由行巨大的市场，餐厅、酒店要做好充足的准备，把散客旅游服务提升到战略地位。自由行旅游发展的一大趋势是服务重心向目的地延伸。自由行不只是机票加酒店，而应有一套完整的服务体系来支持。比如在目的地建立客户服务中心，构建机场、酒店、景点之间的接送机、穿梭巴士等交通网络，等等。

在目的地酒店不仅要提供吃住等常规服务，还要提供良好的个性化服务。例如提供当地的天气预报、旅游线路、晕车药、叫车服务、为糖尿病患者提供无糖果盘，等等。

7）根据数据信息统计分析旅游群体需求，以便今后更好地服务。要想做好旅游餐饮必须对数字敏感，我们需要做的是把每天接待的旅游团队完整的数据信息记录下来，包括旅行社社名、时间、地点、导游、电话、客源地、客源特点、客人特殊需求等，然后进行统计分析。以备接待下一个旅游餐团时借鉴、参考。

3. 会议、商务餐

会议是宾馆的一个重要的客源市场，能带动宾馆其他消费，许多宾馆也将会议作为新的经济增长点来抓，谓之"会议客源、会议经济"。然而自 2012 年底以来，中国陆续出台"八项规定"、"六项禁令"狠刹"舌尖上的浪费"，"厉行节约、反对浪费"的消费观念正为越来越多的人所接受。笔者调查发现，随着政策持续发酵，不少地方高端餐饮业消费骤减，京城多家酒店营业额下降。商务、会议桌餐的形式越来越少，取而代之的是自助餐。

2013 年全国 31 个省份均召开了地方两会。31 个省份均不摆鲜花、不铺红地毯、出行不封路。对于反铺张浪费，各地两会的落实主要体现在代表、委员们的餐饮方面。超七成省份提出缩减餐饮支出，17 个省份明确会议餐饮形式为自助餐，河南更明确，取消了小火锅。基于会议餐从简的大趋势，酒店应该着手改变经营观念，大力发展自助餐，有更强的能力接待自助型会议团体，要在菜品品种数量及质量、口味上下功夫，而且要大力提高服务质量，使酒店餐饮既能够服务商务会议又能够为平民百姓服务。

【复习思考题】

一、什么是从众心理？

二、你认为餐饮群体对餐饮业有何影响？

三、餐饮群体的划分方法有多种，你记住了几种？

四、你认为根据不同就餐目的可以分为几种就餐群体？如何提升对他们的服务？

五、你认为根据年龄可以将餐饮消费者分为几个群体？如何提升对这些群体的服务？

【拓展训练】

案例：俏江南

俏江南自 2000 年创立以来，一直遵循着它"创新、发展、品位与健康"的企业核心精神，不断追求品牌的创新和突破，从国贸第一家餐厅到北京、上海、天津、成都、深圳、苏州、青岛、沈阳等 50 多家店，从服务商业精英、政界要员到 2008 年北京奥运会场、2010 年上海世博会……历经十年的健康成长，俏江南已经成长为中国最具发展潜力的国际餐饮服务管理公司之一，并朝着它"成为中餐里的 LV"的目标不断前进，引领着中华美食文化走向国际市场。

[分析] 在创建俏江南品牌前，北京的很多高档写字楼里只有粤菜餐厅，价位偏高，把很多普通白领拒之门外。多年做餐饮的经验告诉张兰，这批有强劲消费能力的人对餐厅的要求是要有舒适、有格调的环境，有色香味俱全的卫生食品，而且价格要适中。俏江南针对高、中级白领，融合商务宴请、高档中餐、就餐便利三项特征于一体的市场空白，选择了大众菜系与高档环境相结合的"菜品标准化+环境差异化"操作模式。选择川菜而不是别的菜系是由于川菜拥有最广泛的消费者群体和最低的标准化成本，从而为规模扩张奠定基础；通过营造顶级就餐环境为消费者创造最佳价值体验，不是通过菜品而是通过环境实现差异化。

【推荐阅读】

一、阅读《中国式饭局：宴请细节全知道》（宇琦，中国华侨出版社，2011年 1 月）。

本书作为中国式宴请的细节和餐饮礼仪规范的读本，全方位介绍了各行各业、各种身份职务、各种场合的宴请必知常识和禁忌，帮助宴请者准确无误地办好宴席，同时提高应对各种场面危机的应变能力，是一本非常实用的宴请攻略宝典和餐饮礼仪规范教程。

二、阅读《餐饮业留客实例分析》（唯高主编，中国物资出版社，2011 年 7 月）。

由唯高主编的本书所介绍的，就是餐饮业面对当今时代的发展，应如何培养自己的经营意识；如何运用别具一格的创新特色，以一流的管理和服务，长久吸引客人、留住客人。一句话，成功在于不断地探索和进取。本书是餐饮行业从业人员如何提高经营意识的必备参考读物。饮食爱好者也可借此丰富有关知识，了解有关窍门，增添情趣和提高生活品位。

第八章　餐饮文化心理

冬日则饮汤，夏日则饮水。

——《孟子·告子上》

在餐饮消费过程中，多姿多彩的饮食风俗，优美典雅的用餐环境，精美绝伦的餐饮器皿，风格迥异的餐饮时尚，历史悠久的饮食文化，无时无刻不在影响着人们的消费心理。本章将从中西餐饮文化差异、影响消费行为的餐饮文化因素、餐饮文化与餐饮营销三个方面逐步展开，探讨餐饮文化在餐饮服务企业开展营销和提供服务中的应用。

 学习与行为目标

1. 了解餐饮文化的内涵
2. 明确中西餐饮文化的差异
3. 掌握影响消费行为的餐饮文化因素

第一节　中外餐饮文化概述

我的先生很可惜是一个外国人。这样来称呼自己的先生不免有排外的味道，但是因为语言和风俗在各国之间确有大不相同之处，我们的婚姻生活也实在有许多无法共通的地方。

……

母亲在台湾……后来家中航空包裹飞来接济，我收到大批粉丝、紫菜、冬瓜、生力面、猪肉干等珍贵食品，我乐得爱不释手。

……

第二次吃粉丝是做"蚂蚁上树",将粉丝在平底锅内一炸,再洒上绞碎的肉和汁。荷西下班回来一向是饿的,咬了一大口粉丝。"什么东西?好像是白色的毛线,又好像是塑胶的?""都不是,是你钓鱼的那种'尼龙线',中国人加工变成白白软软的了。"我回答他。他又吃了一口,莞尔一笑,口里说道:"怪名堂真多,如果我们真开饭店,这个菜可卖个好价钱,乖乖!"那天他吃了好多"尼龙加工白线"。第三次吃粉丝,是夹在东北人的"合子饼"内,与菠菜和肉绞得很碎当饼馅。他说:"这个小饼里面你撒了鲨鱼的翅膀对不对?我听说这种东西很贵,难怪你只放了一点点。"我笑得躺在地上。"以后这只很贵的鱼翅膀,请妈妈不要买了,我要去信谢谢妈妈。"我大乐,回答他:"快去写,我来译信,哈哈!"(节选自:《沙漠中的饭店》,三毛)

作者为爱而背井离乡,在广袤而荒芜的沙漠中利用有限的、单调的原材料,施展自己的想象力,变出一道道中国大餐。作者用独特的叙事风格、幽默洒脱的语言、率真的个性,妙趣横生地向我们展示了由于餐饮文化差异而引起的餐桌趣事。

一、餐饮文化的内涵

1. 概念

餐饮文化是指食物原料开发利用、食品制作和饮食消费过程中的技术、科学、艺术以及以此为基础的习俗、传统、思想和哲学,即由人们食生产和食生活的方式、过程、功能等结构组合而成的全部食事的总和。它是一个涉及自然科学、社会科学及哲学的宽泛概念,具体而言是关于人类或一个民族在什么条件下吃、吃什么、怎么吃和吃了以后怎样的综合文化。

其含义也有广义和狭义之分。从广义上来说,餐饮文化是指人类在饮食活动中创造的一切物质文化和非物质文化的总和。而狭义的餐饮文化是指人类在饮食生活中创造的非物质文化,如饮食风俗、饮食思想、饮食行为等。

2. 餐饮文化的特性

餐饮文化作为一种文化现象,与每个人的"吃"、"喝"行为密切相关。它是一种文化综合体,在人类生存和生活中起着重要作用,当然也有其自身的特性。

(1)地域性。地理环境是人类赖以生存、生活的客观基础。地理环境以及相应的气候条件和物产状况导致不同地区、不同国家的人,获取生活资料的方式、难易程度的不同。人类也就是在适应和改造环境的过程中形成了多样的餐饮文化。民间俗语"一方水土养一方人"体现的就是餐饮文化的区域性特征。例如,自然条件、作物种植方式以及家畜饲养方式的差异,导致了东西方不同的饮食结构——中国人的主食以大米或小麦为主,而西方人的主食以肉类为主。

（2）民族性。餐饮文化和民族文化相互融合。不同民族在历史渊源、生产方式、语言、文化、风俗习惯以及心理认同等方面具有显著性差异。同样，不同的民族由于自然环境、经济生活、生产力水平与技术、宗教信仰等方面的差异，体现出不同的饮食喜好和饮食禁忌。比如，中华民族倾向于含蓄、和谐，而西方人倾向冒险、开拓。在食具上，中国人以筷子为主，使用筷子时温文尔雅；西方人以刀叉为主，优雅中略显豪放。

（3）传承性。"民以食为天"。自古以来，饮食与生活息息相关。一方面，在人类发展过程中，餐饮文化也在不断丰富和演变。不管人类社会如何发展，餐饮文化都与之相伴而生，不断推进。另一方面，由于稳定的区位文化、地理因素，使得不同的国家、地区、民族区域内的饮食文化得以保持原貌，并世代相传。比如，法国的葡萄酒，韩国的泡菜。

3. 餐饮文化的功能

（1）生存功能。饮食是人类生存的必要前提。不同文化中的古语、民谚对其重要性的描述具有共通性，如"民以食为天"、"食色，性也"、"世界上没有生命则没有一切，而所有的生命都需要食物。"由此，饮食对于人类生存发展的重要性是不言而喻的。

人类通过食物摄取自身所需要的营养物质，维持正常的生命活动。不同的食物具有不同的养生作用。《黄帝内经》中说："五味入胃，各归所喜，故酸先入肝、苦先入心、甘先入脾、辛先入肺、咸先入肾，久而增气，物化之常也。"

在饮食实践中，食料的药用功能逐步被发现。如山楂促消化、大蒜治痢疾、当归补血益气，等等。研究表明，如果人体缺乏某些物质就会导致疾病。如缺乏维生素可导致坏血病和夜盲症的发生，而通过多食用富含维生素的蔬菜和水果就可以有效补充体内维生素的含量从而避免这些疾病的发生。"食疗"把中医理念同餐饮文化相结合，在促进人类的健康方面发挥着重要作用。

（2）交往功能。在人类的交往中，饮食具有媒介作用，无处不在、无时不有。逢年过节、红白喜事、招待朋友、迎来送往的活动都离不开饮食。餐饮文化在不同的社交场合又有不同的体现方式。

（3）审美功能。在人类发展的历史长河中，饮食的首要功能是为了满足人类对于免予饥饿的需求。随着生产力的不断进步，物质文化极大丰富，饮食已逐渐超出满足生存需求的功能，而丰富了其满足审美情趣需求的功能。饮食被当作一门科学来研究，而对菜品色香味的感受则逐渐成为一门艺术。人们在饮食的过程中，神情愉悦，获得了无限美的享受。比如，食料加工过程中发展出了更多的雕刻技艺和艺术手法，食物的造型乃至菜肴的名称极力追求文化审美情趣。

二、中西餐饮文化比较

就饮食行为的基本目的而言，中、西方并无差异，就是果腹充饥以维持生命。但具体到文化层面，中、西方的餐饮文化则迥然不同。

1. 饮食观念

（1）营养与美味。以"鲜"为标志的西方饮食首要追求的是"营养"，食物的营养成分及搭配是其首要考虑的问题。只有在满足"营养"的前提下，菜肴的色、香、味才会予以考虑。西方人对饮食追求的是"吃得科学、理性"。

以"香"为标志的中国饮食首要追求的是"美味"，饮食的味觉感受最为重要，同时追求饮食审美的艺术享受，营养则是次要的。俗话说："民以食为天，食以味为先"。中国人的饮食追求是一种"意境"，难以言传，不可量化。即使用"色、香、味、形、器"把这种"境界"具体化、操作化，恐仍难以涵盖其全部。

（2）直白与含蓄。直白性是西方饮食重要特征，表现为：①淡化对食材色、形、香等人工技巧的追求，注重其自然属性和营养价值，强调原汁、原味、原色。②菜品名称较少艺术加工，直截了当，菜名本身就点明这道菜的主原料，如茄汁烩鱼片、土豆泥煎小牛排、番茄汁奶油口蘑牛肉丝等。

中国饮食以含蓄为主基调。主要表现在：①对饮食的色、香、形等外在形式美的追求达到极致。②菜品一般都冠以富于想象力的"喻名"，如"凤爪"、"蚂蚁上树"、"四喜丸子"等。

2. 饮食习惯

（1）生食与熟食。西方餐饮推崇"生食"，以保持食品的营养结构、新鲜感。如前所述，西方饮食首要看重营养，而加热烹调，可能造成营养损失，于是生食之风盛行。如生蔬菜、生鱼片等。

中国饮食的主流是"熟食"，这是由"享受美味、饮食养生"的观念决定的。要使菜肴的"香与味"充分体现，就得借助较复杂的烹制技术。在中国菜中，鱼的吃法有成百上千种，这在西方餐饮中是不可想象的。

（2）肉食与素食。西方餐饮中以肉食为主，素食为辅。在西餐中常见大块肉、整块鸡等"硬菜"，发达的肉制品加工工业也为西方人的餐桌提供了充足的肉食。

中国饮食则以素食为主，肉食为辅。在中国人的食谱里，素菜是日常食材，所以自古便有"菜食"之说，菜食在日常的饮食结构中占主导地位。这个特点在中国人的日常用语中也有体现，如"买菜去"、"点菜"、"菜篮子"等。

3. 烹饪方法

（1）分别与和合。西餐烹饪的核心特征是追求各种食材的独特性，各种原料虽共处一盘，但在滋味上互不干扰，从而使各种食材的本味得以充分体现。如西餐中的"土豆烧牛肉"，绝非将土豆牛肉集于一锅而炖之，而是把烧好的牛肉佐以煮熟的土豆。此外，西餐中的饮、食往往是分开的，主食、菜品与饮料、汤分得清清楚楚。

而中式烹饪的精髓是"五味调和"，强调"水火相憎，鼎鬲其间，五味以和"。如中餐中的"土豆烧牛肉"则是将两种食材集于一锅而炖之，加上配料和辅料以及各种调料，各种食材之味交织融合在一起，互相补充，互助融合，从而形成一道含两种原料而又超乎两种原料的美味佳肴。此外，中餐中的饮、食往往是分不开的，如著名的"洛阳水席"以其"汤汤水水、饮食不分"而闻名天下。

（2）规范与变化。西方烹饪重理性分析，强调规范，重营养合理搭配。在菜肴制作过程中必须严格按照科学规范行事，烹饪操作过程完全一致，调料的添加量和烹调时间要精确，从而使每次出产的菜品在味道、色泽上高度一致。肯德基、麦当劳就是依靠这种标准化的烹饪工艺而成为跨国快餐连锁企业。

中餐烹饪讲究变化，在菜肴制作时侧重直觉感悟，具有身心的愉悦性。主要表现在：各大菜系的菜品具有各自的风味与特色；即便同一菜系的同一道菜，也会因厨师个人特点而有所不同；甚至出自同一厨师的同一道菜，也会因季节、场合的不同而加以调整。中餐烹饪的变化性特点使菜品的口味、风格更加灵活多变。

4. 饮食方式

（1）独享与共享。西方人奉行分餐制，虽坐在一起，却"各吃各的"。强调个性的存在，体现人际关系中的个性独立。西餐以及自助餐形式体现出这种文化特征。

中国饮食推崇"共享"。大家团团而坐，共享餐桌上的任何一道菜。在饮食过程中更注重人际关系、社会角色的协调与分配，体现中国饮食方式的共享性特征。

（2）个人与集体。分餐制可以在饮食过程中形成 种相对宽松、自由的平等交流关系。自助餐就是这一特征的典型体现。就餐中，大家各取所需、可以自由走动，而不必固定在某一位子上，有利于一对一或小群体间的人际情感交流。

中国合餐制的饮食方式常常表现为一种向心的、侧重集体性的人际交流，大家围坐在圆桌旁，有选择的个别交流的机会较少，而其交流的信息也只能在圆桌上集体共享。

第二节　影响消费行为的餐饮文化因素

我们毫无愧色于我们的吃。我们有"东坡肉",又有"江公豆腐"。而在英国,"华兹华斯(William Wordsworth)牛排"或"高尔斯华绥(John Galsworthy)炸肉片"则是不可思议的。华兹华斯高唱什么"简朴的生活和高尚的思想",但他竟然忽视了精美的食品,特别是像新鲜的竹笋和蘑菇,是简朴的乡村生活的真正欢乐之一。中国的诗人们具有较多功利主义的哲学思想。他们曾经坦率地歌咏本乡的"莼羹鲈脍",这种思想被视为富有诗情画意,所以在官吏上表告老还乡之时常说他们"思吴中莼羹"。这是最为优雅的辞令。确实,我们对故乡的眷恋大半是因为留恋儿提时代尽情尽兴的玩乐。美国人对山姆大叔的忠诚,实际是对美国炸面饼圈的忠诚,德国人对祖国的忠诚实际上是对德国油炸发面饼和果子蛋糕的忠诚。但美国人和德国人都不承认这一点。许多身居异国他乡的美国人时常渴望故乡的熏腿和香甜的红薯,但他们不承认是这些东西勾起了他们对故乡的思念,更不愿意把它们写进诗里(节选自:《吾国吾民·饮食》,林语堂)。

林语堂先生以敏锐的观察、深邃的思考揭示了"吃"在生活中的地位和对人们的深层意识的影响。同时,他也从独特的文化视角回答了一个我们共同关心的问题:为什么不同国家和地区的人在"吃什么与不吃什么"的选择上如此不同?

一、地域餐饮文化

特定的地理环境和生产方式,经过一定历史时期的社会变迁与发展,会形成特定的地域文化特征。我国因幅员辽阔,民族众多,不同民族、地区间的差异相当悬殊,形成了一系列颇具特色的地域文化,如东北文化、齐鲁文化、荆楚文化、潮汕文化等。餐饮文化也不可避免地被打上地域特征。如四川盆地气候湿热,不易出汗,体内的热量与毒素不能畅快地排出体外,所以四川人好吃辣椒、花椒等食物,从而形成了川菜以麻辣为主的饮食风味。又如南方人吃馄饨、北方人吃饺子。这些南北的地方差异,形成了不同的菜系,也影响着人们的饮食消费行为。

专栏 8-1

广东饮食传统中的古越遗风

时下流传的一句话说："广东人最敢吃，天上飞的除了飞机不吃，地下有腿的除了桌椅不吃。" 此话虽过分夸张，但也不是完全没有依据。广东人敢吃异物，其实是可以从古代越人的饮食习惯中找到它的历史渊源的。

古代越人喜爱吃的小动物有蛇、鼠、虫、蚁、蜗牛、蚯蚓、蜈蚣、蛤蟆，等等。他们把蛇称为茅鳝，草虫称茅虾，鼠称家鹿（现在广东的一些餐馆也把鼠称为"嘉鹿"），蛤蟆称蛤蚧。史书记载，唐代岭南少数民族喜欢生吃幼鼠，吃的时候，他们拿出还未长出毛的幼鼠，用蜂蜜喂之，摆上筵席，宾客用筷子挟到口中，咬的时候，幼鼠发出"唧唧"之声，所以这道菜称为"蜜唧"。蛤蟆（青蛙和蟾蜍的统称）也被越人视为上等佳肴，他们喜欢用芋头来煮蛤蟆，称为"抱芋羹"。另一种做法是用细长的竹笋来煮，蛤蟆煮熟后，瞪眼张口，竹笋插入口中，所以这道菜称为"卖灯芯"。唐代岭南山区的少数民族把在山里挖出的蚁卵，洗净，用盐腌好，称为"蚁卵酱"，作为招待客人的佳肴。古代岭南人把蜈蚣肉晒干成肉脯，认为其美味胜于牛肉。越人还爱吃用蚯蚓腌成的酱，称为"斋"。岭南山中有很多大蜗牛，越人认为吃蜗牛可以解毒，他们先用米水洗去蜗牛的涎液，再切成小块来吃。

岭南人好吃异物的饮食习惯，世代相承，虽然后来其中的内容有所改变，但这一特点一直流传下来，今天广东人仍以敢吃著称，这恐怕与古代岭南人的饮食特点不无历史之渊源关系。

资料来源：梁迭戈：《广东档案》，2009 年第 6 期第 45 页。

不同地域的消费行为模式表现出很大的差异性。美国学者卡勒等研究了美国的区域消费差异，研究发现即使是在美国这样经济文化区域差别相对较小的国家，各域间还是存在着消费差异。中国地域广阔，各个地区由于文化传统的不同，都有自己传统的餐饮消费习惯，以中原地区的民族来说，闭关锁国的时间较久，千百年来自给自足的小农经济成为构筑地域文化的基础，使餐饮消费形态呈现出一种封闭的、保守的、喜欢稳定的状态；而沿海地区的居民，由于对外开放的时间较早、开放的程度较高，接触国外事物和思想的机会更多，因此在餐饮消费行为上喜欢追求新奇、刺激和时尚，容易接受外来的餐饮消费模式和观念。

专栏 8-2

一项关于亚洲饮食文化地域差异的研究报告

　　奥美广告公司在亚洲 14 个地区，21 个城市展开了一项调查，进行了 220 场座谈会，搜集了 6000 个样本的量化调查，亦进行了 56 次陪同购物之旅，分析了 500 多人的个人饮食日记，最终发布了"饮食男女、失序有理——亚洲区饮食研究报告"。这项调查的结论之一是：不同国家或地区对外来饮食文化的接受程度不同，接触外来饮食文化的机会也不同。中国大陆、日本、韩国、泰国、印度等地居民维护饮食传统，而中国台湾、中国香港、新加坡、菲律宾、马来西亚、越南等地居民更倾向于接受新的饮食文化。越南、巴基斯坦、印度接触新的食品的机会较少，而韩国、日本、新加坡等地接触新的食品的机会较多。如下图所示：

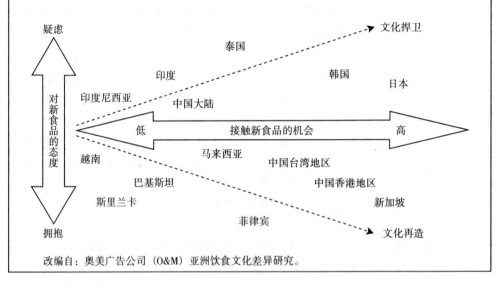

　　改编自：奥美广告公司（O&M）亚洲饮食文化差异研究。

二、宗教餐饮文化

　　宗教是人类历史发展过程中产生的一种社会现象，宗教信仰种类繁多。各宗教的教规都制约本教教徒的思想观念、行为方式，作为饮食消费行为也自然受到宗教信仰的影响。从宗教餐饮文化的角度看，饮食不仅是个人的一种口腔行为，也是一种社会行为，不仅要满足个人的口腹之欲，也要遵从一定的社会价值准则。西方宗教人类学家认为，"在传统社会里，宗教禁忌既是文化模式与社会秩序的内容，又是建立和维护文化模式与社会秩序的手段：它以强制的或潜移默化的方式，将人的观念与言行纳入历史的和社会的轨道之中。"

宗教信仰和文化会形成共同的饮食习惯，直接影响到饮食行为。一般大的宗教对哪些食物可以食用，哪些是不可以食用以及食物的使用时间都有明确的规定。如伊斯兰教法规和《古兰经》就规定，禁食的动物有：猪、虎、狼、狮、豹、鹰，乃至驴、骡、马、狗、猫、鼠、蛇等。同时，禁止使用自死物、血和未经诵读安拉之名而宰杀的动物。佛教一般禁止食用肉类食品，提倡素食，禁止饮酒。而基督教则在"复活节"期间告诫教徒禁忌肉、鱼、禽、酒、茶、咖啡等，提倡只吃蛋、奶和蔬菜。这些饮食戒规对所有的信徒都有约束力。

图腾崇拜也是和宗教有关的一种信仰。一些崇拜图腾的民族以猎取和吃食自己的图腾为饮食禁忌。例如，高山族以蛇为祖先，鄂温克、鄂伦春族则认为自己同熊有血缘关系，这对他们来说是神圣和不可侵犯的，当然严禁食用。

专栏 8-3

一位人类学家眼中的餐饮文化

饮食是人生一宗大事，自然要纠缠上许多奇怪意思，拨弄不清；那些野蛮人，我们无可无不可的地方往往正是他们吹毛求疵的地方，在饮食这件事上大概都有很郑重尊严的规则。这里面，有的很深刻，说是礼节还不如说是道德。例如在爱斯基摩人里头，鹿肉和海豹肉同吃是不可恕的罪恶。他们相信这件事要触怒海之女神。她一动怒，就要叫海里的大哺乳类不近岸，这个处罚就够厉害啦，不但犯罪的本人受害，同住地的人全受累不浅。无怪乎他们要勃然大怒，非叫本人出来忏悔不可了。东非洲的马赛尹人（Masai）也有相似的禁忌，不准一天之内吃了肉又喝牛奶，这不但叫那个人生病，还要——这可要紧得多啦——叫那个牛病倒。

另有一类规则也在社会生活上有极大的影响。男人和女人往往不准在一处吃饭。马赛伊人要吃饭的时候，他的太太立刻得走出那座茅屋。各有各的吃饭、喝水的家伙，谁也不能乱使。格林兰、夏威夷、乌干达、玻利维亚、美拉尼西亚，或现在，或过去，都有过这种规则。请闭起眼睛来想一想，假设我们的社会里面也永远不让夫妻们同桌而食，我们的家庭生活又将如何呢？

资料来源：[美]罗伯特·路威：《文明与野蛮》，吕叔湘译，生活·读书·新知三联书店，2005年版，第39~40页。

三、饮食风俗

风俗是无形的民族行为规则。不同国家和民族，由于宗教信仰、社会生活方面的传统影响逐渐形成了本民族的风俗习惯。就饮食消费而言，风俗集中表现着一个民族的饮食文化传统及其古老文明。如亚洲地区的中、日、韩多以米饭为主食，主要饮料是茶。而欧洲地区的主食是肉制品、牛奶和面包，主要饮料是咖啡。而同一国家，各地的地方烹饪风格又都明显不同，各民族饮食消费风格习惯各异。如中国的蒙古族常以牛、羊等肉食为主，辅以粮食、蔬菜、奶等；满族人以大米为主食，也有以玉米、荞麦、洋芋和燕麦为主食的。这些都是传统习俗，它影响着一代又一代人的饮食消费行为。

不同社会阶层，餐饮消费也有区别。所谓社会阶层就是在一个社会中，具有相对的同质性和持久性的群体，他们是按等级排列的，每一阶层成员具有类似的价值观、兴趣爱好和行为方式。有些食材在某些阶层深受欢迎，而在另一些阶层看来则显得有失身份；对有些阶层的人来说，饮食意味着物质的满足，而对另一些阶层来讲，则可能是地位和身份的象征。例如对待海参的态度，中国人喜欢吃海参，能用海参做出各式美味佳肴。而在非洲，则被认为只有贫穷的人才吃的食材，是"贱民的食物"。

专栏 8-4

世界各地年夜饭风俗

1. 中国：北方人离不开水饺，南方人不能没年糕

水饺形似元宝，年糕谐音"年高"，是吉祥如意的好兆头。年夜饭的饺子各有讲究：北京人讲实惠，肉多菜少；天津人喜欢拌水馅；东北人将肉剁碎后，用高汤浸泡后再包。吃年糕也不同：北方人习惯做白年糕，塞北城乡做的是黄米糕，江南一带有水流磨年糕，西南少数民族吃糯米粑粑，台湾同胞则吃红龟糕。

2. 印度：饿肚子

印度人在新年这天实行禁食，从凌晨直到午夜止。过了午夜各家才品尝准备好的饭菜，互相祝贺新年。

3. 法国：存酒喝光

法国人有一种迷信，认为除夕家中如有剩酒，来年会交厄运。只有干干净净，才能迎来一年的好日子。因此，他们宁可喝得酩酊大醉，也要将家中的酒喝个精光。

4. 越南：禁止喝汤

越南北方地区的一些少数民族，除夕夜要到平日取水的地方烧香、磕头，并打一桶水煮年饭。煮好后，先祭奠祖宗，然后全家吃年夜饭。吃这顿

饭时，绝对禁止喝汤。他们认为，喝了汤，种下的庄稼就会受涝。

资料来源：http://news.xinhuanet.com/food/2007-02/02/content_5687255.htm，经改编。

第三节　餐饮文化与餐饮营销

那粉墙黛瓦也许就藏在某个拐角后面，颇有"山重水复疑无路，柳暗花明又一村"的意境；抑或那亭台楼阁在某个餐厅的花园后面，不失"千呼万唤始出来，犹抱琵琶半遮面"的风情。她不做广告，不在十米外挂招牌，然而自会有茶客踏破铁鞋，寻她千百度。

跨入大门也未必就是茶室，而要穿过一条甬道，名曰"曲径通幽"。仿佛穿越从凡间到天庭的三界，又仿佛是时空隧道，走到尽头，眼前就豁然开朗了：一面墙是巨幅的仿"清明上河图"，另一面是未下完的围棋棋局；江南风韵的浮雕阑干、镂花小窗、茶几、竹椅、水墨画……浸在或浓或淡的茶香里，更显江南的柔情。

在这兼容唐风宋韵的茶楼小坐，沏一杯丹参黄芪（药茶）或朱梅雪莲（艺术茶），幽香沁人心脾；即使叫上一杯普通的竹叶青或龙井，有筝和箫相伴，仙乐飘飘，也别有一番滋味。

返古的茶馆如出水芙蓉，在申城的街口吹送着清新的风（节选自：《上海茶馆》，悠冷）。

作者细腻的描写、幽美的文字，读来如临其境，如闻其音，大都市中一座古典茶馆的浓郁氛围就这样悠悠地荡漾开来，令人遐思翩翩。读者尚且如此，光临茶馆的客人想必不仅品味了香茗的意境，又获得了无穷的文化享受。

当前，国人的基本物质需求已得到极大满足，开始追求精神上的享受。因此，在餐饮产品的营销过程中，注重满足人的精神需求，发掘产品的餐饮文化价值成为企业赢得市场的关键点。

餐饮文化营销是在市场调研、环境预测、选择目标市场、市场定位、产品开发、定价、渠道选择、促销、提供服务等营销活动流程中均主动进行文化渗透，提高文化含量，以文化作媒介与顾客及社会公众构建全新的利益共同体关系，用文化来增添餐饮产品的消费价值链、创造产品的亲和力、增强餐饮企业的整体竞争优势。

一、基于餐饮文化中宗教体验的产品营销策略

1. 营销理念

目前餐饮消费市场已悄然进入"体验经济时代",所谓的"体验经济"就是企业以服务为舞台,以商品为道具,以消费者为中心,创造能够使消费者参与、值得消费者回忆的活动。在体验过程中,消费者不再是被动地接受企业提供的产品和服务,而是积极参与其中,并为自己的参与经历付费。随着现代生活节奏的加快,越来越多的人为生活中的各种烦恼、压力感到身心疲倦。逃避喧嚣,体验宗教文化带来的片刻清静与宁静是越来越多现代人选择的放松方式。为实现这个需求,许多消费者将自己想象成宗教中一员,选择到宗教特色的圣地或者餐厅消费,例如在佛教圣地吃斋念佛、坐禅听钟,在道教圣地修丹炼气、沐浴神光,这既恢复了体力,又恢复了心力,达到彻底放松的目的。目前盛行的素食餐厅,素食餐饮文化起源于佛寺禅院的素斋,是一种宗教文化。早在清乾隆、嘉庆年间,上海已是"江南之都会",在各宗教旅游区内,善男信女进香之日至少吃一天净素,以表示心诚,心诚则灵。随着社会的发展进步,素食已融合民间的蔬食和宫中的御斋,逐渐形成素食餐饮业,出现了素食店、素菜馆,服务对象多为佛门弟子和信徒、回民、官吏及文人墨客等。可以说,素食产业既继承了宗教中优秀的传统文化,更融合了时代的市场需求,巧妙利用宗教文化增添餐饮文化产品的魅力。

2. 营销策略

(1)企业策划。在体验经济时代,最能够吸引和满足消费者的产品就是餐饮文化的体验。餐饮消费中的宗教文化"渗透"和"包装"是当今餐饮业在激烈市场竞争中的重要营销策略。餐饮企业要想获得消费者的青睐,就必须把握宾客的需求,树立"体验导向"的理念,充分调动宾客的主动性、参与性。将宗教文化寓于产品设计、生产环节中,创造全方位、高品位的文化氛围,以文化点缀和装饰产品,增强产品的亲和力,提高宾客满意程度。

(2)企业服务。餐饮企业的工作人员作为创造体验的直接劳动者,员工素质在一定程度上决定了企业创造无形体验所能达到的水平。因此,企业文化传递的有效方式之一便是组织员工进行培训,使企业文化深入员工的内心。用企业文化导向、约束、凝聚、激励、调适和辐射员工,敦促员工以良好的精神状态投入工作。这不仅能体现企业特色,有助于树立良好的企业形象,而且有助于员工感受并理解企业文化内涵,在服务过程中传递给顾客。

二、基于餐饮文化中民俗包装的产品营销策略

1. 营销理念

中国餐饮文化的发展与社会历史的变迁、民族习俗的传承有着千丝万缕的联系。菜品的"文化包装"是餐饮文化营销的基础,从命名、选料、加工、切配造型、烹调到器皿的选择、装盘等方面迎合了消费者传统的民风民俗。如中餐菜品的名称被巧妙地融合民俗中的传统文化以赢得宾客满意,用乳鸽做的脆皮烧乳鸽被称为"喜鹊迎春";用鹌鹑、菜心做的甜食称为"大地回春"。这些意图美好、喜庆吉祥的菜名适时地运用会给宾客带来极大的心理满足和精神愉快。有些中餐还用到独特的烹调工艺、令人赏心悦目的原料色彩搭配与精美的造型来展现丰富的民俗艺术文化魅力。例如:喜庆宴席上的"孔雀开屏"、婚宴上的"龙凤呈祥"、表达美好祝愿的"骏马奔腾"等菜品,在构图上讲究虚实结合,在造型上既重形似,亦重神似,让人赏心悦目,激起宾客的共鸣与感动,这些文化艺术内涵丰富的菜品不仅给人以口福,也给人以眼福。

2. 营销策略

(1)企业策划。餐饮企业要获得竞争优势,在菜品文化的创新上还要不拘一格、放眼世界,要大胆地吸收与引进世界各国优秀烹饪饮食文化,满足人们对饮食文化求新猎奇的心理需求。将优秀的西餐文化融合到中餐菜品的制作中,无论是在原料、设备方面,还是在烹调技艺和菜品造型装潢方面,既发扬了传统优势,又借鉴了西餐的艺术特长,让人耳目一新,深受顾客欢迎。

(2)企业服务。在餐饮服务过程中,企业若能融合酒文化、茶文化、菜品文化的民俗和地域色彩,创新设计文化内涵丰富的服务方式,在迎宾、沏茶、斟酒、上菜、结账、送客等服务过程中,巧妙地将民俗礼仪、风土人情、菜肴典故、名人轶事、现场烹饪等内容,艺术地嫁接到餐厅服务环节中来,展示民俗服务的特色,提高产品的品位,会使顾客回味无穷,大大提高宾客的满意度。

三、基于餐饮文化中区域特色的产品营销策略

1. 营销理念

由于地理环境和自然条件不同,不同地区和民族会形成不同的行为习惯和生活方式,经过长期发展,造成人文环境的巨大差异,进而产生明显与地理位置有关的文化特征,这种文化即区域文化。我国区域文化特征明显:中原大地雄壮美丽,塞北草原宽阔粗犷,江南水乡钟灵毓秀,西南山区温厚质朴,可谓千姿百态,各领风骚。不同的区域文化,诉诸不同的消费需求,在餐饮产品的营销策略中,各地区推出了贴近本地文化气质与审美风格的特色菜系。如江南精巧雅致的

淮扬菜；中原雄伟壮观的宫廷菜；西南平实无华的巴蜀菜；塞北朴素豪放的蒙古菜。另外，由于经济、地理、风土、物产和文化传承的影响，各地在饮食习俗、饮食口味上也有很大不同。例如西南地区的云、贵、川、渝和西藏，普遍嗜辣，大多喜酸，也爱香甜，惯食大米，饮食具有价廉物美的平民文化风格。而处于华北地区的京、津、鲁等地，则喜好鲜咸浓醇风味，葱香突出，善于用汤，巧于火功，菜品大多酥烂，尤爱面食。在现代经济社会中，企业产品富有特色，顾客就会产生好感，甚至表现出忠诚，其他企业产品也就无法模仿和代替。区域文化通过市场需求、生产要素投入、饮食文化风格、产品创新等诸多方面影响餐饮产品的经营。

2. 营销策略

（1）企业策划。对于跨区域扩张的餐饮企业来说，文化的异质性会对组织内部和外部造成沟通障碍。这是因为在跨文化沟通的解码过程中，原来文化信息的含义会被另一种文化所修改、曲解、删节或增加，导致所表达的含义和行为出现较大的差异。表现在企业内部管理上，由于员工来自于不同地区，在语言、行为、生活方式、价值观念乃至非语言表达方式等方面都存在较大差异，有可能在员工与员工之间、员工与管理者之间产生沟通障碍。从外部经营环境来看，由于语言、习惯、价值观的差异，信息、社会文化和组织外部沟通对象变得多元化，企业经营环境更加错综复杂，从而增加了市场运营的难度。

（2）企业服务。服务人员从服饰到言谈举止，都应与区域文化特征谐调。根据区域文化特点，对服务人员进行系统专业培训，使得每个服务员都是文化餐饮的导游。在服务过程中，服务员要对菜品相关的地方典故简单介绍，但不是一味地只讲历史文化，而是将区域文化与本地区的菜系发展历史有机地结合起来，使整个的讲解过程不仅体现了区域文化的经济价值，而且也充满了审美价值。让食者在美味的品尝中沉醉，在服务员娓娓动听的讲解中陶醉。这种区域文化包装在餐饮市场中往往会因其个性鲜明、无法复制而独行其道。

文化营销蕴涵着深厚知识文化与哲学，它有效把握了市场脉搏。伴随着科学技术的迅猛发展，市场经济的繁荣，人民生活水平的提高，餐饮消费中的精神需求比重日益提高，消费品位也不断升华；同时，公众的消费行为日益理性、成熟，消费需求多样化、感性化、个性化。在此背景下，餐饮企业更需加强文化营销，弘扬文化特色，形成丰富多彩的差异化竞争优势，才能取得经营的成功。

【复习思考题】

一、餐饮文化的内涵是什么？

二、如何理解中西方餐饮文化的差异？

三、影响消费行为的餐饮文化因素有哪些？

四、餐饮文化对餐饮企业更好地开展营销和提供服务有何启示？

【拓展训练】

搜集民俗

收集、整理自己家乡的居家日常饮食风俗以及年节、婚庆、寿庆、丧事的饮食风俗，思考这些饮食风俗的成因及其对当地居民餐饮消费行为的影响。

【推荐阅读】

一、阅读《中国饮食文化概论（第 2 版）》（赵荣光，高等教育出版社，2008）。本书是系统整理、介绍中国饮食文化的经典教材。

二、阅读《文明与野蛮》（[美] 罗伯特·路威著，吕叔湘译，生活·读书·新知三联书店，2005）。

这是一本著名的人类学著作。本书对人类文明文化史的描绘和阐述可谓通俗易懂，深入浅出，吕叔湘先生称之为"外行内行都能欣赏的科普读物"。饮食、饮食礼节、宗教等章节从人类学的角度谈到了餐饮文化。

三、阅读《图说世界饮食文化》（棘青，吉林人民出版社，2008）。

该书介绍人类的饮食文化的历史变迁，从人类早期的茹毛饮血写到现代人的饕餮盛宴。全书图文并茂，赏心悦目。

四、阅读《筷子与刀叉——中西饮食文化比较》（杜莉，孙俊秀，高海薇，四川科学出版社，2007）。

该书主要阐述了中西方在食俗、礼俗、社交、文化方面的区别。

五、阅读《叶茂中的吃功夫——7 万亿的诱惑》（叶茂中，机械工业出版社，2010）。

该书是关于餐饮营销策划的指导书。它从营销策划的视角，介绍了餐饮企业如何选择适当的成长模式和品类，如何借助营销策划提升品牌的市场价值。有详细的案例介绍。

第九章　餐饮营销心理

营销的宗旨是发现并满足需求。

——世界营销大师　菲利普·科物勒

商场如战场，营销如战争，善战者攻心为上。消费者任何一次消费行为的背后其实都有着其深刻的心理动机。在营销过程中，灵活运用心理知识，了解消费者的潜在需求，并满足他们的要求，从而促使消费者与餐饮企业建立情感，使消费者真正动情，从心里爱上餐饮产品和餐饮企业，从而把消费者"引"进来，让消费者主动来消费，这是餐饮营销的最高境界，也是营销世界的力量源泉。

 学习与行为目标

1. 了解餐饮营销心理的含义
2. 正确理解餐饮营销的特点
3. 掌握餐饮营销的心理效应和心理策略

第一节　餐饮营销心理概述

芝加哥一家广告公司研究女性月经周期的心理反应，以便根据她们的心态拟订广告策略。研究表明：在情绪高涨的阶段，她们会表现得富有创意、容易兴奋、自我陶醉、热情、慷慨和外向；低落时则会希望引起别人的注意和特别的关照。这期间她想象力较差，性格也变得消极、内向。

如果销售蛋糕，企业制作的广告可掌握两个方针，针对处于情绪高涨的女性，用"新奇"来打动她；相反地，对于处于情绪低落的女性，则以"不费事"、"不麻烦"、"操作方便"等字眼打动她。许多商家目前已经开始应用这种心理战术争取消费者，他们针对消费者的潜在欲望、需求和弱点来拟订营销策略。

大多数人在消费时，都有一些共同的潜在动机，包括和谐感、刺激感和安全感。餐饮行业也不例外，营销人员一旦把握消费者内心真正的需要，就可以针对其心理需求，轻而易举地让老消费者和潜在消费者成为餐厅的忠诚客户。

一、餐饮营销

1. 餐厅及餐饮服务

餐厅是通过出售菜肴、酒水及相关服务来满足客人饮食需求的场所。或者说，凡是有一定场所，公开为消费者提供饮食服务的设施机构，都可称为餐厅。它具有以下特征：

（1）具有固定的场所。固定场所指有一定的有形建筑物，是具有一定的接待能力的餐饮空间和场所，有提供餐饮的设备和设施。

（2）能够为客人提供食品、饮料和服务，其中食品、饮料是基础，餐饮服务是保证，这是消费者评价餐厅的主要依据之一。对消费者来说，优质的服务不能掩盖或完全弥补餐饮质量所造成的问题。因此，餐厅提供的食品和饮料应做到质量、数量、价格和服务的统一。

（3）是以盈利为目的的。

以上三者缺一不可，缺少任何一项，都不能称之为餐厅。而餐饮服务就是餐饮部门的工作人员为就餐宾客提供食品、酒水等一系列行为的总称。在这样的环境中，餐厅营销有别于其他行业的营销，同时这些特殊性又加大了餐饮营销的困难。

餐饮营销必然会受到时间、空间的限制，餐饮企业固定成本及变动的费用较高，其产品销售量受就餐环境的影响，同时餐饮企业资金周转较快。

2. 什么是餐饮营销

营销学的理论和方法在餐饮行业中的贯彻和实施，就是餐饮营销。营销活动，简单地说就是销售部门把产品和劳务送到消费者手中。关于市场营销，美国营销协会是这样定义的：市场营销是关于观念、产品和劳务的构思、定价、促销和分销的策划和实施过程，其目的是实现个人与组织的目标而进行交换。科特勒（Philip Kotler）认为市场营销是个人和集体通过创造、提供出售，并同别人交换产品和价值，以获得所需所欲之物的一种社会和管理过程。概括地说，市场营销是一种持续不断、有步骤地促进交换的管理活动。企业管理人员在此过程中，通过市场调研，了解消费者需要，然后努力提供适合这种需要的产品与服务，使消费者满意、企业获利。在传统的营销理念中，企业的营销过程分别是产品、推销、扩大销售，最后是利润。在这种企业战略导向下，企业考虑的是尽可能多地把产品销售出去，而不考虑市场究竟需要什么。

餐饮营销是市场营销的一种，它不仅是指单纯的餐饮推销、广告、宣传、公关等，它同时还包含有餐饮经营者为使宾客满意并为实现餐饮经营目标而展开的一系列有计划、有组织、广泛的餐饮产品以及服务活动。总的来说，餐饮营销是指餐饮经营者为使消费者满意，并实现餐饮经营目标而开展的一系列有计划、有组织的活动。它是一种交换活动，在餐饮市场上实现，并以满足市场需求为核心。餐饮营销各环节、各层次的工作都是围绕餐饮市场开展的。餐饮是餐饮企业经营管理的核心，是一个系统的工作过程。

随着生产的发展，社会的进步，那种坐等消费者上门的"销售观念"时期不复再来。代之而来的是"营销观念"时期，尤其在第二次世界大战后，市场规模空前扩大，竞争空前加剧，消费者至上，更促成了这一观念的成熟。餐饮营销不再是向消费者推销产品，简单宣传而已，它不仅仅是一些零碎的餐饮推销活动，是餐厅企业为了使消费者满意，并实现餐厅经营目的而展开的一系列有计划、有组织的活动，更是一个完整的过程。营销无时不有，营销无处不在。世界经济已经进入一个全球大营销、大策划的时代。餐饮企业要想在激烈的同业竞争中打开销售局面，实现跨越式发展，就不得不打破旧有的游戏规则。餐饮营销直接关系到餐饮企业的生存与发展。

3. 餐饮营销的特点

作为餐饮企业，其生产和销售的产品是有形的环境、设施、菜品和无形的助餐服务的完美结合，而不是像其他行业一样以单纯的物质产品出现。因此，餐饮营销有其独有的特殊性。

（1）消费者需求的综合性。随着社会的进步，人们物质生活水平的提高，餐饮消费者不再局限于满足于吃的需求。他们不仅是以吃饱、吃好为消费目的，更多地关注到餐厅的位置、店内的环境，甚至到服务的细节、店内服务人员的服饰、灯光，等等。这些都是影响消费者选择消费的重要因素。从某种意义上来说，餐饮营销更多的是满足消费者的心理需求，而不再是其简单的吃饱、吃好。

（2）无形性。无形性是服务产品的共性。尽管餐饮产品是具有实物形态的产品，但它仍具有服务的无形性特点，即看不见、摸不着，且不可数据化。餐饮服务具有无形性，这是指就餐客人只有在购买并享用餐饮产品后，才能凭借其生理与心理满足程度来评价其优劣。餐饮产品的内涵除包括菜品、装修和设施外，还包括助餐服务、环境、形象等诸多要素。餐饮行业在向消费者销售的产品中含有较多的无形成分。消费者利益的满足与否同时来自于有形和无形两个部分，而无形部分的评价往往没有明确的衡量标准，因此，消费者在消费后的感受会因人而异。

餐饮营销人员所从事的是不仅与物打交道，而且要与人打交道的工作。营销服务是一种劳务交换，是一种信息传递，是一种感情交流，是一种心理沟通，是在服务过程中实现的商品向消费领域的转移。

（3）服务的短暂性。餐饮营销服务中的人际交往是一种短暂性和公务性的交往。餐饮服务产品是一个特殊产品，只能当次使用，当场享用，过时则不能享用。这恰似客机的座位一样，如当班不满座，那么航空公司是无法弥补本次航班收入的。

在一般情况下，营销人员与消费者的接触只限于满足消费者购物活动的服务需要。双方都立足于各自眼前的利益，完全是一种商品买卖关系。

（4）主导性。餐饮营销人员服务活动的对象是人，消费者有着千差万别的消费行为与心理，营销人员不能采用单一的标准模式进行接待。在双方交往过程中，营销人员要注意观察消费者的行为，分析消费者的心理，了解消费者的需要，解答消费者关心的问题，并对消费者进行提示与诱导，这些活动都使营销服务工作具有了主导能动作用。

（5）不对等性。餐饮营销服务中的人际交往通常是种不对等的交往过程。"消费者是上帝"的特定地位，决定了营销人员必须服从和满足消费者的意愿。只有消费者对服务人员提出要求，而不存在服务人员对消费者提出要求的可能性。因此，营销服务人员要正确理解"平等"、"不平等"的含义，不能与消费者争输赢，要接受"消费者总是对的"这一观点。

二、餐饮营销心理

1. 餐饮营销心理

餐饮营销，是指餐饮经营者为了使宾客满意，或招徕更多的宾客，并实现餐饮经营目标而展开的一系列有计划、有组织的活动。它包括餐饮的市场调研、目标市场的选择、餐饮产品的开发、餐饮产品的定价，以及销售渠道的选择和组织、各种促销活动，等等。

餐饮营销就是要依靠餐厅一整套营销活动，不断地跟踪消费者需求的变化，及时调整餐厅整体经营活动，努力满足消费者需要，以获得消费者信赖，通过消费者的满意来实现餐饮经营目标，达到消费者利益与经营者利益的一致。

心理学知识对餐饮营销而言，可有效了解营销者和被营销者的心理，研究卖方和买方的心理发展一般规律，从而有利于餐饮企业开展销售工作、消费者理性消费。营销是以消费者为中心，从消费者的需要出发，经过调整、改变，从而满足消费者需求的活动，并通过不断创造以维持消费者的满足来获取利润。营销过程由三部分组成，分别是：生产、销售和消费。生产者生产的商品和构成商品的各种因素是否可满足消费者的需要并使其满意，及销售方式和手段是否可被消费者接受，决定了这三个部分能否实现相互转换。营销心理学就是对这些因素和以上三部分中可能出现的心理问题做出分析和研究。

营销心理是指市场营销活动中客观现实在营销人员和营销对象头脑中的主观反映。营销活动中的"客观现实"指营销活动中必须而且能够让消费者感知的部分，如你提供的是什么样的产品（包括观念、产品、劳务），定价多少，在哪里能够买到产品，怎样进行广告宣传，怎样进行人员推销，等等。不同的人会有不同的反应，有的人可能对你的产品不屑一顾，而另外的人可能很感兴趣。这种行为与心理的差异性来源于行为人不同的背景，如消费者自身的社会地位、经济状况、消费需求和购买动机，或者消费者的性别、年龄、偏好等个人因素，也可能来自于社会文化背景、政治经济发展状况等外部影响因素。餐饮营销是通过市场调研了解宾客需要，然后配置内部资源，努力提供适应这种需要的产品和服务，使宾客满意、餐饮企业获利的管理过程。营销的目的是使餐饮企业获利，但目的的实现必须以宾客满意为基础。要想达到盈利的目的，成功达成交换，交易双方的沟通必不可少。营销在中国的企业历来实行见物不见人的管理方式，在营销过程中往往只注重产品，这样不可避免地影响了企业的营销工作。

2. 营销心理学的研究对象、内容与特征

（1）营销心理学的研究对象。作为心理学和营销学分支，营销心理学是运用普通心理学的一般原理，在研究商品营销活动中，商品营销者的销售心理现象与消费者购买心理现象产生、发展及其一般规律的基础上，侧重研究消费者的个性心理特征和影响消费者心理的因素，以及销售人员与消费者的心理沟通过程的相互关系而形成的一门独立学科。营销心理学研究整个营销过程中的所有参与者的心理与行为产生、发展和变化的规律。具体地说，就是研究消费者心理、销售人员心理，其中侧重研究消费者心理的一般活动过程和购买行为心理，以及销售人员如何与消费者达到心理沟通的一门学科。

从心理学研究的视角看，心理活动基础主要是指消费者赖以从事消费活动的基本心理要素及作用方式，包括消费者心理活动的一般过程、消费者的个性心理特征、消费需要和动机、消费者的态度等。通过对心理过程中的认识过程、情感过程、意志过程，以及知觉、注意、记忆等心理要素的分析，了解消费者心理现象的一般规律，把握其行为活动中的共性，研究不同消费者的能力、气质、性格等个性心理特征的基础上，进一步分析出产生消费心理现象的个别消费者在适应环境的同时，也会以不同的方式影响和作用于环境。具体分析各种社会环境因素（诸如文化背景、参照群体、社会阶层、家庭、舆论导向等）对消费者心理及行为的影响和作用方式，这对于消费者心理与行为活动的成因，掌握其运动规律具有重要意义。

营销活动中形成的买卖关系，构成了买与卖这对矛盾，其直接主要因素是销售人员和消费者。这对矛盾贯穿于整个营销过程，并决定营销工作的成败，即商品是否能够最终销售出去，实现其使用价值和价值。

营销心理学的研究对象表明，营销心理学的研究范围是市场营销过程中的人的行为与心理活动及心理沟通过程，内部因素和外部因素对营销人员和消费者的心理影响；研究主体是人，具体包括消费者、营销者、利益相关者、竞争者；研究的目的是总结营销行为与心理活动中一些带有规律性的东西，以便更好地指导市场营销实践。

（2）营销心理学的研究内容。营销心理主要是探索和掌握在商品营销活动中，客观事物和客观现实如何引起消费者的心理活动，消费者的各种心理活动过程是怎样进行的，营销人员的销售服务心理现象是怎样产生、发展及怎样与消费者进行心理沟通等基本问题。

营销心理首先研究消费者消费心理。消费者消费心理，是指消费者在消费活动中的心理活动，也就是消费者对商品反映的心理轨迹。任何心理活动都有它的发生、发展到完成的过程。消费者在消费活动中的心理活动，同样有它发生、发展到完成的过程，消费者消费活动的认识过程、情绪过程和意志过程，都有它们各自产生、发展到完成的过程。各种心理过程作为人脑对商品、市场客观现实和客观存在的反映形式，是消费者所共有的。消费者的消费动机是消费者购买心理的重要组织部分，是由消费者需要、兴趣等心理活动而产生的消费行为的内在动力。在营销过程中，消费动机是指直接驱使消费者某项消费活动的内在推动力。它反映了消费者生理上和心理上的需要，是消费者购买心理活动的重要阶段。消费者消费行为就是消费者为了满足某种需要，在消费动机的驱使下，所进行的购买商品和劳务的活动过程，是消费者心理与消费环境、商品类型、供求状况、服务质量等交互作用的结果。了解消费者消费心理现象的产生、发展、变化的规律，洞察消费者在消费过程中的心理状态和一般规律，营销人员可针对不同的情况实施有的放矢的经营策略，促进消费者心理活动的进一步激发，使之最终成为消费者。

营销心理研究的另一个内容是销售心理。企业为了满足消费者物质和心理上的需求，获得最大的社会经济效益，就要开展一系列的营销活动，制定各种营销策略，特别是要把握各种市场营销因素引起的消费者的心理反应，引起消费者的注意和兴趣，以达到营销活动的目标。对营销人员心理的研究内容主要包括：营销人员的职业行为心理、营销人员心理品质的培养和激励、营销服务中的人际交往心理和沟通心理。

另外，营销者心理研究还包括营销者的心理素养、领导艺术、管理结构及环境与成员心理的关系等方面的内容。

（3）营销心理学的主要特征。随着市场经济的快速发展，营销学与心理学相互融合，成为一门新的学科，它具有以下几点特征：

1）时代性。营销心理学的形成与发展，是市场经济不断发展和消费者需求加快变化的必然产物，具有较强的时代性。营销心理学在20世纪60年形成于美国，并在此后获得巨大发展，与当时及以后的美国及世界经济发展及消费者需求的变化密切相关。当时，以美国为代表的西方各国的市场经济进入高度发展时期，产品已相当丰富，买方市场全面形成，消费者成为市场的主宰，消费需求日趋差异化、多样化、个性化、复杂化，人们重视"情绪价值"胜过"机能价值"的时代，更加重视个性的满足、精神的愉悦、舒适及优越感。以理性的观念来解释和分析消费行为的传统营销模式无法解决企业面临的现实问题，新的消费需求要求企业认真研究不同层次消费者的特有心理，了解他们的特殊需求，从中找到某种替代性的象征事物，然后通过别具特色的感性设计给产品赋予某种气氛、情感、趣味、思想等，凭借感性的力量去打动、诱发消费者。与此同时，现代技术在制造业中的广泛运用，现代工业设计水平的不断完善，使商品的个性化和时尚性成为可能，使满足消费者的个性需求成为可能。

经过30多年的改革开放，中国市场经济获得快速发展，产品极大丰富，买方市场形成。与此同时，感性消费正在中国部分消费群体中出现，消费者追求个性、时髦。企业营销迫切要求了解消费者的消费心理特征，掌握与消费者沟通的技巧，这种市场现状也是营销心理学在中国获得发展的重要原因。

2）交叉性。营销心理学既是应用心理学的一个分支，又是市场营销学的一个分支，是在心理学与市场营销学的边沿地带形成的一门交叉学科，是一门介于心理学与营销学之间的边缘性学科。营销心理学既包括了丰富的心理学知识，又包括了丰富的营销知识，但它并不是两者之间的简单相加，而是以两门学科的知识为基础，结合了社会学、经济学、广告学、美学等学科的理论，形成了自己独立完整的理论体系，构成一门独特的学科。

3）应用性。营销心理学出现的特殊使命，就是面对企业在市场营销中出现的实际问题，运用心理学理论与营销学相结合，为企业营销决策提供依据。它从一出现就不是一门纯理论的学科，具有很强的实用性，对营销活动、购买行为、促销方式具有指导意义和应用价值。

三、营销心理学的重要意义

营销心理学不仅深入研究消费者的行为与心理规律，而且也研究营销者、竞争者、利益相关者的行为与心理规律，它使企业能够真正做到对各方面都"知己知彼"，明白消费者的真正需求，明白自己某项决策背后的心理规律，明白竞争对手对自己决策的反应，明白企业相关利益团体的配合程度，从而提高决策的科学性，营销的针对性，沟通的成功率。

1. 成功营销从心理开始

随着市场经济的不断发展，市场竞争日趋激烈，消费者消费的需求出现了多样化。在这种情况下，企业营销越来越困难，因此需要认真分析、研究消费者的消费心理及其需求变化，有针对性地采取有效的营销策略，才能在竞争中真正取胜。每一项营销活动都是从对消费者需求的了解开始。在当前感性消费日益成为潮流的市场环境下，仅仅根据消费者的人口、年龄、职业、收入等因素来研究市场，展开营销，企业将无法真正理解消费者，成功的营销策略更是无从谈起。正如日本著名营销专家小村敏峰所说："现在如果我们不用感性来观察分析市场就根本无从理解。"事实是，在激烈的商战中，一些企业往往将主要力量投入到如何击败对手企业上，而真正忽视对客户购买行为的心理状态的调查，结果商战往往不能成功或事倍功半。其实，掌握客户心理往往会在营销过程中起到决定性作用。因为消费者一切购买行为，到最后都取决于消费者产生购买行为时的情绪导向。如果有两种类似的产品，其价格、特点都差不多，消费者最后购买这个而不购买另一个，可能只会因为包装上有个别字眼令他读起来心情愉悦罢了。许多企业能够在竞争中脱颖而出，往往是因为其独特的感性包装或是因为其拥有一个令人备感亲切的商标名称。所以，香港心理学家顾修全博士认为："成功营销从心理开始。"即成功的营销是从了解消费者的行为与心理规律开始的。

2. 变不可能的事情为可能

人的心理特征具有相当的稳定性，但同时也具有一定的可塑性。因此，营销者可以在一定的范围内对自己和消费者的行为进行预测和调整。也可以通过改变内在、外在的环境实现对行为的调控。即尽量消除不利因素，创设有利情境，引发自己和消费者的积极行为，甚至变不可能的事情为可能。这正是营销心理学在营销中的特殊作用，也是它神奇之处。例如，有人凭着三寸不烂之舌，便能在瞬间转败为胜；可是，也有不少人游说了老半天，对方还是不为所动。胜败的关键究竟在哪里？如果你不了解你自己和对方的心态，不能摆正自己与对方的位置，以销售者或高高在上的姿态与对方交流，再多的语言也无用。要取得客户的积极反应，首先要自我催眠，时时警惕自己，要从销售者转换为购买咨询人的角色。其次，要细致入微地观察对方，把握客户的心理要求。如能一举切中对方的要害，眼前的商机便可以手到擒来。

3. 全面优化营销组合，提高营销绩效

营销心理学不满足于对消费者需求的了解，更强调与消费者沟通、互动，真正进入消费者的内心世界，使营销创意（产品策略创意、品牌创意、广告宣传创意、企业形象创意等）真正能与消费者达到心灵的共鸣。营销心理学推崇的经营者与客户最健康的关系，是"将心比心"的互动关系，就好像恋人一样，由前者追求后者。这就要求营销人员应当费尽心思，努力倾听客户的心声，而且还要领悟他们在购买行为中的感受。很多时候，知道客户如何感受，比了解客户亲口说出的购买理由更为重要。因此，研究营销心理学，会大大改善企业和消费者的关系，提高消费者的满意度和忠诚度。

营销心理学不仅研究消费者的心理，也研究营销者的心理，针对消费者心理特征来改变营销者的行为方式，从而提高服务的质量和水平。例如，要达到与消费者心灵共鸣的效果，营销者就不应当将自己定位为销售员，以免让消费者一听到销售就产生压迫感。营销者应当将自己定位为购买咨询人员，先取得客户的信任，让客户自觉需要该产品，使他们在愉快的情绪下，主动查询产品的详情，进一步决定购买产品，甚至成为企业或品牌的忠诚者。

第二节 餐饮营销心理效应与营销策略

心理效应是社会生活当中较常见的心理现象和规律，是某种人物或事物的行为或作用，引起其他人物或事物产生相应变化的因果反应或连锁反应。同任何事一样，心理效应也具有两面性，既具有积极的意义，也存在消极意义。因此，正确地认识、掌握并利用心理效应，对餐饮营销具有十分重要的意义。

一、餐饮营销的心理效应

1. 餐饮营销中常见的心理效应

在餐饮营销服务中，餐饮营销人员与消费者的关系是一种双方相互作用的人际知觉关系，餐饮营销人员的主体形象对消费者的行为和心理将产生一定影响，充分利用餐饮营销中的心理效应，可以使营销行为产生事半功倍的效果。在餐饮服务中产生的心理效应主要体现在以下几个方面：

（1）首因效应。首因效应又称首次效应、优先效应或第一印象效应，是人与人第一次交往中给人留下的印象，在对方的头脑中形成并占据主导地位的效应。它是指最先接触到的事物或人给人留下的深刻印象和强烈影响，是先入为主的效应。良好的第一印象为营销沟通和消费行为的实现创造了条件；反之，则会使消费者产生消极的情绪，影响购买行为的进行。消费者特别是餐饮消费者许多的消费决策和消费行为，都与他们对服务人员或餐饮环境的第一印象有关。

"首因效应"体现在先入为主上，它往往会给人带来鲜明的、强烈的、过目难忘的印象。对方也最容易将"首因效应"存进他的大脑中，留下难以磨灭的印象。虽然每个人都知道仅凭一次见面就给对方下结论为时过早，这种感觉并不完全可靠，甚至可能会出现很大的差错，但是，绝大多数的人还是会下意识地跟着"首因效应"的感觉走。因此，若想在人际交往中获得别人的好感和认可，就应当给别人留下良好的"首因效应"。对于餐饮企业尤为如此，给第一次来就餐的消费者留下美好的印象，为以后的再次光临打下良好的基础。

（2）近因效应。近因效应也称"新颖效应"，与首因效应相反，是指在某一行为过程中，对事物或他人最近、最新的认识占了主体地位，掩盖了以往形成的评价。消费者完成消费过程的最后阶段的感受，离开餐厅之前的所见所闻和印象及评价，最近一次消费行为的因果等都可能会产生近因效应。近因效应的存在有可能会对首因效应起到巩固或减弱的作用。从首因效应与近因效应两者的关系来看，近因效应会对优先效应起到巩固、维持、否定、修改或调整的作用，从而形成新的对于餐饮企业品牌的总体印象。修正后的主品牌形象反过来又促进或阻碍新老产品的销售。当两种效应协调一致时，即优先效应形成的原有品牌意向与近因效应产生的新的意向相适应，消费者就会对产品产生共振。近因效应发生的作用可以使品牌认知得到强化，能增强消费者的满意度和信任度，促进餐饮营销活动。

（3）晕轮效应。"爱屋及乌"、"情人眼里出西施"、"一见钟情"、"一砂一世界，一花一天堂"、"瓜李之嫌"、"一斑窥豹"、"讨厌和尚恨袈裟"、"疑邻盗斧"……这种种的古语，实际上都提到了一种心理现象，那就是晕轮效应。晕轮效应是对他人、他物直觉的一种偏差倾向。当一个人对另一个人或另一事物的某些主要品质有良好的印象之后，就会认为这个人或物的一切都良好，这个人或物就被一种积极的光环所笼罩。反之，则被赋予其他不好的品质。晕轮效应也称为光环效应或印象扩散效应，是指人们在观察事物时，由于事物所具有的某些特征从观察者的角度来看非常突出，使他们产生了清晰、明确的知觉，由此掩盖了对事物其他特征的知觉，从而产生了美化和丑化对象的印象。

在日常生活中，晕轮效应往往在悄悄地影响着我们对事物或他人的认知和评价。消费者到餐厅就餐时，餐厅某一方面给他留下特别的印象，在其头脑中形成清晰、明确的知觉，从而在心中美化餐厅，忽略其他不好的方面。对于餐饮服务业来说，重点是要具有差异性和独特的品牌形象。消费者接受独特的、与众不同的品牌形象后，也会认为服务本身是特别的、无可替代的，这就为品牌筑起了防卫竞争者的感性屏障。

（4）定势效应。是指人们在社会知觉中，常受以前经验模式的影响，产生一种不自觉的心理活动的准备状态，并在其头脑中形成固定、僵化、刻板的印象。消费者对营销人员的个体形象及其评价也有一些概念化的判断标准。

品牌能够保持持久的最大的秘密，就在于它在人们大脑里塑造了定势，比如人们常说坐奔驰，开宝马，可是真正坐过奔驰、体验过宝马驾驶乐趣的人并不占多数。很多人并没有认真比较过茅台与其他白酒在口感上的差别，但提起中国最好的白酒仍是首选茅台。这些都是品牌产生的定势效应。餐饮营销的任务，同样也是要在目标消费者（潜在消费者）的头脑中形成定势，使消费者在头脑中形成想要就餐首先想到其餐饮企业。比如现在吃火锅，很多人会想到海底捞，并优先考虑到那里就餐。这就是营销的定势效应。

2. 不同消费阶段的主要心理效应

不同的餐饮消费阶段，客人的心态各不相同。作为消费者进入一家餐馆进餐时，该选择哪家餐馆？希望有什么样的消费和招待？这涉及消费过程中的产品、价格、广告、餐厅环境、服务态度及消费者自身文化、社会经济条件、消费水平和结构、家庭、教育、地位及餐饮流行时尚的影响。

1994 年，美国旅游基金会与宝洁公司为研究美国旅游市场上旅行者的偏好，进行了一项调查研究。从餐饮消费者初次和再次选择一所消费地点的 14 个因素来看，排在前五位的依次是清洁、味道、合理的价格、便利的位置与舒适的环境，以及良好的服务。

（1）餐饮消费前阶段的心理效应。每个餐饮消费者在进行餐饮消费前基本上都有一定的消费偏好，针对消费者的这种心理，需要研究其餐饮消费需求心理和餐饮产品心理效应。

首先，从餐饮消费心理角度来说，心理学家马斯洛认为，人们的需要是可以唤醒的，每个人都有可能处于一种尚未得到满足的紧张状态（或称不舒适状态），这种状态能促使他去想办法解决其不满足问题。马斯洛把人的需要从低到高分为五个层次，它们分别是心理需要、安全需要、社会需要、尊重需要、自我实现的需要。根据马斯洛的需要层次理论，消费者外出就餐首先是把其看作是消遣和娱乐活动。此外，消费者对餐厅的需求实际上隐含了他们对情感、社交、自我实现等较高层次需要的要求。

1）环境清洁。餐厅清洁是对消费者的尊重和自身经营的守则。清洁的餐厅可以唤起消费者的食欲和心情，这也是消费者选择哪家进餐的前提，即首因效应，第一印象。因为清洁的好形象对于消费者能留下好的印象，当其选择时就会把好的第一印象的餐厅纳入考虑范围之内。

2）消费价格。作为消费者，总是希望可以买到物美价廉的商品。什么才是适度的价廉物美，经济学家根据消费者的心理调查出了科学定价法。比如说尾数定价法，利用价格在尾数上的差别使消费者产生不同的心理效益，50 元与 55 元通常不被认为有何差别，但 99 元和 101 元在消费者看来差别就突出了。另外，餐饮消费者也会常常中意一些比平常便宜的食品，并且一旦享受到比别人便宜的同样的食品时，就会产生胜利感，所以对常见餐饮食品打折可以产生很好的心理效应。这些心理定价法在餐饮定价中也具有很好的效果。

3）餐厅的位置与环境。选择餐厅的位置是消费价位的间接反映，好地段的位置肯定在价格上同其他地段有区别，但其中存在着对消费群体定向的选择和餐厅经营类型问题。环境问题，不能停留在狭窄意义上的清洁。如重庆大足的"荷花山庄"的巴渔特色气氛浓烈，客人可以安坐在一艘花艇内观看艇外各式荷花，品尝巴渝小吃，接受穿着古代渔家服的"渔家女"热情纯洁的服务，令宾客仿佛来到了世外桃源。这是餐饮企业展示的环境特色的经营理念。舒适的环境能营造消费者就餐的情绪，同时也让其得到享受和尊崇感。餐饮环境的营造是餐厅的无形资产投入，有时候会得到意想不到的效果。

（2）餐饮消费过程中的心理效应。所谓餐饮消费过程，是指餐饮消费者选定了餐饮消费地后，在进餐过程中的要求、偏好、满足感及所希望得到的服务和招待。针对消费者的心理状态，餐饮企业可以从服务态度和菜的口味来对消费者进行心理效应剖析。

首先，根据餐饮消费审美心理，可以把其分为视觉审美心理、嗅觉审美心理、听觉审美心理以及味觉审美心理。

1）菜的口味对消费者心理审美效应的影响。从视觉效果来说，食物可以分为白色食物（如谷物、坚果之类）、红色食物（如动物性食物）、黄色食物（如干果、豆类）、绿色食物（如水果、蔬菜）、黑色食物（如菌类、海藻类等具有特殊营养的物质）。一家餐饮企业不可能为自己的菜肴、糕点等申请专利，唯一可以申请专利的只有餐饮企业的标记与名称。这种餐饮产品的无专利性带来的直接后果是：某一新菜式如果能够创造经济效益，其他餐厅很快就会模仿。因此，从心理因素上下功夫尤为重要，如果仅仅一两次的餐饮消费，就能得到贴心的个人偏好性招待，消费者会觉得格外受到尊重，在进行选择时也会优先考虑这样的餐厅。对菜的口味角度的审美心理更侧重于菜本身的"卖相"，如菜品的精致程度，配菜与主菜的颜色搭配，菜盘的修饰等。从嗅觉来说，最直接吸引食物的嗅觉就是赢得好的口碑。从听觉来说，在餐饮服务上可以满足消费者外出进餐的娱乐性、实现性及满足感，因而餐厅应当想想如何满足消费者"不光吃得开心"的心理需求。例如，现在许多餐厅越来越注重在餐厅里设置一些具有娱乐特点的表演来搞活现场气氛，让厨师在上菜时将滚油淋在菜品上，然后爆发出一阵"吱——"的声音。从味觉来说，对食物最根本的就是体味。餐饮有菜系之分，不同的菜系有不同的风味。而消费者的口味不同，菜品的味觉的好坏完全由消费者来评价。如鳗鱼，本为时鲜上品，但因刺多有腥，很多消费者并不适应。除骨后串起来烧烤，就大受游客的青睐。菜品通过一定变革可以弥补这些差异。老方式总是不断被淘汰，要想延长餐饮生命周期，就要看餐饮企业是否能够在发展过程中不断地进行更新改变。

2）服务态度对消费者心理审美反映的影响。消费者在消费过程中，除了有物质需要外，还有精神需求。服务态度的作用是能够满足消费者被服务的精神需求或称心理需求。服务态度的审美，主要是指餐饮企业服务方式上树立一种独特的耳目一新的规范，服务礼仪上力求建立与餐厅主题相符合的标准，服务态度上以让消费者感到亲切与贴心，服务作风上以"诚信"为宗旨。现代服务理念仅仅让消费者满意是不够的，因为通过效仿，让消费者满意的服务是无法形成竞争力的。因而，要从消费者对服务态度的审美上赢得消费者的心，就必须使服务态度特色化、人性化、主题化。现在酒店餐饮为朝这个方向发展做了许许多多的努力，如在餐厅消费者可以享受到所谓的"皇帝宴"，宴会由身着清代古装的女服务员提供服务，使用古式银和瓷质餐具及家具，在一台中国传统的乐器合奏演出声中，客人们可以品尝到过去只有中国皇帝才能享用的御膳佳肴。还有，日本许多料理店，服务员上菜及退盘都必须是跪式服务，这种特色服务使得那些极度渴望得到尊重的消费者相继而往。就餐饮服务审美的角度来说，这些确实是针对定向的消费群体实施了有效的心理效应。

二、餐饮营销心理策略

评价一个餐饮企业经营优劣的一个关键标准，就是最终的餐饮营销业绩（包括销售额、市场占有率、利润、知名度等）的高低，企业的营销实力，决定了企业营销业绩的高低，餐饮经营的成功与失败70%是由企业的战略目标和营销策略决定的，而30%是由企业的营销组合决定的，营销战略定位是企业整个营销过程的核心。

营销不同于推销或销售，其最大的特点就是：企业的一切经济活动必须以满足消费者需求为核心。餐饮市场营销同样也是以市场为中心，通过菜肴、酒水、就餐环境等产品来满足消费者的需求，并综合运用各种营销手段，将餐饮产品销售给消费者。

餐饮营销就是要依靠餐厅一整套营销活动，不断地跟踪消费者需求的变化，及时调整餐厅整体经营活动，努力满足消费者需要，以获得消费者信赖，通过消费者的满意来实现餐饮经营目标，达到消费者利益与经营者利益的一致。

1. 餐饮营销心理策略的基本条件

餐饮企业和消费者之间的关系，实际上跟人们谈恋爱到结婚的过程差不多。首先是让消费者认识。不管在什么地方开业，都要广而告之，让消费者知道、认识，再通过各种营销手段，把消费者吸引过来，让其了解餐饮产品和服务；然后是在接触的过程中越来越熟悉，如果餐饮产品非常有特色，服务让消费者感觉很满意，环境也给消费者留下了深刻的印象，消费者就会喜欢，而且会经常光顾，变成回头客；进而在一次一次光顾中，爱上餐饮产品及餐饮企业，最后成为餐饮企业的忠实消费者，彼此间建立起一种亲密的心理关系。实际上，将心理学知识应用到餐饮营销，就是这样的一种思路，从消费者认识餐饮企业→熟悉餐饮企业→爱上餐饮企业，最后离不开餐饮企业。要想真正做到让消费者爱上餐饮企业、离不开餐饮企业，要具有如下几个基本的条件：

（1）知名度和美誉度。作为餐饮企业来说，在日常的经营管理过程当中，要注意提高餐饮企业的知名度和社会美誉度。每一个餐饮企业必须清楚地知道，自己当前在整个市场当中处于一个什么样的状态。只有这样，企业在制定经营战略的时候才会有方向。

（2）服务质量水平。服务水平的高低对餐饮的销售有至关重要的影响。产品再好，如果没有好的服务跟它相匹配，再好的产品也展现不出来。越来越多的人认识到良好的服务不仅能够提升餐厅的品牌形象，增加餐厅的销售额，而且服务本身也能够创造价值，并能够为饭店带来更高的价值。

（3）良好的就餐环境。良好的就餐环境是消费者选择就餐场所的重要因素，也是提高餐饮销售效率的重要保证。要想创造一个良好的餐厅环境，就要求经营者设法制造适应经营范围和经营方式的气氛和情调，要求针对不同的装潢、布局、家具、陈列品、照明以及色彩而选择不同的环境。良好就餐环境的营造对餐饮营销起着举足轻重的作用。

（4）员工的形象与素质。员工的形象与素质不仅包括员工的仪表、仪容及着装，也包括员工服务时的表情与动作，以及得当的谈吐和举止。

（5）特色菜肴产品。所谓特色，是指拥有不同于他人或优于他人的产品和服务，是企业在市场竞争中赖以生存和发展的重要条件。尤其是餐饮企业，一定要有自己的特色才能吸引众多的消费者，才能创出自己的品牌。没有特色的餐馆，生意是红火不起来的。老是学着别人的样子走路，必定要落伍，甚至被淘汰。

（6）良好的营销理念和技巧。这也是做好餐饮营销工作的一个基本条件。良好的营销理念、销售理念包含很多的内容，重点包括引导、刺激和创造市场需求、在合作中展开竞争、将功能与绿色和服务相结合，研究消费者的内心真正需求，以吸引更多的客人。

2. 餐饮营销的心理策略

中国餐饮业正经历着快速成长的机遇，同时也面临着前所未有的挑战。餐饮企业只有将心理学应用到餐饮营销中，以心理营销为导向，以市场需求为驱动力，以产品质量为生命线，进行专业化市场细分，坚持以消费者满意为中心，紧紧围绕消费者的内心需求，关注消费者的忠诚度，制定科学的营销策略，才有可能使餐饮企业在激烈的市场竞争中脱颖而出。

（1）广告营销。通过宣传媒介直接向消费者推销餐饮产品和服务的营销手段。餐饮广告主要有以下几种：

1）电视广告。其特点是声情并茂、感染力强。但此种方法成本昂贵，制作起来费工、费时，同时还受时间、收视率、存储等因素的限制和影响，信息只能被动地单向沟通。这种广告适合于覆盖面广的大型连锁餐饮企业。

2）电台广告。它是适于对本地或者周边地区的消费群体的一种餐饮广告形式。其特点是：成本较低、效率较高、大众性强。但是这种方式同样存在着不少缺陷，如传播覆盖面窄，不具备资料储存性，对消费者构不成直视的视觉冲击。适用于新店开业。

3）平面广告。这类广告适于做食品节、特别活动等餐饮广告，也可以登载一些优惠券，让读者剪下来凭券享受餐饮优惠服务。此种方法具有资料收集的优点，成本比较低，但是想象空间差、传播速度慢、范围比较小。

4）餐厅自制宣传品。例如可以印制一些精美的定期餐饮活动目录单，介绍本周或本月的各种餐饮娱乐活动；刊有餐厅的种类、级别、位置、电话号码、餐厅餐位数、餐厅服务方式、开餐时间、各式特色菜点的介绍等内容的精美宣传册；特制一些可让宾客带走以作留念的"迷你菜单"，等等。

5）邮寄广告。即通过将饭店餐厅商业性的信件、宣传小册子、餐厅新闻稿件、明信片等直接邮寄给消费者的广告形式。它比较适合于一些特殊餐饮活动、新产品的推出。

6）其他印刷品、出版物上的广告。如在电话号码本、旅游指南、市区地图、旅游景点门票等处所登载的餐饮广告。

7）户外广告。通过户外的道路指示牌、建筑物、交通工具、灯箱等所作的餐饮广告，甚至包括广告衫、打火机等都可以成为广告的载体。其特点是：费用低、广告持续时间长。这种方式很适合餐饮设施等做形象广告。

（2）宣传营销。以新闻报道、消息等形式出现的正面宣传。一般通过电台广播、电视、报刊文章或其他媒介，为人们提供有关饮食产品以及服务的信息。与广告相比，这种方式更容易赢得消费者的信任。

餐饮业营销人员应善于把握时机，捕捉一些有新闻价值的活动，向媒体提供信息资料，凡餐厅接待的重大宴请、新闻发布会、文娱活动等，都可邀请媒体代表参加。一般应由部门有关人员主动撰写稿件、拍摄照片等，还可以与新闻媒介联合举办"美容食谱"、"节日美食"、"七彩生活"、"饮食与健康"等小栏目，提高本部门或餐厅的声誉，为自己的经营特色、各种销售活动进行宣传。

（3）菜单营销。即通过具有特色的、形式多样的菜单向消费者进行餐饮推销。常见的有：特选菜单、儿童菜单、中老年人菜单、情侣菜单、双休日菜单，等等。此外还有针对一些丰富多彩的美食活动而设计的专门菜单，这些菜单在无形中促进了消费者的购买欲。

（4）体验式营销。体验式营销往往以餐饮服务为舞台，以餐饮产品为道具，以消费者为中心，创造能够使消费者参与，开展值得消费者回忆的活动。体验式营销是站在消费者的感官、情感、思考、行动、关联五个方面，重新定义、设计促销的思考方式。此种思考方式突破传统上"理性消费者"的假设，认为消费者消费时是理性与感性兼具的，消费者在整个消费过程中的体验，才是研究消费者行为与企业品牌经营的关键。

餐饮的促销活动考虑到消费者的参与，让消费者在参与过程当中，会把他们的需求充分地表现出来。这样在增加了消费者的体验的同时，餐饮企业也能够获取有价值的信息，有利于更有针对性的营销手段和方式的设计。

（5）演秀式营销。近年来开始流行在餐厅的开放厨房中或是在餐桌前欣赏厨师的表演，厨艺今天不但只是为了食，还是一个"明星"的现场演出！演秀式营销增加了餐饮服务的表演性。例如在透明厨房里，厨师们列阵大显身手，厨房外的消费者们可以一览无余。厨房与餐厅之间的玻璃窗，既可以让消费者看到厨房里面的厨师，也可以让厨师在厨房里面充分地表演。如海底捞抻面师傅在餐桌前的表演，行如流水，宛如跳舞，这样大大增加了餐饮服务的表演性。

现在的餐饮经营活动的形式多种多样，变化多端。以厨艺展示、厨艺表演，尤其是现场的演出展示菜品，增加了餐饮活动的趣味性，更加受客人欢迎。

根据市场类型的不同，面对不同的消费群体以及经济环境的影响，餐饮企业的营销方式呈现多元化并交叉化，面对不同的经济形势的时候，就要选择适合企业的营销方式来进行宣传和管理，以达到盈利的目的。

只有在掌握了消费者会因为什么原因、什么目的去购买产品，才能制定出针对性的营销创意。营销大多是以消费者为导向的，根据消费者的需求来制定产品，但仅仅如此是不够的，对消费能力、消费环境的分析才能使整个营销活动获得成功。脑白金能够畅销数十年，从它不间断的广告和广告语中就能看出端倪：

"过节不收礼"正是利用了国人在过节时爱送礼的特性，而作为保健品，两个活泼老人的形象在无形中驱使晚辈在过节时选择脑白金，相信如果换成两个年轻人在说广告语，影响力就下降很多。

【复习思考题】

一、为什么餐饮行业要进行心理营销？

二、餐饮营销服务有哪些特点？

三、举例说明餐饮营销服务的主要心理效应。

四、如何运用餐饮营销的心理策略？

【拓展训练】

一、手机营销与购买心理调研

1. 目标

（1）培养对消费者使用商品心理调查的能力。

（2）培养商品使用价值以外的心理功能的分析能力。

（3）培养运用商品心理促销商品的能力。

2. 内容与要求

试对某一手机商场进行一次社会调查，选择诺基亚、摩托罗拉、三星、索尼、西门子、夏华、波导、海尔等国际、国内品牌8~10种，可以收集有关的广告宣传品以了解基本信息。

（1）就各种品牌手机的名称、外形、基本功能、定价列表进行比较。

（2）分析这些手机广告宣传品运用了哪些心理方法，起到什么作用？

（3）对所在系的同学进行手机持有率、持有者所持手机品牌的调查，了解同学们当初为什么购买该款手机，现在感觉如何？了解尚未购买手机的同学购机品牌意向和心理价位。

（4）在全班组织一次交流与研讨。

3. 成果与检测

写出调研与分析报告。

二、啤酒消费心理调研

1. 目标

(1) 体验消费者对商品名称的认知、记忆、情感、联想等心理功能。

(2) 培养对啤酒等商品营销的能力。

2. 内容与要求

(1) 利用暑期到超市啤酒柜台进行市场调查，观察消费者选购啤酒情况。

(2) 统计各种品牌啤酒的日销售量。

(3) 对销售量列前 3 位品牌的啤酒，从啤酒品牌名称、商标设计、包装（包括瓶罐形状、包装物材料、容积大小、封口方式）等方面了解吸引消费者的主要原因。可以事先设计调查表，让消费者填写。也可以对部分消费者作现场访问。

3. 成果与检测

(1) 完成调查统计情况汇总。

(2) 写出专题报告，总结销售量列前 3 位品牌的啤酒在产品名称、商标、包装设计等方面的成功之处，并对销售量不佳的品牌厂商提出改进建议。

【推荐阅读】

一、阅读《攻心为上》（易发久，白沙，电子工业出版社，2010）。

该书结合销售实际与心理知识，介绍了可以瞬间洞悉客户心理的 8 个绝招，即通过观察和研究客户 8 个方面的表现来把握其销售心理：笑、脾气口味、动作形态、穿着打扮、香味喜好、运动爱好、言谈语气和眼神。

二、阅读《像哈维·麦凯那样营销》（哈维·麦凯（Harvey Mackay）中国青年出版社，2007）。

在书中，作者风趣而睿智的叙述，把他多年销售以及营销管理生涯的感想和领悟，通过一个个短小精悍的故事展露在我们面前，每一个故事的最后都会有麦凯的治业箴言，读来轻松，感情良久，内容丰富而又有具体实质性的参考价值。

三、阅读《不可不知的心理效应全集》（夏芒，化学工业出版社，2011）。

本书切入日常生活与工作的需求，收罗了常见的心理效应、定律，详细讲解了各种心理效应、定律的原理和出处，解析精到，案例鲜活，感悟深刻，提供实用方案和操作要点。语言流畅，风趣易懂，摒弃以往死板僵硬的说理风格，从学以致用的角度，用生活化的语言，更加直白地娓娓道来。心理效应中的心理感悟、应用要诀和延伸学习，如一味良药对症医治稀里糊涂的心。全面而细致，具有心理百科的特点。

第十章　餐饮倦怠心理

很多人宁愿生活在痛苦之中，也不愿解决自己的问题。

——波特·海林格

在当今快节奏的职业活动中，个体被要求完成的工作目标、自我的压力感以及自我对工作的期望之间存在很大的冲突，当个体觉得压力过大，就会出现这样的情景：我受不了了。对餐饮行业更是如此，很多服务人员每天面临"被催"和"夹板"的困境。只有重新解读自我的困境，学习调节自己的情绪，学习如何建立恰当的工作期望值以及应对压力的方式、方法，自我才能从中解脱。

 学习与行为目标

1. 职业倦怠概述
2. 从业人员的职业倦怠表现及其对服务质量的影响
3. 降低和消除员工职业倦怠的方法

第一节　职业倦怠概述

餐饮老板在管理中常常遇到被炒鱿鱼的尴尬境地。一方面，餐饮业是一个劳动密集型行业，需要大量的服务人员和厨师，但这个行业的流失率极高，员工的流动性很快，老板常常为没有合适的人选而棘手；另一方面，饭店的菜品必须保持口味和服务质量的稳定性，换人太频繁就很难保证。可是作为服务人员和厨师，也有自己的苦衷，工作时间长、工作节奏快、任务重、休息少。餐饮企业还要在顾客最大满意度的前提下尽量不出现任何失误，在这种工作压力下，如果餐饮企业不了解员工的心理状态，不能帮助他们调节情绪，并相应地满足他们的心理需求，长此以往，员工就会产生职业倦怠，离职的可能性就会很大。那作为老板，怎样才能留住优秀员工，并让企业正常经营下去呢？其实，不仅仅餐饮业，很多行业都会出现职业倦怠的现象。《中国"工作倦怠指数"调查》显示，70%的被调查者出现工作倦怠；再有《中国翰德就业报告》也指出，57%的被调查公司表示职业枯竭情况加重。心理学家也表示，以前一个中国人工作十多年才产生职业枯竭，现在一两年就有枯竭感了。现代科技的快速发展提高了工作效率，却降低了人的成就感。

一、职业倦怠感的基本特征

职业倦怠指个体在工作重压下产生的身心疲劳与耗竭的状态。弗洛登伯格（Freudenberger）于 1974 年提出，职业倦怠是一种最容易在助人行业中出现的情绪性耗竭的症状。随后马斯拉奇（Maslach）等人把对工作上长期的情绪及人际应激源做出反应而产生的心理综合症称为职业倦怠。1981 年马斯拉奇等人确定了这一综合症候群所包含的三个方面：情绪衰竭、淡漠退缩、成就感降低。

情绪衰竭是指没有活力，没有工作热情，感到自己的情感处于极度疲劳的状态。其特征主要有：缺乏活力，工作热情逐渐丧失，情绪烦躁易怒，很容易发脾气，也很容易迁怒于他人，或者是对人冷漠、麻木不仁、没有爱心；躯体表现出过度疲劳，这些都是职业倦怠的核心特征。过度身体疲劳和"心理上的累"是无法言说也难以缓解的。这种疲劳和累使得人身心俱疲，浑身乏力，却又无奈。我们在饭店用餐，常常碰到服务员面无表情，服务意识淡漠就是情绪衰竭的表现。

淡漠退缩是指刻意在自身和工作对象间保持距离，对工作对象和环境采取冷漠、忽视的态度，对工作敷衍了事，行为怪僻，提出调度申请等。是职业倦怠在人际服务领域的特别指标，主要特征有：不把服务对象当"人"看待，表现出对他人的不信任、冷漠孤僻、缺乏同情心等态度。餐饮服务行业的员工也会因此对顾客不耐烦，而引发顾客更多的投诉，影响其服务质量，而顾客的投诉又会导致上级的批评，形成恶性循环。

成就感降低是指倾向于消极地评价自己，并伴有工作能力体验和成就体验的下降，认为工作不但不能发挥自身才能，而且是枯燥无味的繁琐的事物。若不是生活所迫，工作不再是有任何价值感的来源，相反已成为慢性的耗竭与挫败感的源头，她们渐渐沦落为职场的局外人。餐饮行业在中国文化里的社会地位本来就不高，做餐厅服务员对很多人来说只是初入职场的跳板或暂时的工作，与个人的成就感没有什么关联，而在实际工作中，也常常被理解为是"伺候人"的活，被客人呼来唤去，似乎是个小丫鬟，没有身份地位，这样就逐渐使工作成就感降低了。

二、常见的职业倦怠感人群

常见的职业人群有智囊型、操作型、创造型、表现型、社交型、服务型、常规型人群等。他们的职业特点和职业倦怠的表现如下：

1. 智囊型人群

智囊型人群是指所从事的职业需要大量高质量脑力劳动的人群，如教授、研究员、决策机构的高级顾问等。他们的职业倦怠表现有：厌倦了穷思竭虑的思维模式，思维迟钝，难以想出新点子；开会时注意力不集中，甚至恐惧"集思广益"的会议。

2. 操作型人群

操作型人群是指其工作主要是靠体力操作进行的人群，如工厂的操作员、生产工人。他们的职业倦怠表现为：动作缓慢并显得不耐烦，由于注意力难以集中，操作容易出差错，如从事比较危险的工作，容易发生工伤事故；经常抱怨工作枯燥，反复诉说身体不适（肌肉酸痛、头晕眼花等）。

3. 创造型人群

创造型人群是从事创造型工作的人群，如科学家、作家、艺术家等。他们的职业倦怠主要表现为创新能力不足或缺乏，创新意识下降，个人成就感下降。

4. 表现型人群

表现型人群是指从事需要较强表现能力并在工作中展现自己职业的人群，如演员、歌手。他们的职业倦怠表现为工作不积极、不主动，缺乏职业激情，给人精神萎靡不振的印象，同时在日常交往中也无心表现自己。

5. 社交型人群

社交型人群是指工作过程中与人交往较多的人群，如公关人员、销售人员、咨询人员等。他们的职业倦怠表现为：社交退缩、厌倦与人交往、社交焦虑，同时在社会交往过程中容易恼火。

6. 服务型人群

服务型人群指其工作主要是提供服务的人群，如话务员、服务员。多角色的服务提供者，经常处于必须满足组织和顾客需求的中间位置上，容易感到角色冲突和角色模糊，因而也容易产生职业倦怠。他们的职业倦怠表现为服务态度淡漠，在与顾客接触过程中容易不耐烦，易发脾气，对组织也常常抱怨。

7. 常规型人群

常规型人群是指在事业单位里从事常规事务的办事人员。他们的职业倦怠表现为：办事效率降低，对工作厌烦，对自身工作缺乏价值感和认同感，并对自身的发展前景悲观。

三、职业倦怠的产生和发展过程

职业倦怠的产生与发展是在工作过程中逐渐形成的，通常不易察觉，其危害也会在不知不觉中产生并加剧。当个体的职业倦怠达到一定的程度之后（又称临界点），就会由量变到质变而突然感到疲惫和枯竭，表现为情绪上的焦虑、抑郁，身体上的不舒服，工作上的无激情和低成就感。

职业倦怠发展变化会大致经历主要的四个阶段。第一个阶段是应激阶段。这一阶段主要是资源与期望相冲突阶段，即可供职业发展的现实是身边所有资源与内心期望存在较大差距，而引发个体职业发展困惑问题与思考，常使职业人士感觉疲劳或困乏。第二个阶段是疲劳阶段。这一阶段主要是职业倦怠者生理与心理会发生渐变，最易产生工作紧张感、焦虑感及厌烦感。第三个阶段是防御阶段。这一阶段主要是职业倦怠者思想与行为发生改变，对个人所从事的职业前途产生严重怀疑，个人成就感严重降低，工作消极、怠慢和麻木现象比较严重。第四个阶段是心衰阶段。这一阶段主要是职业倦怠者会发生思想与行为扭曲，心神最易衰败，心灵最易扭曲，职业倦怠缓慢而持续地危害着人们的心身健康。

四、职业倦怠产生的原因

马斯拉奇和雷特（Leiter）于 1997 年提出了职业倦怠的工作匹配理论。他们认为，员工与工作在以下六方面越不匹配，就越容易出现职业倦怠，包括工作负荷，如工作过量；控制，控制中的不匹配与职业倦怠中的无力感有关，通常表明个体对工作中所需的资源没有足够的控制，或者指个体对使用他们认为最有效工作方式上没有足够的权威；报酬，可以指经济报酬，更多地指生活报酬；社交，比如员工和周围的同事没有积极的联系（有可能由于工作把个体隔离或者缺乏社会联系，但同时工作中与他人的冲突影响严重）；公平，由工作量或报酬的不公平所引起，评价和升迁的不公平则容易带来情感衰竭；价值观冲突，员工和周围的同事或上司价值观不一致。

第二节　餐饮从业者的职业倦怠

餐饮从业者职业倦怠是指餐饮从业人员在餐饮服务工作中因长期持续付出情感，并与他人发生各种矛盾冲突而产生的挫折感，并最终表现出情绪和行为等方面的机能失调现象。面对来自工作和社会的重重压力，如果员工不能很好地将自己的角色进行定位，不能在完成工作的过程中，正确认识和分解压力，调节情绪状态和心境，学会适应变化，那么引发职业倦怠的可能性就会加大。

一、餐饮从业者职业倦怠的消极影响

餐饮从业者由于有其独特的工作环境和角色要求，属于职业倦怠的高发人群，容易引发员工的职业倦怠，给员工个人、家庭、企业带来消极影响。

对员工自身的影响：员工职业倦怠会导致本人的生理和心理紊乱，自我价值感降低，抑郁、焦虑、无助等心理现象出现，与工作对象、朋友、家人的人际关系变得紧张。

对工作的影响：工作态度和工作绩效差，出现工作满意度低、组织承诺低、离职愿望高、缺勤率高等问题。一个处于职业倦怠的员工往往无法保持足够的精力、持久的忍耐力和高度的注意力，无暇察觉顾客的需求，从而导致服务不及时、不得当，甚至发生各种工作失误。而此时员工不是及时去处理这些失误，反而会表现出极不耐烦或者冷漠的态度、用语不礼貌，严重的还有可能引发与顾客之间的冲突。

对餐饮企业的影响：餐饮企业出现职业倦怠的从业者会影响组织绩效。职业倦怠引发员工流失率提高，导致酒店人才的流失和组织结构不稳定，而招募、培训新员工又增加了酒店的成本投入。另外，职业耗竭的员工的工作表现致使顾客投诉和不满意度上升，最终会影响饭店的口碑和名誉。

二、餐饮业员工职业倦怠的影响因素

餐饮业员工职业倦怠不是某一单方面造成的，而是员工的特征、工作特征以及餐饮企业共同因素造成的。

1. 工作特征因素

（1）工作量。根据调查数据统计，巨大的工作量是导致职业倦怠的主要原因。工作量与工作倦怠存在紧密关联。超负荷工作包括数量和质量两个方面，数量方面指个体感到工作量大以致无法在规定时间内完成；质量方面指个体感到缺乏必要的技能去有效完成工作。由于饭店工作的需要，超负荷工作经常发生，加上时断时续的培训机会，极易导致个体产生职业倦怠，尤其是对情绪衰竭的影响最为显著。餐饮行业工作普遍辛苦，一天下来可能要干 9~11 个小时，加班是常事，还不加薪，节假日也得不到休息。近年来，餐饮从业者由于工资待遇不高，流失率增加，饭店人手不够，洗菜、洗碗、煮饭、扫地、端盘子，样样都要服务员干，员工的工作量很大。

（2）角色冲突与角色模糊。众多研究表明，职业中的角色冲突与工作倦怠存在中等或高程度的相关性，对于餐饮行业尤其突出。餐饮服务人员的角色是：①服务者；②人际关系的艺术者；③客人的朋友与知己；④表演艺术者（包括健谈、积极和外向型）；⑤工作协调员。当个人不能同时满足对其具有意义的多种角色期望而履行不同的角色时所出现的矛盾，即角色冲突。角色模糊，是指从业人员不知道自己的责任、权利、义务及目标地位。两者常常发生在组织所提出的要求前后不一致，相互矛盾的时候。以下情况最易导致角色冲突：①要求餐饮员工提供高质量服务，但后台服务支持体系存在弊端；②要求餐饮员工提供高质量服务，却不给予其相应的权限。当员工感到压力过重，任务超出其能力和范围时，往往会形成"角色超载"，引起两种反应：一是直接导致服务质量的下降或消极怠工；二是尽全力满足角色需要。这可能会导致缺乏休息时间、身心疲惫和厌倦情绪，极易引起职业倦怠。

　　餐饮服务人员也常被定义为"伺候人"的人，自卑感隐含在工作角色里。在工作中，员工也把自己摆在下位，觉得地位不平等，在处理同事关系和与顾客的关系时，即使是正常的沟通和交流，也会引起服务人员的高度敏感，更何况在实际工作中，餐饮行业的服务人员的确常处在需要对顾客提供良好的服务，还不被关怀的境况下，经常忍气吞声，还被上司和顾客呼来喝去，又无处诉苦，长期的郁闷情绪久而久之就会导致职业倦怠。同时受中国社会现实的影响，很多餐饮员工是独生子，不少人是家里的"宠儿"，这些员工在工作中很容易产生角色模糊，自觉或不自觉地把家庭角色带到工作中，遇到挫折就无法忍受。

　　（3）支持和资源。佩恩（Payne）提出压力的"需要—支持—限制"模型，该模型认为在支持上对个人进行限制会导致应激反应，感受到更多社会情感支持的员工出现职业倦怠的概率要少于被支持少的员工。饭店支持体系包括两个方面：一是来自社会的支持因素；二是饭店内部的服务支持体系。随着社会进步与发展，社会对饭店服务的认知，社会消费者的日益成熟，都对饭店人才提出了新的要求和期望，无形中加大了饭店人员的工作压力。且餐饮企业的清规戒律太多，要求太多，条条框框太多，如电话如何接听、指路、上菜方式，等等，稍有不慎就会犯错误受处罚。员工对上司也不满，觉得上司太严厉，缺少人情味，工作方法欠缺，办事不公平，偏心眼，分配工作不合理；员工也常常对工作氛围不满意，如拉帮结派、以强欺弱，或分外地人、本地人、老员工、新员工等。这些状况在餐饮企业多有发生，如果饭店没有相应的机制与措施来缓解员工过大的工作与精神压力，尤其是来自上级和同事的理解和支持，就会导致职业倦怠现象。

　　（4）信息和授权。在工作中，上下级以及员工之间缺乏顺畅的沟通极易产生职业倦怠。而在授权方面，能够参与决策以及掌握一定的自主权也与工作倦怠相关，其也降低职业倦怠。丽思卡尔顿酒店（Riza calton hotel）的"黄金准则"中规定，每位一线员工享有 2000 美元的独断专行权利，这极大地激发了员工的积极性和创造性，在提高工作效率的同时也为顾客提供了优质服务。对工作更具控制感的员工比缺乏控制感的员工面对更少的工作紧张，将改变和问题看作挑战而非威胁。相反，缺乏自主权和控制感的员工，因为遵从和服从自我不认同的决定需承受更大的压力，进而产生职业倦怠。国内的餐饮企业的从业人员多数是被动完成上司交代的工作，没有相应的权利。某国内著名的连锁餐饮企业前台经理这样描述自己的处境："如果给我些权限，我能把很多回头客留住，但事实上，我什么也做不了。"

(5) 公平性。公平性体现在对绩效考核的三个方面：①工具的公平性；②分配的公平性；③程序的公平性。后两者与工作倦怠有中等程度的相关。在餐饮行业，不公正的考核机制长期存在着，虽然有些餐饮企业有明确规定的考核机制，但在执行过程中，往往店长或经理一人说了算。很多员工觉得自己很努力在工作，却得不到相应的回报，还被莫名其妙地以各种理由扣工资。每年春节前，这种情况尤为明显，餐饮企业担心春节后员工不来上班，就把该给员工发的工资留在春节后发，这反而加剧了员工与餐饮企业的矛盾。程序公平性和分配的公平性直接导致职业倦怠。餐饮企业员工劳动评价的特点直接造成员工个人成就感缺失与职业倦怠心理的产生。由于服务的无形性，服务评价的主观性、随机性及无法量化性等特点，决定了其评价会在一定程度上造成个人成就感的缺失，从而引起职业倦怠。基层工作员工经常遭受少数客人恶意刁难甚至人格侮辱；有些餐饮企业特别是老国有企业，管理者素质不高，内部人际关系复杂，部分员工因无法忍受而跳槽或改行。

(6) 人际情绪关系的压力。餐饮企业员工的人际情绪压力来自饭店自身和客人两方面，而饭店工作的特征之一就是人际关系的复杂性、多变性和广泛性。员工需花费大量的时间成本去处理人际关系，由于缺乏经验性和时机性，有的员工往往就成为了矛盾斗争的牺牲品，精力被大大分散，身心疲惫，直接造成了职业倦怠的产生。服务人员也常常遭受"夹板气"，成"悲催族"。在吃饭高峰期，客流量大，客人点菜之后等待的时间较长，客人就会不断让服务员去催菜，厨师被催时也会对服务员的态度不好，造成服务员无奈又无助，长此以往，服务员情绪就会低落。而餐饮企业员工之间情绪的传染性也是很高的。由于员工之间频繁的接触和交流，加上有些员工的情绪控制能力较弱，很容易在服务员之间形成不良情绪的传递，导致整个工作气氛在一段时间内都或多或少受影响。同时，餐饮企业员工还常常在被投诉的担惊受怕的情绪里工作。当前，各大餐厅都很关注顾客在大众点评网以及其他网站的留言和投诉，餐厅的客户中心工作人员会直接跟网友联系，了解具体的情况，再根据餐厅的值班表找到当班的服务员。一般来说，被投诉的员工要被批评和扣工资，员工在忙碌的工作中还被无形监控着，这直接会导致员工的负面情绪。

此外，最近的研究表明，来自客人的情绪因素也是导致餐饮员工倦怠的一个原因，比如客人和服务员之间沟通不畅所导致的员工职业倦怠。宾夕法尼亚州立大学在 2000 年的一项研究也表明：强迫的或伪装的表情，也会对职业倦怠有直接影响作用，如要求对一个粗鲁的顾客微笑的行为等。

2. 餐饮企业员工个体特征因素

（1）人口学变量。研究发现，从性别比例来看，由于餐饮服务工作的特殊性，女性比男性更容易得到顾客的认可，但同时调查也发现，女性员工的职业倦怠感要高于男性员工。这主要是由女性自身的生理和心理特点决定。相对而言，餐饮业中女性一般学历不高，在社会和家庭中扮演着弱者的形象，其耐挫力和耐压力要低于男性。在同等的工作压力下，更容易产生职业倦怠，更容易出现负性冷漠的态度，表现出易怒、不耐烦、消极、缺乏感情投入等现象。从年龄构成来看，不同年龄段的餐饮企业员工职业倦怠现象各不相同。30~39 岁之间的员工职业倦怠感略低于 20~29 岁和 40 岁以上的员工，但从总体上看，餐饮服务人员年龄越大，对工作的态度就越不积极，就越容易出现工作热情减退、工作态度不认真、冷漠的现象。当下 20~29 岁员工的职业倦怠表现为工作责任心不够，缺少忍耐能力。从婚姻构成来看，未婚员工的职业倦怠显著高于已婚员工，以往的研究者认为，已婚员工可以从配偶那里得到情感上的支持和理解，而这种家庭支持被认为是降低职业倦怠的有效手段之一。

从管理层次来看，餐饮企业基层员工的职业倦怠显著高于管理人员（基层员工呈现出高玩世不恭、低效能感与较高的情绪衰竭）。普通的员工总是很被动地完成自己分内的工作，对工作不再像以前那么热心和投入，怀疑自己工作的意义，并且不再关心自己的工作是否有贡献。餐饮企业的基层员工中，"90 后"年轻人占多数，从小缺少吃苦的精神，生活阅历浅，缺少对工作辛苦的积极认识。稍有辛苦就觉得没法接受，心理承受能力比较弱。同时，服务人员常处于被刺激消费的群体，信息的发达使得员工对时尚奢侈品的消费没有节制，赚得少，花得多，员工常处在失衡的消费状态中，不仅成为"月光族"，也有部分成了"啃老族"。从教育构成来看，高教育通常与职业倦怠联系在一起，教育可能使人有更高的期望，而这些期望不一定能够实现，逐渐积累成职业倦怠。

从饭店工种来看，酒店后勤部门员工（包括财务部、工程部等）的职业倦怠感显著低于酒店一线生产部门员工（包括餐饮部、客房部与康乐部）。这主要是由于其工作和工作责任等诸方面原因造成的。

（2）人格特征。在金玄贞（Hyun jeong Kim）等人对饭店人格特征的研究中，他们提出有四种人格特征影响工作倦怠：①外向型（Exrr av ersion），诸如社会化、健谈性和积极性等；②宜人型（Ag reeableness），诸如友好、热情和擅长处理与其他人的关系；③谨慎从事型（Conscientiousness），诸如小心、有责任感和深思熟虑等；④神经质型（Neur ot icism），诸如焦虑、忧郁、担心和不安全感。这四大特征是通过影响对情绪性社会支持的感知来影响工作倦怠状况。泽勒（Zeller）的研究表明，外向型的人更易感受到情绪性社会支持，宜人型则与非工作相关内容、积极的沟通内容以及情感性内容的谈话相关，而神经质型容易使沟通双方产生负面的谈话内容以及情感。

（3）个人成就感。餐饮企业员工劳动评价的特点造成的员工个人成就感欠缺与职业倦怠直接相关。由于劳动服务的无形性，服务评价的主观性、随机性和无法量化性等特征，决定了其评价会在一定程度上造成个人成就感的缺失，从而引起职业倦怠。马远在 2003 年提出"职业高原"现象，即"指当员工掌握了与其工作相关的所有技能和信息后，而缺乏进一步发展知识与技能的挑战时，所出现的一种个体职业发展上的停滞状态"。由于餐饮企业大多数工种是简单的机械性重复劳动，当员工无法从工作中获得成就感，又苦于发展中的停滞状态时，就易造成焦虑、紧张、烦躁等消极情绪，对饭店职业产生倦怠。在餐饮企业，基层员工尤其是厨师和服务人员职位升迁是相当困难的，厨师和服务人员感到自身提高的技能空间不大。服务人员认为自己每天就是服务他人，简单的点菜、上菜、收拾桌椅，与人对话也已经形成固定的模式。现代的很多餐饮企业在后厨能够得到的技能也很局限，很多餐厅都有自己的中央厨房，每天会定期配送到餐厅，所以厨师只需要基本的技能就足以应对工作。餐饮服务人员的薪酬也普遍偏低，奖金和绩效工资还被严格的考核和自我表现束缚。据 2013 年百才招聘网调查，深圳餐饮行业服务人员的平均工资是 2978 元。据有关部门统计，餐饮行业平均工资在 19 个行业中连续十年倒数第二。在低工资待遇的前提下，服务人员觉得自己"不值钱"，没有得到足够的尊重，相应地影响了服务人员的自我价值感，在低自我价值感的状态下却又要求对顾客提供高质量的服务，这是极为失衡的，所以餐饮企业员工很难体会到工作成就感。

第三节　降低和消除员工职业倦怠的方法

餐饮企业员工的职业倦怠普遍存在，对个体、家庭、餐饮企业都会产生破坏性，所以要采取有效措施降低、缓解、消除员工的职业倦怠。

一、员工自我调节

职业倦怠是一种因工作而导致的身心失衡状态，是个体内心的情感体验。职业倦怠就是以最强烈的手段提醒你要放慢脚步、体验生活，思考如何去寻找问题所在，从而改变这种状态。换个角度看待倦怠，可以发掘职业倦怠积极的一面，而不总是纠缠于它的负面作用。这样我们就会从工作中得到乐趣，而不是烦恼和悲伤，更不是职业倦怠。

1. 悦纳自我，完善自我

职业倦怠在很多情况下是一种"能力恐慌"。这就需要我们认识自我、悦纳自我、调整自我，建立良好的自我意识。我们要充分、客观、清醒地认识自己，正确地分析、评估自己的能力和所处的环境，根据自己的特征和优势，扬长避短，恰当确立自己的奋斗目标和发展方向。在挫折中不断完善自我、丰富自我、创造自我，迎接"能力恐慌"的挑战。

每一个人的内心都有一个最深的需要就是"感觉到自己被需要"。对于职业倦怠的个体来说，常常感觉工作不需要自己，生活不需要自己，世界不需要自己，最终自己都觉得不再需要自己了。这种职业倦怠感对个体产生的伤害是巨大的，失败感、无价值感一并袭来。但每个人天生就具备独一无二的价值和优势，这时需要向内寻求，寻找一直存在着的优势，进而悦纳自我，完善自我。

2. 保持积极的认知态度

只要有正确的态度，就能化沮丧、挫败为乐观、积极、自信。患难生忍耐，忍耐生智慧，此时也是我们采取积极主动的应对方式的时机。在重新认识自己的基础上，学会恰当地调适自己的心理方法，定期自我反省，有意识地聚集内心的能量，使自己能够以更好的心态去面对未来。

每个人在工作中都会遇到挫折和压力，但每个人对自己困境的解释不同。"客人怎么这么刁蛮？领导怎么这么不公正？工作怎么这么无聊？"每一个问题都是指向别人或者外部环境。抱怨让错误变成别人的，同时改正错误的责任也交给了别人，我们不仅成了受害者，还只能被动地承担责任，于是错失改变的机会，也放弃了对自己的责任。所以，不妨学会转换一下思路，不再纠缠于"为什么他们对我这么不公平"，试一试"我怎样做才是对自己公平的？"困境的改变就在一念之间。接纳并重新认识自己，而不是抱怨和绝望于工作的不顺心，才能真正从束缚中解放出来，才可能有新的行动和选择。

3. 生活慢节奏

"当我们正在为生活奔波时，生活已经离我们而去。"好像忙碌都是被迫和强加的，甚至使我们麻木地成为一种习惯，从而渐渐地迷失了自己。这时应该停下来思考一下，不妨让生活节奏慢一点。放慢节奏不是意味着拖延时间、放弃效率，更不是支持懒惰，而是针对"倦怠族"来说需要慢下来用以调整身心、剔除浮躁。它是一种繁忙之后的思考，用一点时间来对生活、对工作进行重新思考和认识，让工作真正变成一种享受。处于倦怠状态中的人，常常不知道如何放松与休息，有研究表明，每天多睡 1~2 个小时能明显改善我们压力下的情绪反应。不仅如此，最有效的休息是从事自己感兴趣的活动，可以使自己从曾经的爱好中找回对生活的热情。兴趣爱好不仅能够让我们感受到过程的快乐，还能增加成就感和对生活的掌控感。

4. 接受现实，挣脱羁绊

当你的心境在消极的情绪中无法自拔的时候，好心情是不会来赴约的。正如生活中并不缺少美，而是缺少发现美的眼睛。其实工作中也并非缺少乐趣，而是缺少体验乐趣的心情。所以，只要我们从思想上接受职业倦怠存在的合理性，不让心理危机扩大，进行理智的思考，并做出相应的对策，从中找到自信，就能摆脱倦怠的羁绊。

要认识到危机亦是转机，遇到困难，产生压力，可能是由于自己的能力不足，因而对整个问题处理的过程，也就成为增强能力、成长发展的重要机会。倦怠虽然依旧存在，但并不令人遗憾，正是因为倦怠和为挣脱倦怠的羁绊所付出的努力，增强了生命的张力，使其更有层次、更加多元化。从这个角度来说，职业倦怠不但不是世界末日，或许还是一个令人惊喜的转折点。

"横看成岭侧成峰，远近高低各不同"，境界不同，内心的体验也截然不同。任何事物都有积极和消极两个方面。同一客观现实或情境，如果从一个角度来看，可能引起消极的情绪体验；如果从另一个角度来看，就可以发现它的积极意义，从而使消极情绪转化为积极情绪。在审视、思考、评判某一客观现实或情境时，学会转换视角，换个角度看问题，常常可以使人摆脱痛苦的心理困境。

专栏 10-1

三个石匠

相传山脚下准备建一座教堂，有三个石匠在干活。一天，有人走过去问他们在干什么，第一个石匠说："我在混口饭吃。"第二个石匠一边敲打石块一边说："我在做世界上最好的石匠活。"第三个石匠带着想象的光辉仰望天空说："我在建造一座大教堂。"

10 年之后，第一个石匠手艺毫无长进，被老板炒了鱿鱼；第二个石匠勉强保住了自己的饭碗，但只是普普通通的泥水匠；第三个石匠却成了著名的建筑师。在这里，我们不必为前面两个人的命运惊异。因为从他们回答问题的答案就可以看出，他们只顾眼前的利益，对于未来并没有一个明确的目标，而且，对待工作的态度与第三个人也是截然不同的。可以说，第一个人和第二个人之所以会有这样的遭遇，完全是因为他们对于工作没有明确的定位，更提不上明确的目标了。第一个人对待工作毫无感情，"做一天和尚撞一天钟"；第二个人呢，对待工作缺乏热情，只是把它当作一种谋生的手段；而第三个人呢，不仅热爱自己的工作而且充满激情，并且朝着这个目标不懈努力，希望有一天能干出一番理想的成绩。正是这种目标明确的激情和理想激励着他不断努力，不断实现自我，实现理想。所以，最终才造就了他的成功。

二、餐饮企业对员工职业倦怠采取的干预措施

虽然个人因素对职业倦怠有一定的影响，但其影响力远不能和环境因素（工作特征、职业特征、组织特征）相比，这是因为职业倦怠更属于一个社会现象，而非个体现象。因此，即使个体可以学会一些应对策略，但不太容易运用于工作场所中，因为工作中的许多因素是不由个体控制的，而这些因素正是引起职业倦怠的根本原因。所以，餐饮企业在缓解职业倦怠方面也应该为员工提供更多的学习和认知的机会，使员工能够通过自身的学习来调整工作期望，进行角色定位，学会调节情绪和心境，积极主动地适应环境的变化。

1. 制定有效的管理制度

马斯拉奇和雷特（1997）提出的工作匹配六个方面：工作负荷、控制、报酬、社交、公平、价值是进行组织干预的核心，也就是说需要制定合理的工作量，增加员工的工作自觉性，减少被动性强制管理。在制定合理的工作规范、薪酬制度的同时，还应该加强对员工情绪的抚慰。管理层的工作人员要及时关注和了解员工的情感和情绪，并采取一些有效的措施用以缓解员工的紧张情绪和压力，可以为员工提供一系列课程，进行心理卫生自律训练等。

2. 创造和谐的组织氛围

组织和领导为员工提供最大的精神支持就是员工之间良好的人际关系、同事之间的顺畅沟通和互相支持，能够使员工最大限度地投入到工作中。埃卢瓦（Elloy）和科尔（Kohls）（2001）的研究发现，"自我管理团队"员工对工作的最大参与投入可以避免很多职业倦怠因素的发生，如角色模糊、角色冲突、缺少参与、缺少上司的信任和支持、缺少同事的支持、缺少工作能力等。餐饮企业属职业倦怠高发人群，组织和领导就需要经常与员工进行沟通、交流，促进彼此的理

解，在沟通过程中，员工个体的情绪被关注，员工的工作价值感和积极性也会提升。其次还要充分信任、尊重员工，相信他们的人格、人品，相信他们处理日常工作的能力和责任心，更多地接纳员工对工作和管理的意见，这对于激发他们的主动性会起到巨大作用，从而引导他们更主动、更积极地工作。要尊重员工本身，就是尊重不同年龄、不同性别、不同资历、不同家庭背景、不同性格的各种自然人的客观存在性，不能厚此薄彼。原则上要公平、公正地对待每一个人，遇到具体事要尊重个性，区别对待。

3. 工作丰富化与挑战性

工作丰富化可以采取两个方向，一是垂直工作加重，即重新设计工作，给团体或个人以更多的责任感、更多的自主权、更多的成就感，也即给某人独当一面的工作重任；二是水平工作加量，即将工作流程中的前后几道工序交给一个工作人员来完成，其结果是对员工更多的绩效反馈、工作整体感、社会责任感以及对自我能力的肯定，两个方向都可以避免工作的单调性。工作挑战性是指为工作人员提供富有挑战性的工作，从而提高其工作积极性。这个挑战性包括改进工作设计、增加工作动机、变更工作内容等。

4. 帮助员工制定职业生涯规划

员工为适应快速变化的环境，需要不断学习和掌握新的知识和技能，也需要根据自身的优势和特征规划自己的职业。餐饮企业可以为员工制定个人发展计划，协助员工学习各种知识和技能，特别是专业性的知识和技能。通过个人职业发展计划，使每位员工对自己目前所拥有的技能进行评估，并考虑企业发展的需求，使自己的特长及发展方向符合企业发展需求。企业通过为员工制定良好的个人发展计划，给予员工丰富的教育和培训机会，能够促进员工个人和企业的共同发展，降低员工的流失率。

5. 员工 EAP（员工帮助计划）援助计划

餐饮企业从员工的心理健康出发，通过为员工提供更加系统的辅导、咨询等服务，解决员工在社会、心理、经济与健康等方面的问题，缓解员工各方面的困扰，最终达到提高员工工作、生活质量的目的。目前，比较普遍的是采用带薪假期、奖励旅游、各种拓展训练、员工业余文化生活等救助措施等员工福利计划。

【复习和思考】

一、如何研究餐饮企业员工的职业倦怠？

二、职业倦怠产生的原因有哪些？

三、职业倦怠对员工个体的影响是什么？

四、在实际的餐饮企业中，从组织的角度，如何制定有效的管理制度？

【拓展训练】

寻寻觅觅我是谁——发现自我性格类型倾向性

1. 活动目的

在各种比较选择中分析自我人格类型。

2. 时间

大约需要四十分钟。

3. 活动目标

发现自己的人格特征。

4. 材料

大白纸、笔。

5. 程序

（1）事先让每个学生完成 MBTI（职业性格测试）人格测试，并取得测试结果。

（2）然后根据后面的知识联接，对每个分量表维度进行认真分析和讨论。四个分量表分别是内倾—外倾（I—E）、感觉—直觉（S—N）、思维—情感（T—F）、判断—知觉（J—P）

（3）根据每一项倾向性的判定，最终可以得出十六种组合，这其中的每一种都将是独特的类型，没有哪一个最好，也没有哪一种类型不好，要记住的是，这就是你，具有独特风格的你。

6. 活动思考

（1）性格类型没有优劣之分，每种性格类型都有独到之处。

附表 10-1 十六种认知风格类型

内倾感觉思维判断 （ISTJ）	内倾感觉情感判断 （ISFJ）	内倾直觉情感判断 （INFJ）	内倾直觉思维判断 （INTJ）
内倾感觉思维知觉 （ISTP）	内倾感觉情感知觉 （ISFP）	内倾直觉情感知觉 （INFP）	内倾直觉思维知觉 （INTP）
外倾感觉思维知觉 （ESTP）	外倾感觉情感知觉 （ESFP）	外倾直觉情感知觉 （ENFP）	外倾直觉思维知觉 （ENTP）
外倾感觉思维判断 （ESTJ）	外倾感觉情感判断 （ESFJ）	外倾直觉情感判断 （ENFJ）	外倾直觉思维判断 （ENTJ）

（2）并非每种性格类型只对应一种职业，但是某一性格类型的特点可能更适合某一职位的要求，针对这一职位，每种性格类型有其优势和劣势，因而如何运用优势，避免掉入陷阱是了解性格类型的重要目的。

【推荐阅读】

一、阅读《遇见未知的自己》（张德芬，湖南文艺出版社，2012 年 10 月）。

本书借由我们每天都可能遭遇到的种种事情，帮助我们看到主宰自己人生的模式是如何形成的，又如何在操控我们的身心。并以故事的形式来分享张德芬多年的心灵成长感悟，来帮助我们解除现有的人生模式，帮助我们从思想、情绪和身体的桎梏中解脱出来，从而活出自己想要的人生，找回原本真实、快乐的自己！

二、阅读《一念之转：四句话改变你的人生》（［美］凯蒂，［美］米切尔著，华文出版社，2009 年 9 月）。

心灵的革命——"转念作业""它教你以一种崭新的心态来过你的一生。问题是，你可有勇气接受它？"当你受够了以后，你宁愿要"对"，还是要"自由"？造成我们痛苦的，并非问题本身，而是我们对问题的想法……四句话改变你的人生。跟着这本书一起开始心灵的"转念作业"，让痛苦之念自动放下我们。事实和真相是最大的，你与事实争辩的结果，就是自己吃亏受苦。

三、观看电影《当幸福来敲门》（导演：［意大利］ 加布里尔·穆奇诺，出品时间，2006 年 12 月）。

影片讲述了一位濒临破产、老婆离家的落魄业务员如何刻苦耐劳地善尽单亲责任，奋发向上成为股市交易员，最后成为知名的金融投资家的励志故事。

第十一章　餐饮从业者的激励心理

我相信组织中成功与失败的最大区别，可以追溯到组织是否能激励巨大的力量和人们的天赋。

——小托马斯·沃森，IBM 前董事会主席

激励具有巨大的力量，是人生命中最好的养料之一，是企业激发员工工作热情，彰显企业活力的有效措施。激励大师金克拉曾说："你若想成为人群中一股力量，便必须掌握激励。"本章从心理学与管理学的角度介绍了餐饮服务中常用的激励理论，探讨了激励在餐饮服务中运用的现状和存在的问题，从餐饮服务不同从业人员的角度探讨了如何使用激励策略。

 学习与行为目标

1. 了解餐饮服务中常见的激励理论
2. 餐饮服务中一般员工的激励策略
3. 餐饮服务中核心员工的激励策略

第一节　激励的相关理论

专栏 11-1

拉绳试验

法国工程师林格曼（Max Ringelmann）曾经设计了一个引人深思的拉绳试验：试验者分为一人组、二人组、三人组和八人组。要求请各组人员用尽全力拉绳子，同时用灵敏度较高的测力器分别测量每个小组的拉力。试验前，人们普遍认为，两人以上的多人组拉同根绳子的合力应该等于或者大于每个人拉一根绳子的拉力之和。但在没有刺激因素的条件下，结果却大不一样。测定结果是：二人组的拉力是单独拉绳时二人拉力之和的95%，三人组的拉力是单独拉绳时三人合力的75%，八人组的拉力是单独拉绳时八人拉力之和的49%。也就是说，小组人数的增加使拉力递减。

拉绳试验证明在群体环境中"1+1<2"。说明在群体环境下，人会出现惰性，把责任悄然分解、扩散到其他人身上。社会心理学家拉坦（Latane）认为，这是集体工作时存在的一个普遍特征，并概括为"社会浪费"。在我国，人们常说"一个和尚挑水喝，两个和尚抬水喝，三个和尚没水喝"，两者道理相似。但进入现代社会后，社会分工更为细化，合作成为必然的选择，如何发掘人的潜力，确保每个人都尽全力"拉绳"，就有着重要的意义。而建立健全人尽其才、人尽其力的激励机制也成为解决这一问题的最长效、最管用的方法和手段。在现代餐饮企业中，部门之间的合作，员工之间的合作更是创造企业效益的前提。如何发挥员工的最大能力？如何调动他们的积极性，承担责任，实现"1+1>2"？这就需要现代餐饮企业重视激励，不断探索适合本行业的激励机制。

激励是心理学的一个术语，指激发人行为的心理过程。在管理学中，激励指激发员工的工作动机，即用各种有效的方法去调动员工的积极性和创造性，使员工努力去完成组织的任务，实现组织的目标。现代组织行为学理论认为，激励的本质是调动员工去做某件事的意愿，这种意愿是以满足员工的个人需要为条件的。但激励并不是无条件地简单满足员工的任何需要，而是要以能在一定程度上导致组织绩效提高的方式来满足员工的需要，要对需要满足的方式和程度予以控制。例如，员工在上班时间有社交需要，他可能会擅离职守去会友来满足这种需要，这种需要的满足不仅不会导致组织绩效的提高，反而对组织有害，对此就要进行限制。因此，激励的关键在于正确地把握员工的内在需求，并以恰当的方式去满足他们。

学术界关于激励的理论有许多，激励的方法也多种多样。餐饮企业员工有其自身的特点，本章重点介绍与餐饮服务中常见激励措施相关的激励理论：成就动机理论、公平理论、期望理论。

一、成就动机理论

成就动机理论属于内容型激励理论之一，是美国哈佛大学教授麦克利兰

（D. C. McClelland）于 20 世纪 50 年代提出的。他认为，人有三种基本的需要：友谊需求、权力需求和成就需求。这些需求并不是先天的本能欲求，而是通过后天的学习获得的。

1. 友谊需求

友谊需求即建立友好和亲密人际关系的愿望。具有高度归属需要的人，比较注重与他人保持一种融洽的社会关系，渴望他人的喜爱和接纳，喜欢与他人保持密切友好的关系和相互理解与沟通，并且更喜欢合作而非竞争环境。

2. 权力需求

权力需求是指控制和影响他人的一种愿望和驱动力。有高权力需要的人喜欢承担责任，并努力影响他人，喜欢置身于具有竞争性的工作环境中和工作岗位上。与有效的绩效相比，他们史关心自己的威望和影响力。

3. 成就需求

成就需求即把事情做得更好，追求成功的愿望。具有成就需要的人，他们有强烈的成功愿望，同样对失败有强烈的恐惧，他们渴望挑战，喜爱为自己设置一些有一定难度但经过努力能够实现的目标。他们追求的往往是成功本身，而不是成功后的奖赏与报酬。

麦克利兰认为，不同的人对成就、权利和友谊的需要程度不同，层次排列也不同。个体行为主要取决于那些被环境激活起来的需要，这三种需要，与管理工作有特殊的联系，经过大量广汐的研究，他得出下面结论：第一，他认为具有高成就需要的人，他们往往力求把事情做得更好，而且也往往做得更好，他们喜欢具有个人责任、能够获得工作反馈和适度冒险精神的环境；第二，高成就需要的人并不一定是一个优秀的管理者；第三，归属需要和权力需要与管理者的成功密切相关；第四，可以通过培训激发员工的成就需要。

专栏 11-2

打工皇后——吴士宏

吴士宏被称为"打工皇后"。她曾做过护士，后进入 IBM 公司，从勤杂工干起，直至成为 IBM 华南分公司总经理，被尊为"南天王"。1999 年出任 TCL 集团常务董事、副总裁、TCL 信息产业集团公司总裁。吴士宏对自己、对工作都有很高要求。在 IBM 做销售时，她的理想是要做一个好的销售员，给自己定了"领先半步"的目标，为了实现这个目标她每周都有几次熬夜到两三点，回不了家就在会议室睡几个小时。当她做到经理时，她又给自己定下了新的目标"做高层专业经理人"，这个目标就意味着在当时的 IBM 要超越同级的二十几位外籍经理，而当时外企的高层经理人一般都是由外籍人士担任，最终她做到了。在现实生活中，也不乏像吴士宏这样拥有高成就需要，获得成功的例子。她的经历诠释了成就动机的作用，吴士宏也成为激励年轻人不断努力的一个榜样。成就动机理论提示管理者，在日常管理工作中要注意考虑员工的需要。由于激励的过程就是需要的满足，因此按照从业人员的需求有针对性地采取激励措施，会有效改变从业人员的工作状态。

二、公平理论[①]

公平理论是美国心理学家亚当斯（J. Stacy Adams）提出的，也称为社会比较理论。该理论主要讨论报酬的公平性对人工作积极性的影响。其基本观点是：当一个人做出了成绩并取得了报酬后，他除了关注自己报酬的绝对量外，还关注与相关他人报酬相比较的相对量，比较的结果将会直接影响到今后工作的积极性。比较有横向比较和纵向比较之分。

所谓横向比较就是将自己获得的"报偿"（包括金钱、工作安排以及获得赏识等）与自己的"投入"（包括教育程度、努力、付出的时间、精力和其他无形损耗等）的比值，与组织内其他人作比较，只有相等时，他才认为公平。

而纵向比较是指把自己目前投入的努力与目前所获得的报偿的比值，同自己过去投入的努力与过去所获得的报偿的比值进行比较。只有相等时他才认为公平。

公平理论提出的基本观点是客观存在的，但公平本身却是一个相当复杂的问题，主要是因为：

第一，它与个人的主观判断有关。上面公式中无论是自己的或他人的投入和报偿都是个人感觉，而一般人总是对自己的投入估计过高，对别人的投入估计过低。

第二，它与个人所持的公平标准有关。上面的公平标准是采取贡献率，也有采取需要率、平均率的。例如在企业中发奖金或福利，有人认为按劳分配是合理的，有人会认为平均分配才公平，还有人会认为应该按职位高低来分配，每个人的标准都不一样，由此会影响到结果判断。

第三，它与绩效的评定有关。一般情况，企业希望按绩效付报酬，并且各人之间应相对均衡。但如何评定绩效？是以工作成果的数量和质量，还是按工作中的努力程度和付出的劳动量？是按工作的复杂、困难程度，还是按工作能力、技

---

① 资料来源：http://baike.baidu.com/link? url=Z-pxHP3HLK7TyLdT2uI7psiv4zk5v82Woxj21L-W7j533Vq2Q8dW_jegssY-O7Ki.

能、资历和学历？不同的评定办法会得到不同的结果。最好是按工作成果的数量和质量，用明确、客观、易于核实的标准来度量，但这在实际工作中往往难以做到，有时不得不采用其他的方法。

第四，绩效与评定人有关。绩效由谁来评定，是领导者评定还是群众评定或自我评定，评定人不同会得出不同的结果。由于同一组织内往往不是由同一个人评定，因此会出现松紧不一、回避矛盾、姑息迁就等现象。

然而，公平理论对当前企业管理者或者人力资源管理还是有重要的启示的，首先，影响激励效果的不仅有报酬的绝对值，还有报酬的相对值。其次，激励时应力求公平，尽管有主观判断的误差，也不致造成严重的不公平感。最后，在激励过程中应注意对被激励者公平心理的引导，使其树立正确的公平观。在实际应用中，为了避免职工产生不公平的感觉，企业往往采取各种手段，在企业中造成一种公平合理的气氛，使职工产生一种主观上的公平感。例如，有的企业采用保密工资的办法，使职工相互不了解彼此的收支比率，以免职工互相比较而产生不公平感。

专栏 11-3

相对报酬要公平

某旅游学院餐饮专业的毕业生小程在求职时获得一家大型餐饮连锁企业的青睐，于是他顺利地到该企业任职，月薪 3500 元，年底绩效另算。小程在校期间就是一个各方面能力很强的学生，学业也非常优异，并且还是当年的优秀毕业生。到了工作单位后，他的这些特点又让他在工作中不断获得成绩，领导对其工作非常认可，一年后，给他每月增加 200 元，并升了职。但最近小程心里很不爽，原因是他们单位又找了一个 985 院校毕业的学生，工作内容和他一样，但人家刚来工资就是 3700 元。此人比小程缺少一年工作的经验，可是其工资和小程一样多，小程的工作热情骤减，甚至想辞职。

运用公平理论，应该很容易发现小程的愤怒源自哪里。因此也提醒餐饮企业的管理者，在制定相应的薪酬标准时，除了看薪酬的绝对值，还应重视薪酬的相对值。由公平理论，也提醒管理者在日常工作实践中，必须将报酬作为有效激励的方式，尽可能实现相对报酬的公平性。

三、期望理论①

期望理论（Expectancy Theory），又称作"效价—手段—期望理论"，它是北美著名心理学家和行为科学家维克托·弗鲁姆（Victor H.Vroom）于1964年在《工作与激励》中提出来的激励理论。人们在采取一定的行为之前，总是要对自己行为所指向目标的价值及成功的概率进行一番估计。当他认为行为指向的目的物正是自己所期望的，对自己的价值较大时，其行动的激发力量就会增大；反之，则相反。同时，当他估计到自己行为成功的可能性较大时，其激发力量也会增大；反之，如果成功概率微乎其微或者根本不可能，那么他的激发力量也就微乎其微或者为零。激励（Motivation）取决于行动结果的价值评价（"效价"Valence）和其对应的期望值（Expectancy）的乘积：$M = V \times E$。从公式可以看出，V 和 E 任何一个出现其值小的情况，则 M 的值都将变小。

期望理论的基本内容包括期望公式和期望模式。弗鲁姆认为，人总是渴求满足一定的需要并设法达到一定的目标。这个目标在尚未实现时，表现为一种期望，此时目标对个人的动机又是一种激发的力量，而这个激发力量的大小，取决于目标价值（效价）和期望概率（期望值）的乘积。用公式表示就是：$M = \sum V \times E$ [M 是激发力量，V 是目标价值（效价），E 是期望值]。此公式表明：如果一个人把某种目标的价值看得很大，认为目标可实现的概率也很高，那么这个目标激发动机的力量越强烈。

怎样使激发力量达到最佳值？弗鲁姆提出了人的期望模式：

个人努力 ——→ 个人成绩（绩效） ——→ 组织奖励（报酬） ——→ 个人需要。

在这个期望模式中，有三方面的关系需要处理好：

1. 努力和绩效

能力和绩效的关系取决于个体对目标的期望值。期望值又取决于目标是否合适个体的认识、态度、信仰等个性倾向及个体的社会地位，别人对他的期望等社会因素。即由目标本身和个人的主客观条件决定。比如，小李很想买部手机，他看上了一款7000元左右的诺基亚手机。但是他一个月只挣1000元钱，买7000元钱的手机实在是困难。因此，买手机就相当于小李的高期望值、低效价的事情。因为他期望值很高，想买这部手机，但是他很不容易达到，所以它是低效价的。作为管理者，在发现员工的激励因素的时候一定要发现高期望值、高效价的

① 资料来源：http://baike.baidu.com/link? url=yBktXfpxJb-uN8iAPruUWtn_b9pwVCoM93bRkO0rypfn6t-aNYJ5pX8tGw_xv4NP.

因素，这样对员工的激励才是有效的激励。如果发现期望值高，但是低效价，就没有什么激励作用；或者高效价，是比较好实现的，但是员工又不需求，同样也没有激励作用。

2. 绩效与奖励

人们总是期望在达到预期成绩后，能够得到适当的合理奖励，如奖金、晋升、提级、表扬等。也就是说，组织要提供相应的有效物质和精神奖励作为对实现组织目标的强化，否则随着时间的增长，个体的积极性会逐渐降低。

3. 奖励和个人需要

奖励要适合个人的不同需要，要考虑效价。采取多种形式的奖励，有利于满足各种需要，最大限度发掘人的潜力，提高工作效率。期望理论是从个人追求目标的观点来研究个人对目标的期望。因此期望理论中的激励，乃是推动个人向其期望目标前进的一种动力。

期望理论对管理实践有着重要意义，它提醒管理者要选择员工感兴趣、评价高，即认为效价大的项目或手段作为激励项目；而且，如果设置的激励项目希望起到广泛作用，那应该是大多数人经过努力能够实现的目标。

第二节　激励在餐饮服务中的运用

餐饮业的发展，归根结底是依靠人才。因此，餐饮管理的核心问题，是人的问题。一位跳槽的餐饮企业员工这样解释自己为何选择离开："虽然我非常喜欢原来的单位，但跳槽到这家店后，可以让我由一名领班晋升为主管，而且工资是原来的一倍，这家店的总监很欣赏我，我需要被认可，我喜欢这样的领导。"有数据显示，一般行业员工年流失率为5%~10%，但餐饮企业员工年流失率超过20%。一项统计表明，北京、上海、广东等地区的餐饮企业员工平均流失率达到30%，有些企业甚至高达45%。其中，具有大学学历的员工流失率高达70%以上。统计数据显示，餐饮业员工在试用期前后、工作两年后的升迁时期、工作满5年后的时期呈现出离职高峰。原因是刚进入企业的部分员工发现自己无法适应餐饮企业的工作，于是就选择离开。工作1~2年后的员工发现企业并没有给自己升迁和发展的机会，便跳槽到有升迁和发展机会的企业或其他行业。工作3~5年的员工因长时间从事某一特定岗位的工作产生了厌倦感，同时感觉升迁机会少，于是就选择新行业。跳槽是员工需求不被满足而出现的最终结果。在现实生活中，许多员工并没有选择跳槽，他们出现消极怠工或表现出对顾客的怠慢、工作中不能尽职尽责。这些现象再次提醒企业的管理者需要关注员工的需求。餐饮行业作为服务性行业，因为其门槛比较低，限制条件较少，成为许多人就业的首选。因此也造成了餐饮业中人员情况差异较大的现象。了解员工的特点，了解员工的需求，采取适当的激励措施，直接或间接地满足不同类型员工的需要，将有利于餐饮企业员工的稳定以及工作效率的提高。

一、餐饮服务中一般基层员工的激励

根据餐饮员工的重要性和岗位不同，餐饮企业的员工可以分为一般基层员工和核心员工。

1. 一般基层员工的特点

一般基层员工包括一线服务员、厨房中传菜生、洗碗工等。这些岗位的工作大多是一些重复性的机械劳动，技术含量较低，入门条件低，但因为这些岗位大多数是直接面对顾客提供服务的，又对他们有着较高的要求。餐饮行业中服务质量对于企业的效益和发展起着决定性因素，因此餐饮服务要求基层员工能够表现出良好的综合素养、较高的工作能力，具有吃苦耐劳的精神，能够为消费者提供优质服务，由此造成供求双方存在期望差异，出现矛盾。根据现有研究，餐饮企业基层员工具有以下特点：

（1）餐饮企业一般基层员工年龄偏小、文化程度低。有研究者对基层员工进行调研，结果显示 45% 以上的人年龄不足 20 岁，83% 以上的被调查者年龄在 30 岁以下。而且一般基层员工文化程度不高。餐饮业是劳动密集型行业，其工作岗位对知识和技术水平的要求相对较低。已有研究结果表明，初中及以下文化程度的员工占 41% 以上，83% 以上的为中专及以下文化程度，基层员工受教育程度普遍不高。餐饮企业基层员工主要来自于城镇和农村，这些人员没有其他技能，也没有受到职业技术培训，整体文化素质偏低。

（2）一般基层员工中女性较多。餐饮业作为服务行业，在中国的传统观念中，认为是"伺候人"的工作，其社会地位比较低，而工作又比较辛苦。男性愿意从事餐饮的较少，即使有，也多数是权宜之计。因此，企业的员工构成女性员工占有很大的比例。在有些饭店中，女性员工的比例甚至会达到 80% 以上。

（3）餐饮行业一般基层员工流动性大。流动原因与工资待遇、晋升与发展、个人需要的满足等有关。也有部分员工因厌倦餐饮业的工作环境而选择其他行业。

（4）餐饮企业基层员工可塑性强。由于餐饮企业基层员工年龄偏小、文化程度不高，也就意味着其没有形成成熟的价值观、人生观。其思想观念和行为易于受诱导，可塑性强。也就是说，如果他们处于一种好的氛围之中，给予其足够的支持和发展，他们都可能成为优秀的员工，也能够被企业留住。

2. 一般基层员工的激励

在餐饮行业中，一般基层员工的年龄偏小，文化程度低，女性员工多，价值观、人生观不成熟，有极大的可塑性。有研究专门探讨了基层员工的激励措施，通过对基层员工的调查，结果显示基层员工的主要激励因素有：工作过程能够及时得到反馈，与领导和同事达成良好的沟通，领导对自己的信任以及对自己努力工作的认可，进行绩效考评时的公平、公正性和管理层的关心、培训机会多少等；由于基层员工年龄普遍较小，他们更需要企业和管理层给予更多的关怀、理解和适当的引导教育；另外，餐饮企业的承受能力决定了不同企业间基层员工薪酬不会有太大的波动，员工对自身薪酬预期较低，所以薪酬对于基层员工而言不是重要的激励因素。根据以上特点，对于餐饮行业中一般基层员工的激励措施主要可以从以下几方面入手：

（1）薪酬是必要的激励因素。对餐饮企业一线的普通员工，他们比较重视可以满足基本需要的工资和奖金。因此，对餐饮企业的普通员工，可以采取"基薪＋综合奖金"的薪酬制度，尤其要充分利用奖金的效用，并实行差别化的奖励政策。管理者根据员工对企业贡献的大小奖励不同的金额，如对受顾客表扬、超工作量、为企业节省成本费用的员工颁发奖金。奖金的颁发一定要把握时机，适度及时，不能把奖金与工资一起发放，以免削弱员工的荣誉感，从而达到良好的激励效果。

（2）重视情感关怀等精神激励方法。餐饮行业一般基层员工大多数来自农村较贫困地区，自尊心很强，来到城市后，害怕别人看不起自己；另外，餐饮业提供的服务，在许多人眼中是"伺候人"的行业，在为客人服务的过程中，自尊心本身就有所伤害，所以更需要得到"自己人"——餐饮企业管理者的尊重和关怀。而研究者也发现，由于精神文化保持相对稳定，精神激励是一种长效、持久的激励因素。具体做法有：

1）为员工创造发挥才能的机会，依据员工个人特点、能力特点，做到人尽其才。基层员工虽然文化程度低，但因为年轻，所以有热情，有对成功的期待。而帮助其在平凡的工作岗位中发挥个体特长，获得成就感，更有助于员工的发展和企业效益的提高。因此，管理者需要充分了解员工的兴趣、爱好、特长，依据其特点分配工作任务。这方面有许多企业都有成功范例。索尼公司在人才的使用上总是以"我们要建设技术人员积极工作的自由开放的理想工场"为原则，尽量给经过严格选拔的人才创造自由发展的空间，公司9000多名技术人员和工程师实行内部流动制度，每两年轮换一次工作，让公司管理人员和技术人员都能够按照自己的兴趣、爱好、专长充分发挥才干，特别欢迎"毛遂自荐"，从而充分调动人才的积极性。索尼这种人尽其才的制度，是创造出"索尼奇迹"的重要因素之一。

2）尊重员工人格，给予员工"心"的关怀。如前所述，一线基层员工有着强烈的自尊心，餐饮企业的管理者要善于发现员工的长处，肯定员工的价值，尊重其独立的人格。从心理学的角度来看，每个人都有爱别人的潜能，餐饮行业的一线基层服务员也是一样，她们有爱老板、爱上级、爱客人的潜能。然而要使"爱的潜能"转变为"爱的能力"，有一个必不可少的条件，那就是一定要有"被爱"的体验。而被别人爱的最基础体验就是得到别人的尊重。也就是说，如果员工得不到企业管理者的尊重，员工也不会从内心尊重企业及企业的管理者。如果带着不满或者怨恨的情绪，他们怎么能够提供高质量的服务呢？正如一句管理格言所说的"你希望员工怎样对待顾客，你就怎样对待员工"。管理者要使每个员工都意识到自己的工作代表着企业，服务质量的优劣取决于每一个员工。而员工的服务质量则取决于管理者如何对待员工，努力营造"员工第一"的环境，才能激发员工工作的热情。

对员工的尊重是在给予员工真诚的关爱、有力的支持、贴心的理解中实现的。在海底捞，能够看到很多这样的例子。海底捞能够事事从员工的角度考虑，事事从顾客的角度出发，一直贯彻"只有让员工满意，才能让顾客满意"的服务方针。员工在海底捞得到了最大的人文关怀。海底捞有各种福利制度，比如海底捞规定必须给所有员工租住正式小区或公寓中的两居室、三居室，而且距离店面走路不能超过20分钟，以免占用员工的休息时间；员工可以享受到二十四小时的热水和空调，以及能上网的电脑；集体居住的员工都可以享受到免费的家政服务，企业设有专门的家政服务人员，负责员工宿舍卫生的日常清扫以及员工衣服、床单、被褥的清洗等。通过这些措施，员工充分感受到了企业的温暖，感受到了企业的关怀，自然也就产生出对企业的归属感，将企业当做自己的家一样去看待，去维护，去创新，将自己的"家"变得越来越好，这样的"家"自然也没有人愿意离开。

3）善用目标和发展激励。餐饮行业一般基层员工因为其年龄和文化层次的原因，更需要在其职业生涯发展和工作规划上给予其适当的引导。他们由于人生观和价值观还不成熟，所以可塑性也是非常强的。而帮助员工的职业发展是激励员工的关键之一。因为通过职业发展，员工能够看到自己可预期的未来发展状况，而为了实现未来的一个状况，他们就会为此积极努力地工作。企业在员工的成长和发展中给予必要的指导和帮助，员工就会用业绩和忠诚回报企业，就会在工作中表现出较大的工作积极性和工作动力。心理学上有个"皮格马利翁效应"（Pygmalion Effect），"皮格马利翁效应"告诉我们，对一个人传递积极的期望，就会使他进步得更快，发展得更好。反之，向一个人传递消极的期望则会使人自暴自弃，放弃努力。在企业管理方面，一些精明的管理者也十分注重利用"皮格马利翁效应"来激发员工的斗志，从而创造出惊人的效益。在美国有一家软件公司，有一名黑人员工，名叫斯米奈，他是公司的清洁工。一次老板陪同一位客户乘坐电梯，正在工作的斯米奈有礼貌地与客人打招呼。但那位客户看斯米奈是一名黑人清洁工，便很不礼貌地对待他。这时，老板对客户预言说：你不要小看这名工人，15年后他将成为我公司的工作骨干，一个有作为的人。事后，老板让斯米奈到他办公室进行谈话，对他抱有很高的期望。于是斯米奈重新审视自己：在未来的时间内，自己的能力是否能实现老板的期望。他为自己定下一个目标：在未来10年内，先读社区大学，再进入正规大学学习，最后取得硕士文凭。在此期间，老板不断鼓励和帮助他，并督促和检查他的学习和工作；他本人也不断激励自己达到老板的预期。10年后，斯米奈取得了硕士文凭，继续在公司工作，成为公司的业务骨干。通过斯米奈的经历再次证明了为员工设定目标，给予其一定的期望，他们会在个人的职业生涯发展中走得更为精彩。

专栏 11-4

"罗森塔尔"实验

"皮格马利翁效应"（Pygmalion Effect），亦称"罗森塔尔效应"或"期待效应"，也有译"毕马龙效应"、"比马龙效应"。由美国著名心理学家罗森塔尔（Robert Rosenthal）和雅各布森（Jakobsson）在小学教学上予以验证提出，人们基于对某种情境的知觉而形成的期望或预言，会使该情境产生适应这一期望或预言的效应。"罗森塔尔效应"产生于美国著名心理学家罗森塔尔的一次有名的实验中：他和助手来到一所小学，声称要进行一个"未来发展趋势测验"，并煞有介事地以赞赏的口吻，将一份"最有发展前途者"的名单交给了校长和相关教师，叮嘱他们务必要保密，以免影响实验的正确性。其实他撒了一个"权威性谎言"，因为名单上的学生根本就是随机挑选出来的。8个月后，奇迹出现了，凡是上了名单的学生，个个成绩都有了较大的进步，且各方面都很优秀。显然，罗森塔尔的"权威性谎言"发生了作用，因为这个谎言对教师产生了暗示，左右了教师对名单上学生的能力的评价；而教师又将自己的这一心理活动通过情绪、语言和行为传染给了学生，使他们强烈地感受到来自教师的热爱和期望，变得更加自尊、自信和自强，从而使各方面得到了异乎寻常的进步。

资料来源：http://baike.baidu.com/link? url =IkiyaBJuET9CJmRmTqwxDCTKrWGs4mwdX01e – EhYRrdwzh6jnxxgiwhACnWRpcz。

对于餐饮服务的一般从业人员来说，他们也是有梦想、有期望，并希望获得成功的。而餐饮服务人员流失率高的一个原因就是觉得没发展、没前途。因此，企业如何让员工看到成功的希望？如何让员工看到发展？这就需要企业管理者考虑员工的职业理想，引导其规划自己的职业生涯之路。在这方面"海底捞"的做法有许多值得借鉴的地方。

专栏 11-5

"海底捞"的管理理念

"海底捞"在管理中一直坚持这样的理念：公平公正协助员工成长。任何新来的员工只要他努力，都有三条晋升途径可以选择：

管理线：新员工—合格员工—一级员工—优秀员工—领班—大堂经理—店经理—区域经理—大区经理。

技术线：新员工—合格员工—一级员工—优秀员工—先进员工—标兵员工—劳模员工—功勋员工。

后勤线：新员工—合格员工—一级员工—先进员工—办公室人员或者出纳—会计、采购、技术部、开发部等。

海底捞的晋升制度让他们看到了真切的希望。而这与人的自我发展需要是相一致的，因此海底捞能够得到迅速的发展，赢得了纷至沓来的顾客和社会广泛赞誉。

在使用发展激励措施时，企业主要需将个人发展目标与企业发展目标相结合，避免错位，同时要关心每个员工个体的职业生涯发展，必要时给予指导和帮助，另外还需要在政策和制度上给予一定的保障，例如培训、技能学习，等等。避免出现仅有口头承诺，没有实际措施的现象出现。良好的职业发展规划和管理，帮助员工看到未来的发展期望，而这样的规划将也有助于留住人才、激励人才，促进企业的发展。

二、餐饮企业核心员工激励

1. 餐饮企业核心员工的特点

核心员工，顾名思义是指在企业中有着重要作用和位置的员工。他们是企业价值实现的主要创造者，已有研究发现，在企业中，最核心的20%员工创造了企业80%以上的价值和利润。核心员工是企业核心能力的根本，也是企业发展壮大和获得持续竞争优势的决定力量。所谓餐饮企业核心员工，是指餐饮企业中发展到一定阶段，在企业中拥有专门技术、掌握核心业务、控制关键资源、具有创新精神、在创造企业价值和提升企业核心能力的关键活动中，绩效显著，对该餐饮企业的可持续发展影响重大的员工集合。餐饮企业核心员工的特点可以概括为以下几方面：

（1）有餐饮方面的专业特长和实践经验，个人素质较高。核心员工大多受过系统的专业教育，掌握一定的专业知识和技能，许多核心员工是从餐饮业基层员工成长起来的，他们即使没有受过很好的高等教育，但对于餐饮经营、运作都有非常丰富的实践经验，善于人际交往，沟通能力强。

（2）不易替代性。作为餐饮企业的核心员工，他们掌握和控制了大量的关键资源，由此表现出来的一个重要特性就是不易替代或短期内难以被替代，或者说，即使被替代成本也会很高。有时餐饮企业不一定能直接感觉到他们的重要性，但是他们一旦离职，就会发现企业的整体运转或整体业绩都会受到影响，有时可能会带来灾难性后果，直接影响企业的生死存亡。

（3）个性较强且充满自信。核心员工通常拥有较高的综合素质，独立性、创造性较强，因此会有独特的个性。他们的思维不同于普通员工的思维，也有自己的特殊性。另外，由于核心员工一直处在企业发展链条中的关键环节，领导的赏识与周围同事的尊重，往往会让他们表现得非常自信。

（4）开拓性与挑战性是核心员工的又一特点。核心员工的工作技术含量高，极富有开拓性。工作中他们总能发现新的问题并寻求解决方案，总在开发创造新的产品。由于他们的工作本身难度较大，同时很少有前车之鉴，并无太多参考对象，常常遇到种种未知不确定的因素，富有挑战性。

（5）流动性大。由于核心员工的重要价值，属于稀缺资源，往往成为餐饮企业之间争夺的对象。随着中国餐饮业的快速发展，外资企业进入，餐饮行业的人才竞争更加激烈。核心员工自身的知识、能力使其在就业选择上自主权较高，而且他们的职业观念不局限在传统职位上，可以独立于组织之外而获得聘用，实现自身价值，他们往往根据自身的特长和专业在一些企业之间频繁流动，由此表现出对企业的忠诚度偏低。

2. 核心员工的激励

目前，餐饮企业中核心员工的去留问题直接影响到企业的发展，有很多企业已经开始意识到此问题。在餐饮企业的人力资源管理中，许多企业采用多种方法对这些员工进行激励。总结相关文献资料，主要有以下几种激励措施：

（1）设置合理的物质激励。物质需要是人的第一需要，尽管物质是一种外部激励因素，但在当前它仍然是一种比较有效的激励方式。在物质激励中，薪酬的激励作用尤为重要。"加薪非必然，干得好加薪是必然的"（IBM 公司）。薪酬是每个人最为关心、最具有激励作用的要素。餐饮企业薪酬激励制度建立的是否合理，对员工的激励具有决定性作用。从理论上来说，薪酬体制的设置应遵循按劳分配的原则，同时兼顾到效率和公平。员工对其报酬是否感到满意，不只看其绝对值，而是进行社会和历史的比较，看其相对值。有些企业对于员工的薪酬给予同样标准采用"一刀切"的方式，并且不能够与时俱进，最后造成的结果是人才的流失。因为"一刀切"的方式对于那些贡献大的员工而言，其成绩没有得到认可，自我实现的需求得不到满足，最终结果是导致人才流失。

很多企业还出现一种现象，即尽量地提高精神激励手段，把精神激励搞得天花乱坠，可是实际物质薪酬却没有竞争力，殊不知这种跨过了马斯洛需求层次的基础层面而直接在更高层次激励的方法不仅没有实际意义，相反会适得其反。所以，激励的基础就是必须使企业的薪酬在行业里具有竞争力，而对于这些重要的员工而言，薪酬一旦超过他的设想，他就会想方设法成倍地回报给企业。

专栏 11-6

"跳槽"

2004年南京某餐饮企业近20名骨干员工集体跳槽，南京某地方媒体对此进行了报道。此次跳槽的始作俑者是一位杨姓员工。他曾一度为此"感到不安"，但他的新东家许诺其"年薪30万元，并当场预付了一半年薪"，所有追随其跳槽到该餐饮企业的员工"都得到了高于原单位的年薪承诺，有的已经拿到了预付的半年薪水"。据了解，杨姓员工在原单位的年薪不到20万元，但原单位给每位有突出贡献的高层管理人员赠送股权，而在2003年1月，杨姓员工所拥有的股权因为某种不为人知的原因被公司收回。这样一来就不难解释为何他会选择跳槽。

资料来源：《扬子晚报》2004年5月，有删减。

在物质激励中，当前许多企业还采用分配股权的方法给予员工激励，其目标是希望通过员工持股，让其感受到他并不是为企业打工，而是在为自己的企业工作，由此调动其主动性和积极性。但这种形式对于一些中小餐饮企业而言，可能并不适用。也有学者提出长期激励中比较易于操作，且在现实中有较大意义的主要是高档消费品的分期赠予，如房产、汽车等。

（2）重视培训和发展的激励作用。一位管理学家曾经说过："员工培训是企业风险最小收益最大的战略性投资。"这句话充分阐明了培训对于现代企业的重要意义，它同样适用于我国的餐饮企业。核心员工对于自身的要求较高，本身具有自我学习的要求和能力，对于自身的职业生涯发展也非常关注，很多人很早就明确了职业生涯发展的目标，做出了明确的职业生涯设计。餐饮企业同样要注重员工的个人成长，有必要帮助员工做好职业生涯规划。对其工作目标和发展方向进行明确的界定与有效的沟通，引导员工在完成眼前工作目标的基础上，与企业保持同步的发展，最终将员工的工作目标统一到企业的发展目标上来，通过企业的发展，帮助核心员工实现其职业生涯规划。

而培训就是企业的管理者能够为他们在职业生涯设计上提供支持和帮助的最好方式，这样更有利于这类员工的上进心。国外的研究表明，员工的培训和教育是使员工不断成长的动力与源泉。在许多企业，员工都认为教育和培训是公司为他们提供的最好的福利，因为教育和培训往往是本公司或者其他公司提拔晋升员工的前提。在知识经济时代，这种培训和教育也是企业吸引人才，留住人才的重要条件，具有不可替代的激励作用。为此，餐饮企业应该将教育与培训贯穿于员工的整个职业生涯中，使员工能够在工作中不断更新知识结构，随时学习到最先进的知识与技术，保持与企业发展同步，发挥他们的最大潜能，持久进步，更好地为企业服务，成为企业最稳定可靠的人才资源。

有许多餐饮企业在这方面都做得非常出色。其中一个便是肯德基。肯德基奉行的一个准则是，不仅企业要成长，个人也要成长，连协作厂商和合作合资伙伴都能有成长机会，即"群策群力，共赴卓越"。把共同的成长当成企业与员工的目标来相互激励。在肯德基，每个餐厅的管理者都是从餐厅基层一步步成长上来的，他们从管理一家餐厅到管理四五家、七八家餐厅，在企业发展的同时，自身也得到了发展。

在肯德基，如果一个员工在一个职位上干了两年，就会被拍肩膀问："你怎么这么长时间没升迁？"每一位具有潜质的员工在肯德基的阶梯型职业发展通道上都能看到攀登的希望点。而对于供应商而言，因为肯德基让他们的企业抓住了快速成长的机遇，使他们的企业更具市场竞争力。企业、员工、协作厂商、合作合资伙伴在肯德基远景目标的引导下，通过沟通，彼此积极配合共同努力，结成一个紧密的团队，从而达到整体绩效远大于个体绩效的结果，这种目标一致，共同激励的方式使他们彼此加强了沟通，增进了企业凝聚力和合心力，更增强了他们追求卓越的信心。

（3）充分重视非金钱因素的激励作用。核心员工在物质需求获得满足后，对于高层次的需求更为看重。企业应该从关注员工"被尊重、被信任"以及"自我实现"的需求出发，发挥非金钱因素的激励作用，建立多维交叉的激励体制和体系，能够有效解决人才的激励问题。激励的非金钱因素包括：积极的沟通、领导给予这类员工的授权和放权、营造良好工作环境、注重情感激励，等等。这其中授权和放权对于核心员工而言是非常有效的激励措施。权力激励也就是授权激励。所谓授权，就是由领导者授予直接被领导者一定的权利，使其在领导者的指导和监督下，自主地对本职范围内的工作进行决策和处理。适当分权，有利于发挥核心员工和其他工作人员的积极性、主动性和创造性，充分发挥其独立负责的作用，由此促进其才华和潜能的发挥，最终实现企业和员工的共同发展。非金钱因素的激励能够促进员工增加归属感，使员工由被动管理转向自主管理，充分发挥自主性，激发员工的主人翁意识，使个体与组织目标协调一致，保证组织目标的顺利实现。

专栏 11-7

"海底捞"的授权

"海底捞"的老板张勇对下属的授权可谓是"大胆"的。在"海底捞"，副总、财务总监和大区经理有 100 万元以下开支的签字权，大宗采购部长、工程部长和小区经理有 30 万元的审批权，店长则有 3 万元以下的签字权。对于"海底捞"的一线员工来说，他们也同样有着比其他餐饮企业的同行大得多的权力，那就是免单权，他们只要认为有必要，就可以给顾客免费送一些菜，甚至有权免掉一餐的费用。这些权力在其他餐厅，起码要经理才会拥有。对此，"海底捞"的董事长张勇是这样解释的，"如果亲姐妹代你去买菜，你还会派人跟着监督吗？当然不会"。

资料来源：易钟：《海底捞的秘密》，经济出版社，2011 年版。

其实，顾客从进店到离店始终是和服务员打交道的，如果顾客对服务不满意，一线员工是最清楚原因的。因此把解决问题的权力交给一线员工，才能最大限度地、最快速地消除顾客的不满意。实际上这也不是海底捞的先例，也有跟他们一样大胆的，比如著名的丽兹·卡尔顿酒店。丽兹·卡尔顿酒店的员工就被授权要当场解决问题，而不需请示上级。他们的每个员工都拥有可以支配 2000 美元数额的权力来平息客户的不满。而且只要客户高兴，员工甚至可以暂时离开自己的岗位。在这些授权的背后，实际上都体现了一种让员工参与管理、成为企业管理者的理念，这种信任和尊重会让员工以主人的姿态去对待自己的工作，用心做好服务。

【复习思考题】

一、什么是激励？激励机制的要素是什么？

二、请简述激励理论中的期望理论。

【拓展训练】

案例一 肯定成绩

某饭店的一位厨师长，工作出色，技术优秀，是饭店的业务骨干。在今年的厨师技术职称评定中，虽然实操技术得到 95 的高分，但因为学历条件不够，在最后的报批中被淘汰。他因此感到很沮丧。对于他的遭遇，饭店的领导、人事部门和餐饮部经理都很重视。两年前饭店已经帮他联系了学校上成人大专，为了更好地鼓励他，肯定他的成绩，饭店领导和人事部门研究决定，对他采用"内部粮票"，即在饭店内部承认他的"特级厨师"职称，工资待遇按特级厨师发放。

请问在此案例中，运用了哪些激励措施？这些激励措施都是基于何种理论？

案例二 年终"红包"

某企业老总在年终总结会上宣布："我们酒店今年本来没有能力发红包，因为我们还处于亏损的状态。但是，为了使大家能够过一个快乐祥和的新年，我们还是决定了要给大家发红包。在此，我要特别感谢行政部的张小红。他们在网站建设中为公司节省了 7000 多元，所以，我们在红包里也有所表示。"

请问，从这位老总身上你学到了什么？

案例三 "海潮效应"（Tidewater Effect）[1]

"海潮效应"是海水因天体的引力而涌起海潮，引力大则出现大潮，引力小则出现小潮，引力过弱则无潮的现象。

在中国古代战国时期燕国的发展就很好地诠释了"海潮效应"。当时燕国出现了内乱，邻国齐国乘机出兵侵占了燕国的部分领土。燕昭王当了国君以后，他消除了内乱，决心招纳天下有才能的人，振兴燕国，夺回失去的土地。虽然燕昭

---

①资料来源：http://baike.baidu.com/view/55496.html.

王有这样的号召，但并没有多少人投奔他。于是，燕昭王就去向一个叫郭隗的人请教，怎样才能得到贤良的人。郭隗给燕昭王讲了一个国君用500金买马骨以求得千里马的故事，燕昭王认为有理，就拜郭隗为师，还给他优厚的俸禄。并让他修筑了"黄金台"，作为招纳天下贤士人才的地方。消息传出去不久，一大批贤士纷纷从各自的国家来到燕国。经过20多年的努力，燕国终于强盛起来，打败了齐国，夺回了被占领的土地。

用买马骨的方法来买得千里马，用修筑"黄金台"的方法来吸引天下的人才，所运用的都是用人中的一种"海潮效应"。人才乃强国之本，求贤纳士，选人用才，贵在诚心实意。燕昭王采纳郭隗建议，不以"才"小而不敬，敢向天下人昭示自己尊重人才、招募人才的诚心，所以四方贤士纷至沓来，燕国由此日渐强盛，给后人留下了深刻的启示。

人才与社会时代的关系也是这样。社会需要人才，时代呼唤人才，人才便应运而生。依据这一效应，作为国家，要加大对人才的宣传力度，形成尊重知识、尊重人才的良好风气。对于一个单位来说，重要的是要通过调节对人才的待遇，以达到人才的合理配置，从而加大本单位对人才的吸引力。现在很多知名企业都提出这样的人力资源管理理念：以待遇吸引人，以感情凝聚人，以事业激励人。

"海潮效应"给我们很大的启示。提示企业在人力资源管理中，如何设计激励模式是非常重要的内容。随着社会发展，信息流动量加大，人才市场的社会化形成，必须要建立适应企业人力资源配置的激励机制，特别是要考虑对人才的激励力度，形成"海潮效应"。

【推荐阅读】

一、观看《美食总动员》。《美食总动员》也称为《料理鼠王》是2007年一部由皮克斯动画制作室制作、华特迪士尼影片出品的动画电影。

影片是围绕着一只名叫雷米的小老鼠展开的，他在梦想的驱使下摒弃了以垃圾为生的天性，追求厨房里的烹饪生活。当雷米终于有机会能够走进五星级饭店的后厨时，麻烦也随之而来，好在他及时得到了小学生徒林奎尼的"援手"，这一对看起来最不可靠的搭档，却成就了一个厨房神话。友谊和忠诚的结合，大众化的主题贯穿影片始终：在一片反对声中寻找自我的过程；积极追求梦想的勇气是该片的看点。

二、阅读《员工激励》（杨东编著，中国轻工业出版社出版，2010年1月出版）。

本书系统论述了员工激励的相关理论，介绍了各种具体的激励措施，是管理心理学方面值得一读的好书。

三、阅读《海底捞你学不会》（黄铁鹰著，中信出版社，2011 年 4 月出版）。

作者想通过本书告诉你，为什么海底捞得以成为中国餐饮业的新生力量？为什么一句"把人当人对待"成为海底捞的成功要诀？想知道原因，赶紧去看吧。

第十二章　餐饮管理者心理

大国崛起的命脉是企业，企业的根基在管理，管理者的胜任素质是企业赢得竞争领先优势、保持长期发展的关键要素。

——彼得·德鲁克

作为一名企业的管理者，其自身的能力素质与个性特征将会对企业的文化、发展产生深远的影响。本章将重点探讨作为餐饮企业的管理者应该具备哪些胜任力特征，如何处理企业内部的冲突、危机事件，如何减轻管理者的压力，使其保持健康稳定的心态。

 学习与行为目标

1. 了解胜任力的理论、应用及餐饮行业管理者的职业能力素质要求
2. 掌握餐饮行业管理者冲突管理、危机处理的相关知识
3. 掌握餐饮行业管理者自身压力的来源及管理策略的相关知识

第一节　餐饮行业管理者的职业能力

从事任何一种行业，都需要必备基本的职业能力素质。心理学将能力定义为是人们顺利完成某种活动所必备的个性心理特征。随着心理学在企业实践中的应用与发展，要求能力必须与目标的岗位要求相一致，强调人员能够萍踪岗位工作的职责要求，保证将工作做好。到 20 世纪 70 年代初，以麦克利兰（McClelland）为首的研究小组，在探讨卓越工作绩效原因时，引发了一场被称为"胜任力运动"（Competency Movement）的革命。关于胜任力的研究既是提升企业竞争力的议题，亦是当代心理学、人力资源管理、教育学等学科领域的研究热点之一。因

为企业要能持续长久经营，必须依靠内部的核心胜任力。

本章节主要介绍胜任力的定义与类型、胜任力模型、胜任力在企业管理中的应用及餐饮行业管理者的胜任力要求等几方面内容。

一、胜任力的理论与内涵

1. 什么是胜任力

英文单词"Competency"、"Competence"都可译为胜任力，但其与原英文的含义既有重叠也有差异。因此，存在许多中文翻译，如"能力"、"胜任力"、"胜任素质"、"胜任特征"、"胜任特质"、"职能"、"素质"、"资质"、"才能"等。但目前译为"胜任力"是比较被普遍认可的提法。有众多研究者都对胜任力给出了自己的理解，要想清晰地理解胜任力的核心意义，首先应注意区分胜任力、KSAOs、能力（Ability 或 Capacity）之间的异同。KSAOs 是知识、技能、能力和其他性格特征的英文首位字母的缩写，它的内容涵盖生理能力、认知能力以及其他抽象的个人特质。因此，其结构范围相当复杂。这些因素在录用和选拔人员时要被综合起来考虑。每个人、每个岗位都有着不同的 KSAOs。传统人力资源管理中往往关注的是员工的 KSAOs，而现代人力资源管理更关注员工的胜任力特征。研究和实践都表明，与 KSAOs 相比，胜任力特征更能预测员工的工作绩效。在评价员工时，更适合采用胜任力特征。另一个需要区分的概念是能力。比较而言，胜任力针对的是一个人的职业工作绩效，它主要用完成任务本身的绩效来判断。一个人可以有能力胜任并完成一项任务，但影响个人工作绩效的因素除能力外，还有许多其他因素，比如，环境条件、不可预测的事件、运气，等等。能力可以说是胜任力的先决条件，但胜任力更复杂，更多强调的是个体潜在特征，它们是有区别的。因此，不难发现胜任力具有三个方面的特点：①与特定工作相关；②可以在特定工作中创造高绩效；③包含一些个人的特征，如特质（Traits）、动机（Motives）、自我概念（Self-image）、社会角色（Social-role）、态度（Attitude）、价值观（Value）、知识（Knowledge）、技能（Skill）等。

可以按照不同的标准对胜任力进行分类。通常主要分为以下几种方式：

（1）依据个体在工作中的职位不同，可区分为工作胜任力、岗位胜任力与职务胜任力三种。工作胜任力影响个体的工作绩效水平，通过它可以预测个体的工作绩效。岗位胜任力是指具有某种资格或胜任某一岗位的条件，即拥有足够的技能、知识来履行特定任务或从事某一活动。不同工作岗位所对应的具体岗位胜任特征是有差别的。这些各异的胜任特征就形成了不同岗位的胜任力模型。职务胜任力是指某一行业工作者是否具备某一职务所要求的职务行为能力。

（2）依据工作具备的条件和产出的结果，可区分为基于输入的胜任力和基于产出的胜任力两种。前者描述的是个体所拥有的知识和技能，后者所描述的是工作角色岗位结果。

（3）根据胜任力的可变化情况，可区分为硬性胜任力和软性胜任力。前者指人们完成预期达到的工作标准，后者指个人的行为和属性。

（4）根据工作中表现出来的各种胜任特征，可区分为管理胜任力、人际胜任力与技术胜任力。管理胜任力主要是指组织领导能力；人际胜任力主要是指有效交流、积极建立人际关系的能力；技术胜任力主要是指与某一特殊的专业活动相关的胜任力。

（5）按组织所需的核心专业与技能来分，可分为通用胜任力、可迁移胜任力与专业胜任力三种。通用胜任力是一个组织核心价值观、文化等的反映，是全体员工所共有的、必备的。可迁移胜任力指某些岗位的通用胜任力，如管理者胜任力、领导胜任力。专业胜任力指从事某一专业工作的胜任力。

（6）依据任务具体性、行业具体性和公司具体性三个维度来划分，可分为元胜任力、行业通用胜任力、组织内胜任力、标准技术胜任力、行业技术胜任力、特殊技术胜任力。

（7）按胜任力构成要素划分，可区分为基础胜任力与特殊胜任力两种。美国心理学家斯斑瑟（Spencer）等人（1994）把它称为基准性胜任特征与鉴别性胜任特征。基准性胜任力（Threshold Competency）是指那些容易通过培训、教育来发展的知识和技能，是对任职者的基本要求；而鉴别性胜任力（Differentiating Competency）是指那些在短期内较难改变和发展的特质、动机、自我概念、社会角色、态度、价值观等，是高绩效者在职位上获得成功所必须具备的条件。

2. 胜任力模型

胜任力模型（Competency Model）是指担任某一特定的任务角色需要具备的胜任特征的总和。胜任力模型反映了某一既定工作岗位中影响个体成功的所有重要的行为、技能和知识。目前，提出的胜任力理论模型主要两种，分别是有冰山模型（The Iceberg Model）和洋葱模型（The Onion Model）。

胜任力的冰山模型认为存在五种类型的胜任力，分别是动机（Motives）、特质（Traits）、自我概念特征（Self-concept Characteristics）、知识（Knowledge）和技能（Skills）。依据这一理论，处于水面以上看得见的冰山代表的是"知识和技能"，最容易改变；潜藏于水面以下的是"动机和特质"，不容易触及，也最难改变或发展；介于二者之间的是"自我概念"特征。洋葱模型则是从另一个角度对冰山模型进行了诠释。它在描述胜任特征时由外层向内部，由表层向内层，层层递进。处于最表层的是技巧和知识，内层的核心内容是个体潜在的特征。

二、胜任力的应用

胜任力在企业管理上的应用与发展，主要体现在支持人力资源管理的功能层面。胜任力体系可以应用在人力资源系统的设计与规划的许多方面，比如发展评鉴工具、绩效管理、训练发展、升迁与接班人计划、激励酬赏，等等。劳森（Lawson）和利莫瑞克（Limbrick）（1996）则从组织与个人两个层面来探讨，认为管理胜任力体系对企业的应用与影响可以分为组织、个人、人力资源管理制度三方面来讨论。

1. 组织层面

（1）竞争战略的层面。无论是胜任力模型体系的构建或评鉴，明确组织的目标和核心胜任力（文化、价值观）是在胜任力模型的工作分析中最为重要的一项工作。建构一套胜任力模型，就意味着将此模型变成为沟通价值观、共识与战略的最佳工具，也可以将组织战略规划所需的核心胜任力与个人胜任力做一紧密的结合。换言之，胜任力模型体系的价值在于它能够为组织与个人提供学习的标杆，使组织内各部门的功能、产品、技术与活动过程中，形成了一个整合的接口；同时也为员工的职业生涯发展提供了目标，在"个人胜任力"与"组织胜任力"之间形成了良好互动发展的方式，以使组织具有独特的竞争优势。

（2）胜任力数据库的应用。企业可将所有员工的个人胜任力数据进行建档，建立其组织的胜任力数据库。当组织面对新的挑战时，比如，外派、接班人计划、晋升等，企业便可以快速地从数据库中寻找适合的人才，甚至可以运用此数据库来应对人才市场的供需变化，拟定对组织最具价值的规划与管理。

（3）学习型组织的实践。在学习型组织中可以应用胜任力模型，若将胜任力模型体系与个人绩效回馈系统结合，例如360度回馈评量。将可以协助员工建立学习目标，达到强化组织的学习能力，建立终生学习的文化与价值观，进而扩大对环境变迁的应对能力。

2. 个人层面

（1）个人潜能的开发。胜任力模型体系为员工提供了一个明确的学习模范，让大家清楚了解如何迈向成功与卓越，激发个人潜能，树立积极向上的态度。由于组织一开始就帮助员工设定了挑战性的目标，因此，可以促使员工为组织目标全力以赴，发挥个人潜能，最终提升员工的工作效率与生活质量。

（2）专业胜任力的发展。当知识工作者成为企业人力资源的主体时，专业胜任力便成为企业生死存亡的关键。对于"管理胜任力模型体系"的建构，不仅可以厘清组织胜任力与一般管理胜任力，更重要的是在于着眼于个人专业胜任力的发展。例如经由评鉴工具的评价来对员工进行反馈，可以帮助其了解个人目前专业胜任力的发展程度与未来发展方向。

（3）职业生涯定位的探索。当组织中建立了管理胜任力模型体系，员工在上级主管的协助下，通过胜任力评鉴分析和自我检视之后，可以针对专业胜任力、职业生涯规划与潜能开发等方面做出进一步的个人规划与行动步骤。同时，个人可以根据对组织胜任力模型体系的理解及胜任力评鉴的反馈，厘清在个人职业生涯中出现的种种难题，寻求解决的办法。

3. 制度层面

（1）招聘。可以透过胜任力模型、胜任力的测评工具帮助企业找到符合其能力要求的人才。

（2）培训。企业需要进行哪方面的培训，同样可以通过胜任力模型来进行分析。在明确企业战略之后，对组织、部门、员工个人的能力进行需求分析，得到员工需要的能力内容，这便是工作能力需要的标准；接着通过人才测评，了解个人实际能力状况，与能力标准比较，找出差距，以此作为培训需求的依据。

（3）绩效。一般情况下，对于员工的绩效表现考核多以短期的工作绩效指标为依据。应用胜任力模型，就可以将绩效考核转变为着重在绩效的"取得"上，使其成为一种长期的指标。

（4）薪资。胜任力模型体系同样可以应用在员工的薪资体系中。将薪资制度建立在能力的基础上，以员工在胜任力上的表现成绩作为调薪的标准，来激励员工向胜任力进一步提升的方向迈进。

三、餐饮行业管理者的胜任力特征

1. 管理者通用的必备能力

在本节中，管理者（Manager）是作为一个统称，涵盖了餐饮企业中承担管理职能的各类人员。从组织层级的观点来看，可将餐饮管理者分成基层管理者、中层管理者与高层管理者三个等级，分别具体说明如下：

（1）基层管理者（Supervisory or Operation Management）。称为监督或执行主管，是直接指导一线员工工作的人，主要职责是维持工作目标，保持工作效率。餐饮企业中的大堂经理、领班都是属于这一大类。

（2）中层管理者（Middle or staff Management）。它居于高层主管与基层主管之间，位置处于管理层的中间，主要职责在于协调组织内部各单元的工作，承上启下，使组织成为完整的工作活动体，使组织成为一个完整的工作团队，以圆满达成组织的任务，通常为部门主管。餐饮企业的销售经理、采购部主任等都属于这一大类。

（3）高层管理者（Top or Executive Management）。是对整个组织的经营管理

具有决策权力的阶层，也可以称为经营层或是战略层。他们往往肩负着整个组织达成最终目标的责任，此阶层管理者与外在环境关系最为密切。餐饮企业的董事长、总经理或副总经理都属于这一大类。

不论是什么行业或是什么层级的管理者，都身负着利用企业的资源，去完成组织交办的特定任务的职责。因此，管理者所需具备的胜任力会因行业、层级、环境、需求等因素而有所不同，但是一般学者都存在着共识，认为任何行业的管理者都至少需具备以下三方面的能力，依照从低阶至高阶管理的方向对这些能力排序，结果如下：

（1）技术性能力。所谓的技术性能力，是指在特定的作业或业务上应用知识、方法、程序或经验的能力。以餐饮行业的厨师长来说，掌握菜品的制作工艺、配料、烹饪等业务知识就属于其需要掌握的技术性能力。虽然厨师长并不一定要8大菜系全部精通，但其至少要精通某一菜系。如若真是一窍不通，则他很难与部门其他人员沟通。因此，管理者需具备有一定程度的技术性能力。越是处于基层的管理人员，对于技术性能力的要求也越高，否则很难令人信服，更谈不上领导他们了。

（2）人际关系能力。人际关系能力指具备行为科学的知识、了解人性、与他人合作及协调能力等。由于管理者需要通过支配他人来实现任务目标。因此，如何获得他人的信赖与认同，如何和别人沟通、协调、互相配合，如何领导、激励他人来达成工作目标，如何维系打理对外关系，等等，都有赖于管理者的人际关系的能力。例如在厨房，买菜、洗菜、摘菜、切菜、配料、传菜都需要不同的人员来完成。若厨师没有良好的人际能力，配菜工不帮其配菜，厨师就无法烹饪；传菜工不帮其传菜，就不能将成品送至顾客处。这一切若想顺畅的完成，都离不开良好的人际能力。因此，沟通能力、谈判能力、协调能力、激励他人的能力，等等，都是管理者不可或缺的人际关系能力。

（3）观念性能力。观念性能力，是指当组织面临许多问题时，个人能够从纷繁复杂的问题和信息中抽取出解决问题的关键以应对环境变化，协调所有组织的利益与行为的能力。由于管理者扮演着决策者的角色，管理者常常要面对错综复杂的信息，这就需要他们具有洞察力，能够发现问题，分析各种解决方案的利弊。这往往就要依赖管理者所具有的观念性能力。

这三种能力随着管理者的层级越高，要求其观念性的能力要越强，人际关系能力其次，专业技术能力反而比较不重要；相反地，管理者的层级越低，越要求技术性的能力越强，人际关系能力其次，观念性的能力最弱。

管理技能剖面（Management Skills Profile，MSP）是近年来研究跨组织常用的量表，其中反映出管理者身上都存在着共通的基本个人胜任力（Universal

Competencies），是以下六大类（共 19 项）的共通能力：一般管理（包含计划、组织与时间管理）、沟通（告知、口头沟通、书面沟通与倾听）、认知（问题解决与决策、量化推理）、人际互动（人际关系、冲突管理）、领导（领导风格与影响力、激励他人、协商与授权、培养部属）、其他（个人驱力、调适能力、专业技能、结果导向）。

2. 不同级别餐饮管理者的胜任力特征

餐饮行业的目的在于制作出好的菜品、创设良好的就餐环境、提供人性化的服务，以便于赢得客户的青睐。餐饮行业管理者的胜任力除了具备管理者的胜任力外，还有其行业的特殊性，接下来就具体谈谈不同层级的餐饮管理者应该具备的比较典型的胜任力特征。

（1）餐饮高层管理者胜任力特征。企业经营的成败与高层管理者（或者称为领导者）的素质能力有直接关系，也就是说高层管理者的胜任力在企业管理决策活动中的地位与作用尤为重要。其胜任力特征是影响管理行为和组织绩效的主要因素之一，只有具备与组织战略目标与岗位要求相匹配的胜任特征，才能高效地发挥管理才能，实现组织的长远目标。

在已有研究中，直接针对餐饮行业的高层管理者胜任力的研究相对较少。结合酒店业的相关研究结果及餐饮行业的前辈经验。餐饮行业的高层管理者对于以下几项胜任力特征应该是不可或缺的：

1）创新能力。在激烈的市场竞争的大环境下，对企业创新能力的要求越来越高，一个企业若不能创新，那么这个企业必然无法适应市场，肯定不能长足的发展。餐饮行业也不例外。因此，创新能力就理所当然地成为餐饮行业管理人员所必备的一项重要胜任力特征。创新能力就是指为了更好地达到餐饮企业的目标和责任，高层管理者根据企业经营的客观要求和市场客观条件，对企业管理、营销等方面的模式与方法进行改革、改进和改造，创造一种新的更有效的资源整合范式的能力。

2）预测能力。餐饮企业的经营环境不是一成不变的，餐饮行业经营的好坏往往与所处的市场、经济、社会环境，甚至政治环境息息相关。而餐饮企业的高层管理者担负着企业战略、经营方向等重大决策的制定。如果餐饮企业高层管理者不能对未来的市场变化有一个科学和相对准确的预测，那么企业发展战略的制定将会暴露在未来不知的风险中，企业也很难在未来的市场竞争中立于不败之地。

3）社会责任能力。餐饮行业的高层管理者承担的重要职责之一就是经济责任，要最大限度地赚取经济利润。然而，餐饮行为是与人民群众息息相关的食品行业，因此，其社会责任也是高层管理者不可推卸的责任。这就要求高层管理者在胜任力方面必须具备社会责任能力，其内容一般应该包括：对消费者的责任、对食品安全的责任、对环境保护的责任、对社区的责任和对社会公益的责任，等等。

（2）餐饮中层管理者胜任力特征。处于企业组织架构管理层中间位置的是中层管理者，这一位置上的管理者具有承上启下的作用。在组织变革的过程中，组织执行战略的最佳方式就是"由中而上而下的管理"。因此，中层管理者所扮演的角色是相当重要的。众多研究者都对餐饮行业或是相关企业的中层管理者的胜任力特征进行了研究。

具有代表性的饭店业素质模型研究是对职业经理人核心素质研究。克莉丝汀·嘉（Christine Ka）构建了接待业经理人员胜任力模型，由领导力、顾客导向、角色榜样、真诚、信心、人际关系、概念创新 7 项因子构成，并证明了在不同档次、性质的饭店胜任力因子的重要性不同。1998 年，佛罗里达国际大学饭店管理学院教授克莉丝汀·嘉和诺华东南大学的拉西特（Russette）博士，对饭店经理人员素质模型进行了长达 6 个月的精心研究，得出饭店经理人的核心素质分子包括 7 项特征：概念创新、真诚、信心、人际关系、领导力、顾客导向、角色榜样。2000 年，韩国学者（Kyoo YuP Chung）用因子分析统计法，对韩国酒店经理人进行了胜任力特征实证研究，得出酒店经理人核心素质特征为：管理能力、适应环境变化能力、学习能力、分析能力、问题识别与沟通能力、创新能力及操作技术。

1998 年，香港理工大学旅游酒店管理系副教授维克·苏（Vickie Siu）对香港的酒店中层管理人员素质模型进行了实证研究，得出十一项素质模型因素：领导、沟通、团队建设、团队成员精神（Team membership）、结果定向、个人驱动、计划、效率、商业意识、决策和客户意识。也有研究者通过研究酒店 735 名高级经理验证了饭店管理者胜任力因子，分别为自我管理、战略管理、执行力、沟通、人际关系、善于思考、领导力和行业知识。

综合分析这些研究结果不难发现，餐饮行为中层管理者不可或缺的胜任力特征至少有人际关系、员工管理、沟通这 3 项因素。

（3）餐饮基层管理者胜任力特征。餐饮行业的基层管理者主要与一线的服务人员、客户直接发生关系。因此，对于基层管理者而言，他们的主要胜任力特征包括以下几项内容：服务意识、主动性、洞察力、灵活性、团队协作、团队领导、自信力、技术专长，等等。

第二节　餐饮管理者的冲突管理与危机公关

一、冲突管理

组织冲突研究已经有 40 多年的历史，研究经历了由表象到内因、由定性到定量的过程。目前，组织冲突研究的领域非常广泛，涉及冲突的概念、冲突对组织产生的影响、冲突形成的原因、冲突类型划分以及冲突管理等内容。本节内容只介绍冲突的概念、影响、来源，重点阐述冲突的管理与解决策略。

1. 什么是冲突

冲突指的是一种过程，在这个过程中一方感知自己的利益受到另一方的损害或者消极影响。这种影响是否真实存在并没有关系。只要人们感觉到影响存在，则冲突就发生了。

有观点认为，不同类型的冲突能够产生不同的结果。一方面，有些冲突能够支持组织的目标，它们属于建设性类型，可将其称为功能正常的冲突（Functional conflict）；而另一方面，有些冲突则阻碍了组织实现目标，它们是功能失调的冲突（Dysfunctional conflict），是具有严重的破坏性的。后一种冲突是我们所关注的冲突。这种冲突对企业的影响可以从个体与群体两个层面来说。

首先，对于个体来说，冲突会对个人认知、情绪等心理因素产生消极影响。冲突可能造成个人情绪上的变化，比如愤怒、紧张、焦虑、压力、挫折感，亦造成个人对于敌意的感知、社会情感的分离，等等，从而造成工作满意度下降、工作缺乏动力、旷工次数增加、责任感降低、生产效率和工作绩效下降。冲突双方信任感降低，产生扭曲与误解，经常质疑对方意图，态度也变得更为消极，行为变得更为敌对，诸如回避对方、发泄情绪、威胁，等等。

其次，在群体层面，冲突更容易产生破坏性的消极影响。冲突容易造成部门将时间和精力都投入到获得对自身部门有益的活动当中去，而对实现企业目标却视而不见。冲突会导致群体间的歧视和偏见，使人们不愿意倾听与理解各自的观点，减少了群体之间的相互交往和合作的行为，致使组织协调成为一件困难的事情。更为严重的是，群体之间的冲突往往导致群体内部凝聚力的增加，群体的领导更容易变得专制，群体容易滑入群体思维的陷阱，使得群体决策往往缺乏理性。

2. 冲突的来源

关于冲突产生的来源，不同的学者有着不同的分析角度。如罗宾斯

(Robbins) 认为组织冲突可以分为三类：沟通、结构和个人因素；沃尔（Wall）和坎尼斯特（Canister）将冲突的原因分为两大类：个人因素和个人之间的因素，同时又将个人之间的因素进行了细分，分为认知、沟通、行为、结构和先前的交互行为等五类。接下来，将从个人特征、沟通、组织结构、利益四个方面进行分析。

（1）个人特征。任何冲突的发生都落脚在一个个具体的、活生生的人。因此，独立个体的自身的品行特征影响着冲突。这主要包括两方面的内容，一是个性特点；二是价值观。个性就是一个人在思想、性格、品质、意志、情感、态度等方面不同于其他人的特质，这个特质表现于外就是他的言语方式、行为方式和情感方式，等等，它具有一定的倾向性和稳定性。在团体中，若成员之间在个性心理特征上有比较大的差异，那么成员之间就很难产生合作，而由此造成分歧、矛盾。这些差异多属于心理层面的（或感情的）冲突，通常是无意识的。然而一旦发生，往往很难消除。价值观引导着人们的行为。而每个人的价值观的形成往往与其个性、生活阅历、家庭教养方式、社会地位、文化环境等因素有关，同样的因素也可能对个体产生不同的影响。因此，人与人之间的价值观、信仰普遍存在差异，这势必造成在价值判断、行为方式等方面产生诸多差异，甚至产生不可调和的冲突与分歧。

（2）沟通。无论是个人还是群体之间，都需要通过沟通来实现信息互换。这一过程是双向的，其产生的影响也是双重的。低水平的沟通（表达含糊、歧义、吐字不清、无回应、反馈不当，等等）往往造成协作困难；面部表情、身体语言等信息的不恰当运用与误读，也往往造成对于信息解释的归因错误，继而成为引发冲突的源泉；情绪表达与控制的不当，同样会引起对方的误解与不满，有可能导致冲突产生。

（3）组织结构。企业的组织结构实际上是一种组织成员之间建立起来的互依关系。当互依关系伴随着认知差异或者目标分歧出现，或者互依关系限制了各方的行为、欲望或产出时，冲突就很容易产生。企业组织中不同位置的人员、不同角色的人员，各自都有着对组织发展的看法，排除共同的认识之外，那些不同的观点会导致产生局部思维。当互依关系与局部思维同时并存，便容易导致各方产生冲突。特别是当组织结构在成员之间已经建立了一种分配关系，此时更容易引发冲突。也就是说，当一方的收益意味着是另一方的损失时，总有人认为自己的收益与付出不成正比，就会导致冲突发生的频率很高。虽然企业组织结构或多或少都会引发冲突，但有些结构能够帮助管理组织冲突。如果组织结构加强了群体间的联系，或者为双方的成功提供了一种合作的动机和条件，这样就可以阻止某些冲突发生。

除了任务相互依赖性关系之外，能否对任务、岗位的权责进行清晰地归类与描述，同样是产生冲突的一大源泉。当对某一任务没有明确清晰的任务分工与个人职责时，承担任务的员工之间、部门之间就会相互推诿责任而导致冲突的发生。

（4）利益。组织是各种利益的混合体，需要不断地协调。组织中的利益包括个人利益、正式组织利益、非正式组织利益，等等。组织冲突最根本的原因，往往是不同个人或群体之间的利益对立造成的。对于利益的争夺主要集中于利益分配。仅就个人目标而言，在企业中的每个人都有着自己的目标，如果个人目标和他人的目标存在竞争（比如，竞聘同一个职位），就极有可能导致个人利益冲突。而且，当个人目标越高或欲望越强烈，就越容易与他人发生冲突。

3. 冲突管理策略

冲突普遍存在于企业的内部，是管理者所不能回避的一个问题。管理者只有对冲突做出机敏的反应和决策，才能确保将冲突所产生的负面影响降到最低。要想正确地对冲突进行管理，可以从组织制度层面与个人层面分析来进行。

（1）组织制度层面。组织制度层面包括以下几方面：

1）创设包容的企业文化。创造一种氛围，尊重多样性的员工，创设包容性的企业文化。企业内部能够包容各种不同意见、允许观点有冲突，这是科学管理冲突的前提。只有在这样的企业环境下，企业成员才能够敢于充分表达观点、坦诚相见，理性的对待不一致与冲突，成员之间只会因此加强理解而非相互猜疑、不信任。

整个组织由于拥有良好的文化氛围，在处理人际关系等问题上所耗费的成本也会减少，从而减少对企业的冲击。

2）建立企业共同的价值观。价值观是每个人行为取向的支撑点。若企业能够在内部树立起一种为全体成员所认可的共同的价值观，每个人都用同一种价值标准来衡量与约束自己，那么在成员内部就容易对许多问题和事件形成比较一致性的认识，从而内部成员之间相互交流的共同内容就会增加，信息传递较为允分，有效地降低了企业内部冲突发生的频率。

3）建立科学的组织结构与相应制度。首先，科学的、合理的组织结构往往能够避免责任的涣散与过分集中。传统企业的组织结构，尤其是那些直线职能结构往往极易诱发破坏性的冲突，这是因为传统职能结构中同级之间具有互逆协调性。也就是说，同一层次人员之间相互独立，无法直接协调，很多事情都靠上级跨部门协调，往往容易出现多头领导的局面。因此，企业应对组织结构进行优化，使组织变为扁平化、网络化的结构，减少管理层次有利于降低冲突发生的概率。其次，不同取向的激励制度对冲突产生的影响也是不一样的。强调对个人的业绩、成就、贡献进行激励，容易导致员工之间因为个人利益的得失而发生冲突和对抗；强调对集体、团队进行激励，易于陷入平均主义，导致过度地降低冲突，使员工缺乏工作的动力和积极性。在具体工作实践中，要把个体诱因和集体诱因两者有机结合起来，利用双体诱因在组织内部创造出一种良性的冲突产生与管理的氛围与激励机制。

（2）个人层面。面对企业内部员工之间的冲突，管理者在进行科学管理时，应遵循以下十大行为准则：

1）仔细诊断。正确了解冲突引发的起源、本质、内在关系，做到全面、客观地了解事态的性质。

2）遵循计划。工作计划可以指导自己的工作，制作好冲突解决方案，切忌盲目从事。

3）明确角色。对于自己与同伴所扮演的角色，在执行任务时对职责做透彻的分析，并严格按角色与职责办事。

4）获得认可。客观谨慎地对待冲突的双方，一碗水端平，设身处地的为双方着想。

5）促进交流。不间断地与冲突双方进行沟通交流，同时也促使冲突双方增进交流，开诚布公地沟通。

6）感情的流露。不要总是一副理性、圣人的样子，要允许情绪的表达，不要过度抑制情绪，以保障客观化，感情也是事实。

7）保持中立。无论何时何地，都要保持中立状态，不要偏袒任何一方，更不要被某一方利用。要始终保持自己的独立和自由。

8）坦率诚恳。对双方都保持同样的透明度与可信性。在与双方会晤时应该与单独一方会谈时完全一样。

9）有耐心。不要奢望双方会有快速的改观或立即出成效，要为良好发展的每一个细小改变而欢喜，始终保持耐心。

10）作用有限。冲突解决与否并不是管理者一个人的责任，需要管理者与冲突双方的共同努力。如果其中一方或双方都不想平息冲突，冲突会依然存在，很难改观。不要给自己太大的压力，对自身的作用要有客观的认识。

二、危机公关

哈佛大学肯尼迪政府学院院长艾利森（Graham Allison）针对 1962 年古巴导弹危机的研究成果，最终写成《决策的本质》一书，标志着对危机管理（Crisis management）的研究起源。危机管理的研究领域起初只限于政治、军事和外交方面。1982 年，在美国强生公司的泰诺（Tylenol）胶囊遭曝光之后，危机管理的研究才逐渐扩展到商业、企业领域。20 世纪 80 年代以后，危机管理研究发展迅猛，在实践与理论层面都有了深化与扩展，危机管理学逐渐进入了对理论的综合研究和构建管理模式的阶段。危机公关（Public relations in crisis）属于危机管理系统的危机处理部分。危机公关强调了企业在公共关系领域内的一系列活动，主要是技巧性和公关性的手段。它与企业危机管理不同，它属于一个相对狭窄的概念，而企业危机管理的范围则更大，包括企业在危机来临时对发展战略的调整和人事上的变动以及产品价格变动等活动。本节内容主要介绍危机公关的相关概念与原则，重点阐述危机公关的策略，暂不涉及企业危机管理。

1. 什么是危机公关

危机就是指一种使企业的形象和利益遭受严重损失或使企业面临严重损失威胁的突发事件。公关，其实是公关关系（Public relations）的简称。美国著名公关大师詹姆斯·格鲁尼格认为："公共关系是一个组织与其公众的传播管理，其目的是建立一种与这些公众相互信任的关系。"当企业在公共关系方面遭遇了危机事件时，企业通过及时采取有针对性的遏制危机、弥补损失的行动，并同时向组织的相关公众开展有效的信息传播活动，并从公众的信息反馈中，为组织行为获取更明确的方向性，从而保障组织于公众之间良好的公共关系状态不受或少受影响的过程就是危机公关。

2. 餐饮行业危机公关的原则

企业作为在遭遇危机时，其必须遵循相应的原则来展开危机公关活动。关于危机公关的原则，英国危机公关专家迈克尔·里杰斯特（M. Regester Michael）的"3T"原则在国际上是普遍受到认同的权威原则，即是以我为主提供情况（Tell you own tale）、尽快提供情况（Tell it fast）、提供全部情况（Tell it all）。此外，还有一些尚未形成体系的危机处理原则，例如，公众至上原则、维护声誉原则、价值观一致性原则、人道主义原则、"快、准、诚"原则，等等。结合餐饮行业的特点以及食品相关危机的特点，餐饮企业在处理危机事件时应遵循以下几项原则：

（1）人本原则。俗话说："民以食为天，食以安为先。"食物与老百姓日常生活息息相关，不可或缺，食品安全不仅是老百姓身体健康的保障，更是关系到国计民生的重中之重。餐饮行业正是从事食品加工与销售的企业，从原材料的采购到成品的售出，都要经过一系列的环节，无论哪一个环节出错，都会危及或即将危及人民群众的生命安全。因此，以人为本，生命至上的人道主义原则在餐饮行为中最为适合。餐饮企业在面临食品安全危机问题时，餐饮企业的危机公关过程中的一切活动、程序、解决办法必须在以人为本，生命至上的指导原则下进行。

（2）快速反应原则。餐饮行业是涉及食品加工与销售的企业，其危机事件的发生极有可能威胁到公众的身体健康与生命安全。因此，公众对于危机处理信息的需求更为强烈，为了体现对消费者利益的重视以及企业的社会责任，企业危机公关时必须遵循快速反应的原则。一旦遇到与食品相关的危机事件，应当机立断，果断行动，迅速控制危机事态的扩散。避免不利于企业的消息以裂变的形式高速传播，这样有利于保护企业形象，减少公众对企业的误解，防止对企业丧失信心。

（3）双真原则。处理危机事件，事实与态度同样重要，对于事实，要采取真实的原则；对于态度，要采取真诚的原则。事实真实原则就是要求餐饮企业以客观的证据、数据、事实来展现给消费者、监管部门、媒体等，不造假、不毁灭证据。态度真诚原则就是要求餐饮企业不能存在侥幸心理，一味掩饰或否认错误，想用不报、少报、虚报等方式来混淆事实，蒙混过关，而应该拿出最真诚的态度去面对消费者、监管部门、媒体等的质疑，与他们进行积极的沟通，向消费者和公众示以诚心，削减信任危机给他们带来的心理伤害。

（4）权威信息发布原则。在当下这个信息化社会中，存在着各种传统媒体与网络媒体、正式与非正式的信息发布渠道，这就为信息的虚假报道提供了可能，有些不良媒体在未得到客观、真实的信息情况下，为了吸引受众的眼球，而不经核实便随机发布相关信息。不实的信息必然会对企业造成不良的影响。因此，餐饮企业必须主动地挺身而出，选择那些权威的媒体，为他们提供事实真相，请权威媒体及时、准确地发布信息。所以，危机公关的前提和关键是权威信息的发布。

3. 危机公关策略

餐饮行业在处理危机事件过程中，与其有关的公众关系主要包括媒体、监管部门、受害方。因此，掌握这三方面的公关策略是非常关键的。

（1）对媒体的策略。媒体在食品安全危机报道中若出现不客观、非理性的报道内容，将会给企业解决危机事件带来巨大的挑战。因此，掌握应对媒体的公关策略必将有利于降低餐饮企业危机公关的难度。

1）平时注重与媒体建立良好的合作关系。餐饮企业对于媒体不能抱有"有事找上门，无事放一边"的态度。需要经常与媒体进行互动，了解媒体需求，与其建立一种持久的、双向的互动模式。例如，定期邀请媒体对企业的食品安全进行监督、加强企业自身机构在与媒体对接上的制度建设，等等。当危机事件发生时，才能保证媒体的宣传报道起到正向的作用。

2）选择合适的媒体作为危机事件的信息发布平台。媒体在危机传播过程中的作用不可小觑。不同的媒体的传播特点、影响范围和大小都有所不同，即使是同一类型媒体，由于地域分布、媒体定位等方面的差异，在危机传播中也会产生不同的作用。因此，首先要选择权威媒体进行信息发布，加强信息的真实性与可信度。例如中国中央电视台，其覆盖区域广，播出时段丰富，受众可信度高。其次，选择地方性媒体，提高信息传播力。地方性的媒体在某个特定区域内具有独特的影响，贴近生活、贴近实际、贴近群众，容易使信息在当地群众中被广为传播。再次，善于利用网络媒体来提升传播速度、增加影响力。

3）内部统一口径，主动、第一时间发布信息。首先，在应对媒体前，餐饮企业要时刻注意在企业内部形成统一的口径，确保对外界媒体所公布消息的一致性。接下来，企业可以通过开新闻发布会、利用新闻发言人等形式主动地、第一时间与媒体进行有效的沟通。

（2）对监管部门的策略。餐饮企业的监管部门对其拥有生杀大权。因而处理好与监管部门之间的关系，也是危机公关中不可或缺的一个环节。因此，可以采取如下对策：

1）危机发生后，及时地、主动地、真实客观地向监管部门汇报情况。

2）邀请政府或监督部门介入到危机公关工作中，主导或协同展开调查。以便获得政府层面的支持，为有效化解危机赢得时间和权威。

3）在危机处理过程中，定期报告事态的进展情况，主动地、及时地与监管部门取得联系，寻求指示与帮助。

4）危机处理完毕后，详细总结教训、报告处理经过、解决办法以及今后预防措施。

（3）对受害方的策略。餐饮企业出现的食品安全问题会直接导致消费者身体、心理及其他利益的损害。慎重处理好危机事件受害方的问题，是危机公关中最为直接的行动。可以遵循如下策略：

1）及时地、客观地了解受害者情况，勇于承担责任，真诚地向受害者表达歉意并通知有关方面。

2）关注受害者的情绪表现，冷静地倾听受害者的想法，确认相关赔偿要求。

3）掌握沟通技巧，体现诚意，严守原则。如善于倾听技巧，听取受害方的意见，避免与受害方发生争辩，有分寸地让步，注意拒绝的态度与方式。

4）提供善后服务，尽可能为受害者提供物质补偿，满足其需要，尽最大努力做好善后工作。

第三节　餐饮管理者的压力管理

《财富》中文版杂志对 1576 名高级管理人员所作的健康调查显示，近 70%的高级管理人员感觉自己当前承受的压力较大，其中 21%认为自己压力极大。企业的各级管理者，尤其是中、高级管理者，若不能及时找到宣泄的途径或解决手段，往往会不自觉地传染给员工，使他们也感染上压力。当压力这一"病毒"在企业成员之间来回传播、传染，肯定会造成诸多的"管理难题"，势必会影响企业的经营。本节将介绍压力的概念、影响，重点阐释缓解压力的策略。

一、什么是压力

压力（Stress）是指个人对刺激（它对个人有身体及心理上的要求，并在重要结果利害攸关时造成不确定性及个人控制的缺失）的生理及情感反应。也就是说，压力包含三方面的内容：第一，压力是一种刺激，指那些使人感到紧张的事件或者环境；第二，压力是一种心态，是指人体内部出现的解释性的、情感性的、防御性的反应过程；第三，压力是一种结果，是指导致的生理反应和行为变化。

工作压力，也可以称为职业压力，主要是指在工作环境中，在个体和环境的相互作用下，由工作或与工作直接有关的因素（例如，工作负担过重、岗位变换、工作时间不规律、加班倒班，等等）作用于个体，使个体感受到的一系列生理、心理及行为的反应过程。许多因素都可以导致工作压力的产生。工作压力源因素，既有突发的、持续性较为短暂的因素；也有长期性的、累积性的因素。比较经典的工作压力源主要包括以下几个方面：工作负荷、工作条件、角色冲突与模糊、职业生涯发展、人际关系、工作场所中的暴力行为、工作与家庭间的冲突。

作为企业的管理者，一方面由于其身份地位的特殊性，承担了比其他员工大得多的压力；而另一方面，管理者过高的工作压力容易导致的身心疾病、不满意感、高缺勤率和高离职率，严重降低了工作效率，增加了企业运作成本。据估计，仅仅是由于管理人员与压力相关的缺勤和离职行为所带来的经济损失就分别占到了美国和英国 GDP 的 12% 和 10%。目前在中国，虽然还没有专业机构对因职业压力为企业带来的损失进行统计，但业内人士初步估计，中国每年因职业压力给企业带来的损失，至少在上亿元人民币。因此，对于工作压力尤其是管理者工作压力的关注显得尤为重要。

专栏 12-1

那些英年早逝的企业家们

对中国企业家阶层"工作、健康及快乐调查"的结果显示：目前有高达 90.6% 的企业家处于不同程度的"过劳"状态。作为一名企业家，平均一周要工作 6 天，每天的工作时间将近 11 个小时，而睡眠时间仅为 6.5 个小时。

2012 年 3 月 30 日，澳门爱普司投资股份有限公司董事局主席贾雪鹿突然病逝；2011 年 7 月，39 岁的百视通董事、首席运营官吴征病逝；2011 年

3 月，55 岁的汉帛（中国）董事长高志伟病逝；2010 年 4 月，59 岁的江民
新科技公司董事长王江民病逝；2008 年 10 月，48 岁的萧山楼塔镇企业
家俞伟康病逝；2008 年 7 月，39 岁的同仁堂股份董事长张生瑜病逝；2006
年 1 月，37 岁的上海中发电气董事长南民病逝；2004 年 11 月，37 岁的均
瑶集团原董事长王均瑶病逝……

　　资料来源：《中国企业家》杂志调研社部：《过劳死：董事健康的终极杀手》，《董事会》，2012 年
第 6 期。

二、压力管理的目的与原则

1. 压力管理的目的

压力无法避免，更无法彻底消除，在某种程度上而言，压力的存在正是对自
身机能的一种保护机制。因此，对压力管理，目的不在于消除压力或是躲避压
力，而是要直面正视压力，学会一套有效应对压力的方法，调节和缓解身心，最
终拥有积极乐观的心态。

2. 压力管理的原则

结合餐饮行业工作压力的特点，管理者在进行压力管理时应注意以下原则：

（1）适度原则。企业不能只是一味地追求经济效益，为了追求经济指标的高
增长，盲目地给各级管理者下达不切实际的任务指标，而导致管理者的压力骤
增。企业亦不能为减轻管理者的压力而不考虑经济效益。企业要在经济利益与管
理者的满意度之间寻求一个合理的平衡点，既能促进管理者努力工作，又能保证
企业的正常效益。对于餐饮企业来说，工作的安排要更加科学合理，充分考虑到
社会经济环境、政策、假日经济等因素的影响。

（2）具体原则。压力是一种心理状态，即是一种主观感觉。不同的人有着不
同的主观感觉，因此，根据不同对象、不同情况，管理压力的策略亦应有所侧
重，即因人而变。根据对象、学历、年龄、性别、性格等方面的特点，综合考虑
采取不同的策略。

（3）岗位原则。餐饮企业不同部门、不同层次的管理者所面临的工作压力是
不一样的，对其产生的影响程度也是不一致的。①岗位级别越高，责任越大，压
力越大。以餐饮企业的总经理、部门经理、基层经理为例。总经理的每一个决策
都关系到企业的发展战略、经营目标；部门经理相对轻松许多，主要起到一个上
传下达的作用，同时监督下级的工作；而基层经理属于执行层，相对来说，责任
和风险最低，只要做好本职工作即可。②不同层次的管理者所面临的压力源也不
一样。越高层管理者，越面临企业的生存发展问题；越基层的管理者，越面临一

线的具体问题，比如，菜品质量、客户满意度、客户投诉，等等。

（4）引导原则。压力如影随形，它的产生是不可避免的。对于餐饮企业来说，存在许多外部的不可控因素，比如消费者的情绪状态、个人的性格。因此，必须对管理者进行引导，引导压力向积极的一面发展。

（5）区别原则。对于不同的压力源，应该采取不同的策略进行解决。比如，由于岗位职责不清、分工不合理而导致的压力，往往需要调整工作制度、流程来解决；由于情绪状态、性格等管理者自身的原因所产生的压力，往往需要从其个人的心理行为与修养入手。

三、压力管理策略

有效地对管理者的压力进行管理，提高组织的工作绩效，可以从组织层面和个人层面两个方向入手。

1. 组织层面

从组织层面来说，压力管理主要是为管理者营造一个既能够发挥专长又能保持压力适中的工作环境，尽量避免导致紧张压力因素的干扰。餐饮企业可在组织层面上拟定并实施各种压力减轻计划，有效管理、减轻管理者的压力。

（1）优化组织结构，改进工作职责。主要是从岗位、组织结构入手，使任务、职责、角色进一步清晰化和丰富化，增强工作的激励因素，提高工作满意感，从而减少压力。

（2）减少角色压力。工作环境中压力的重要根源之一就是角色模糊。一个人对于自己的工作角色、所承担的任务角色缺乏清晰的认识往往会导致角色压力。通过提供培训、沟通或提供适当准确的反馈信息，能够使管理者正确理解与认识工作的期待、角色的范围，明确工作目标，通过这种角色明晰的过程可以降低对于角色的模糊认知，减少压力。特别对新晋升到某一岗位的管理者而言，其职位身份、工作职责等发生了变化，特别需要有清晰的角色认识。

（3）事业压力管理。与员工一样，管理者也面临晋升、失业等问题。个人晋升有无阻力、理想与现实的落差、自己被低估的感觉与评价都会给管理者造成挫败感。这样就很容易令其产生工作压力。可以通过为管理者创造多途径的事业发展路径、确定合理的期望值、恰当的激励机制等策略来缓解其压力。工作缺乏安全感和稳定性都可能成为压力的根源。所以企业要保持管理者队伍的适度稳定，一方面不要过分运用裁员政策，另一方面要进行人文关怀。

（4）创设良好的企业沟通文化。沟通是人类社会生活的基本需求之一，若餐饮企业的内部员工之间、上下级之间、部门之间沟通不畅，就很容易造成人际关系紧张、缺乏凝聚力。因此，企业内部形成轻松、愉快的沟通氛围，可以有效地减少压力。

（5）员工帮助计划（EAP）。员工帮助计划（Employee Assistance Programs，EAP）起源于美国，主要是组织为员工设置的一项系统的、外部的、独立的、保密的、长期的援助和福利计划。经过专业人士对组织的诊断、建议，为员工及其直系亲属进行的专业指导、培训和咨询，目的在于帮助解决员工及其家庭成员的心理和行为问题，以达到提高员工的工作绩效的目的。国外许多饭店集团都不同程度地为员工提供一系列培训和福利待遇。例如，希尔顿国际饭店公司设有专门的培训机构，培训高级管理人员，建立庞大的人才库，以确保员工队伍的基本稳定；雅高集团将 EAP 项目作为员工的一项福利措施，为员工提供心理咨询，以帮助员工缓解或解决压力问题。

因此，餐饮企业在以人为本管理理念下，根据各自实际情况为管理者提供 EAP 服务，作为长期的福利，例如提供如心理咨询、婚姻家庭咨询、投资咨询、法律咨询、教育咨询，等等。

2. 个人层面

除了组织的安排外，管理者个人更需要注意建立自己的压力应对系统，通过改善自我意识、提高压力管理的技能等方法，发现和管理潜在的威胁，最小化压力的影响。

（1）自我觉察。在日常工作中，对于压力事件的认知最为关键。知己知彼，百战不殆。只有认清了压力源，才能有效地对压力进行管理。管理者在不明确压力源的情况下，可以制定一个压力事件表。当压力产生时，问自己：我感到压力很大，是因为现在或之前发生了什么？我现在的感受如何？我心中不断出现的念头是什么？我采取了怎样的应对方式？越具体越好。制定压力事件表，可以帮助管理者增强对压力事件和自身压力反应的觉察。

（2）应对压力的技巧。管理者的工作压力主要来自外在环境和内在自身两方面。当了解自身的压力源后，就需要有针对性地采取不同方法缓解压力。

1）针对问题的应对方式。针对外在环境的压力，采用"问题—解决"的应对策略往往更为有效，包括设定目标，时间管理，寻求专业能力的提升。

A. 设定具体、现实的目标，坚持小步走原则。如果目标设定过高，当达不到的时候，便会产生挫败感。假如能够将目标具体化，将一项复杂任务分解成一系列具体可行的小目标，并合理安排时间去完成，自信心和成就感就会增强。

B. 做好时间管理。管理者需要处理许多事情，在时间精力有限的前提下，管理者需要分辨任务的轻重缓急，优先处理最重要的事情。时间管理的一条黄金准则就是：重视那些重要还不紧要的事情，因为这时你可以控制势态，而不是势态控制你。那些紧要而不重要的事件，可以尝试使用边角料时间来处理。

C.终身学习，提升专业能力。社会的进步，经济的发展，对于管理的知识结构、管理技能都提出了更高的要求。管理者应树立终身学习的理念与意识，紧跟时代，提升专业能力，完善知识结构，缓解工作压力。

2）针对认知和情绪的应对方式。同样的压力源，对于一些管理者会成为压力，而对于另一些则不会，可见，压力产生与否还与管理者个人因素有关。因此，仅仅解决外在的压力事件是不够的，更需要反思自身的认知方式，学会情绪管理，并尽量放松自己的身体。

A.改变不合理的认知方式。对工作持完美主义态度的管理者，往往更容易产生压力。他们往往过分夸大问题的严重性，过于关注消极方面，存在非黑即白的极端思维，很容易使人处于负面情绪状态中。因此，需要调整认知方式，学会看到任何事物或人都是具有两面性的。

B.学会情绪管理。管理者需要学会体察自身的情绪，不时地问问自己："我现在的情绪如何？"这是情绪管理的第一步。其次要学会通过深呼吸、转移注意力等方法来控制自己的情绪。最后要以适宜的方式舒解情绪，如暂时离开现场，等心情平静时再理智解决；寻找合适的时间和场所适当发泄情绪等。

C.身体的休息和放松。心理压力的缓解无法回避身体放松的话题。事实上，管理者如果能够利用工作中的间隙，尽量放松身体，将非常有益于缓解疲惫和压力。

3）善用内外资源。君子善假于物。缓解压力，需要管理者懂得借用内在和外在的资源。

A.正确认识自我。正确认识自我，包括认识自己的兴趣、个性、潜能和价值观。对自己的认识越深刻，越能帮助自己有效地调适工作压力。

B.建立社会支持系统。积极营造良好的人际氛围和社会支持系统，不仅有助于管理者解决实际的工作难题，更为其提供了强大的情感和心灵援助。

C.确立领域间的良好界限。家庭和工作之间的冲突也会对管理者工作和身心健康构成干扰。管理者需要学会建立家庭和工作之间的良好界限，在工作和家庭之间合理分配时间和精力，不将工作情绪、任务带回家，不让家庭冲突影响工作，协调好家庭和工作关系。除此之外，还要确立个人与环境的界限；还要学会照顾自己，为自己留下独处和思考的空间，做些自己想做的事情。

D.寻求心理咨询专家的帮助。当自感无法化解已经形成的压力时，不妨寻求心理咨询专业人员的帮助。

【复习思考题】

一、什么是胜任力模型？谈谈其在餐饮管理中的作用？

二、从心理学的角度，举例说明如何对公众质疑的食品安全事件进行危机公关？

三、结合自身的经验，谈谈作为一名管理者应该如何提升心理素质，强化压力管理能力？

【拓展训练】

一、剧情重演

1. 活动目的

让小组成员体会哪些言语、肢体动作等信号会引发冲突。活动是要教会大家避免使用具有负面信息的沟通方式。

2. 材料及场地

纸、笔和一间容纳多人的房间。

3. 活动程序

（1）先将人分成 A、B 两组，A 组扮演编剧演员组，B 组扮演审查组，每组不超过 3~5 人。

（2）给每组发纸和笔。要求 A 组编一个以冲突为主题的小情景剧，并分配角色准备展演。

（3）请 B 组挑选出 A 组展演中哪些言语、动作容易引起冲突并做出修正。

（4）请 B 级根据修正的结果重现剧情，请 A 组给予反馈。

（5）全过程录像，并在点评之前放给小组成员观看。

二、压力分享会

1. 活动目的

让管理者体会每个人都会面对各种各样的压力，不同的人会有不同的处理方式。通过观察与分享他人处理压力的方式来提升自身的解决问题之道。

2. 材料及场地

白纸小条、笔、桶及一间容纳多人的房间。

3. 活动程序

（1）给每位成员发一张小纸条及笔，让成员就某一压力问题写下相应的对策。

（2）让成员将写好对策的小纸条揉成团，扔到桶里。

（3）让成员随机地抽取其中一个纸团，并对其对策进行评价，并讲出自己认为有效的处理对策。

【推荐阅读】

一、阅读《管理者胜任素质发展手册》（严正，丁健雄编著，机械工业出版社，2012 年 1 月）。

本书基于斯蒂芬 P.罗宾斯管理学理论和麦克利兰的胜任素质理论与技术，结合多年在胜任素质模型构建方面的企业实践经验，精选了 36 项管理者胜任素质，提供了大量的胜任素质发展建议，包括实用的表单工具和发展活动，不仅可用于训练，而且可直接用于实践。

二、阅读《谈判与冲突管理》（［英］科尔韦特 （BarbaraA. BudjacCorvette）著，刘昕译，中国人民大学出版社 2009 年 4 月）。

本书运用一些心理学和社会学理论来作为实践的指导，对人们头脑中已经形成的一些先入为主的观念以及自发性行为提出质疑和挑战，从而转变读者对谈判的想法，同时改变他们的谈判方法。事实上，如果一个人按照与他自己的人格和性格不一致的某种方式来做事，就很难变得真正有效。本书的目标就在于，从作者本人的经验以及冲突、谈判、说服领域中其他一些专家的经验中提炼出最好的建议，并把这些建议与心理学和社会学领域中丰富的基础知识完美地融合在一起。本书既适用于冲突和谈判方面的课堂教学，也适用于对专业人士和高层管理者的培训。

三、阅读《中外危机公关案例启示录》（岑丽莹编著，企业管理出版社，2010年 3 月）。

为什么有些企业会发生危机，而有些企业却安然无恙？在同样的危机面前，为什么有的企业可以从容自如，在最短时间内就从危机中走出来，甚至可以化危为机；而有的企业却用沉默来回避危机。甚至面对危机手足无措，结果损失惨重！危机结束后，为什么有些企业始终走不出危机的阴影，而有些企业却能够以此为契机进行调整和改革，进而快速发展？在高度不确定的经营环境中，企业如何觉察微妙的变化，如何应对缓慢的沉沦，并使管理者知道，自己应该具备什么样的素质，为什么要具有这样的素质，如何具备这样的素质，培育和强化企业的非条件反射是企业未来生存管理的第一必修课。

四、阅读《压力管理策略：健康和幸福之道》（第 5 版）（［美］西华德（Seaward B.L.）著，许燕等译，中国经工业出版社，2008 年 5 月）。

这部教材曾被誉为压力管理领域的"圣经"和权威之作，它将教会你明智而理性地去看待外界的压力，在变化中实现和保持内心的平衡。本书作者以广博的基础知识道出了压力的本质内涵，吸收东西方文明的精华，提出 16 种应对策略和 12 种放松技术，帮助你更有效地管理你的压力，减轻和消除压力症状，从而缓解现代生活给人们带来的心理冲击。

参 考 文 献

[1] 彭聃龄主编. 普通心理学 [M]. 北京：北京师范大学出版社，2012，5.

[2] 许燕主编. 人格心理学 [M]. 北京：北京师范大学出版社，2009，4.

[3] 孙惠君，王青. 旅游心理学 [M]. 北京：首都经济贸易大学出版社，2011，3.

[4] 曾郁娟. 餐饮消费心理分析 [M]. 广州：广州出版社，2004，3.

[5] 黄铁鹰. 海底捞你学不会 [M]. 北京：中信出版社，2011，4.

[6] 奚晏平. 世界著名酒店集团比较研究 [M]. 北京：中国旅游出版社，2004.

[7] [英] 哈格里夫斯著. 压力管理 [M]. 刘子正译. 北京：中国社会科学出版社，2001，5.

[8] [德] 多普勒，[瑞士] 劳特堡著. 变革管理 [M]. 舒雨，唐伦亿译. 北京：人民邮电出版社，2003，7.

[9] 隗静秋. 中外饮食文化 [M]. 北京：经济管理出版社，2010.

[10] 吉根宝. 餐饮管理与服务 [M]. 北京：清华大学出版社，2011，11.

[11] 宇琦. 中国式饭局：宴请细节全知道 [M]. 北京：中国华侨出版社，2011，1.

[12] 唯高. 餐饮业留客实例分析 [M]. 北京：中国物资出版社，2011，7.

[13] 王莉. 餐饮企业人力资源管理热点问题十讲 [M]. 北京：旅游教育出版社，2010，3.

[14] 伍福生. 特色餐馆成功实例 [M]. 广州：广州出版社，2004，9.

[15] 刘筱筱. 餐饮消费者心理定势分析 [J]. 中国旅游报，2006（7）：007.

[16] 刘雪峰. 区域文化对餐饮市场营销环境的影响 [J]. 四川烹饪高等专科学校学报，2012（1）.

[17] 郝春霞. 从员工流失反思员工激励策略——以餐饮业为例 [J]. 中国经贸导刊，2011（7）.

[18] 吴斯冕. 听觉感知餐饮空间中的音乐 [J]. 现代装饰（理论），2012（7）.

　[19] 赵孝玲.浅谈提高餐饮服务质量 [J].菏泽学院学报，2013 (6).

　[20] 王燕.消费情绪与消费情绪管理浅析 [J/OL].1994-2010 China Aca-demic Journal Electronic Publishing House.

　[21] 庞湃.宾馆餐饮消费行为的影响因素探析 [J].企业家天地下半月刊 (理论版)，2008 (6).

　[22] 龚蕊.食品安全事件中企业危机公关的媒体策略 [J].陕西师范大学学报，2012.

　[23] 赵霞.提高餐饮服务质量的有效途径——微笑服务 [J].湖南工业职业技术学院学报，2011 (6).

　[24] 运媛媛.好态度吸引回头客——服务态度决定服务质量 [J].现代经济信息，2010 (5).

　[25] 郑嬗婷，陆林，杨钊.宗教旅游可持续发展研究 [J].安徽师范大学学报 (人文社会科学版)，2004 (5).

　[26] 任美芹，范云志.服务型员工职业倦怠归因与组织支持 [J].天津商学院学报，2007 (3).

　[27] 郭思，钟建安.职业倦怠的干预研究述评 [J].心理科学，2004 (27).

　[28] 张丹花.酒店员工流失因素探析 [J].经济研究导刊，2011 (10).

　[29] 李玲.饭店员工工作倦怠的结构及其分异规律研究 [J].肇庆学院学报，2009 (7).

　[30] 周娅.为谁工作? 为谁忙? [M].石家庄：花山文艺出版社，2013 (9).